W0239136

Klartext

Spuren der Zigarre

Bünde – ein Rundgang durch die „Zigarrenkiste Deutschlands“

Herausgegeben von
Martin Fiedler, Monika Dickhaus und Norbert Sahrhage

unter Mitarbeit von
Kirsten Bönker, Kirstin Büttner, Liliane Danso, Laura Hottenrott, Horst Jeromin, Alicja Karyn, Alexander Kröger, Oliver Nickel, Renate Radzwill, Katja Röckner, Carsten Seichter, Sven Sokoll und Christel Tiemann

Die Titelabbildung zeigt die Flurkarte von 1910
(Untere Denkmalbehörde der Stadt Bünde)

Die Deutsche Bibliothek – CIP-Einheitsaufnahme

Spuren der Zigarre : Bünde – ein Rundgang durch die „Zigarrenkiste Deutschlands“ / hrsg. von Martin Fiedler – 1. Aufl. – Essen : Klartext-Verl., 2000
ISBN 3-88474-903-X

1. Auflage, September 2000
Gestamtausstattung: Klartext Verlag

ISBN 3-88474-903-X

Inhalt

36 Stationen der Bünder Tabakgeschichte

Anhang

Geleitwort

Der Hochofen, das Fördergerüst, die Textilfabrik, die Zigarrenfabrik und vieles mehr sind Zeugen einer ehemals wirtschaftlichen Dominanz einzelner Industrien, die mit ihren monopolistischen Strukturen ganze Regionen Westfalens formten. So sind ehemals kleine Landgemeinden durch die Industrialisierung zu Großstädten herangewachsen und weisen heute städtebauliche und soziale Strukturen auf, die sich nur noch durch die Kenntnis ihrer wirtschaftsgeschichtlichen Vergangenheit erklären lassen.

Diese Formung einer Region wird am deutlichsten in dem montangeprägten Bereich um die Ruhr, die Emscher und die Lippe: dem heutigen Ruhrgebiet. Aber auch die Textilindustrie baute beispielsweise im westfälischen Münsterland und im Bielefelder Raum eigene Strukturen auf.

Mit diesem Buch über die „Spuren der Zigarre" wird nun der Blick auf eine weitere Region Westfalens in Hinblick auf seine Wirtschaftsgeschichte gelenkt und ein spannendes Kapitel seiner Geschichte aufgeschlagen. Vorgestellt werden Firmen und ihre Fabrikationsstätten, die sich seit der Depression des Garn- und Leinengewerbes in Minden-Ravensberg, ausgehend von Bünde, ansiedelten. Sicherlich ist die Stadt Bünde für ihre Tabakindustrie bekannt – viele der hier angesiedelten Firmen gehörten mit ihren Produkten zu der Lebenswelt ganzer Generationen. Weniger bekannt ist es außerhalb dieser Region aber, dass die Tabakindustrie mit ihrem Filialwesen nachhaltig auch das soziale Gefüge beeinflusste.

Die museale Darstellung der Tabakindustrie ist ein Ansatz, diese Kenntnis der Nachwelt zu bewahren. Ein weiterer Schritt ist die Erhaltung und Präsentation der baulichen Zeugnisse dieses Wirtschaftszweiges. Mit der vorliegenden Veröffentlichung wird nun ein ergänzender Beitrag geleistet, die wirtschaftsgeschichtliche Entwicklung des Gewerbes aufzuarbeiten und dem Leser nahe zu bringen.

Der Landschaftsverband Westfalen-Lippe begleitet im Rahmen seiner landschaftlichen Kulturpflege seit Jahren in Minden-Ravensberg die Bewahrung der baulichen Zeugen der einst die Region prägenden Tabakindustrie. Diese Veröffentlichung wird dazu beitragen, das Verständnis und die Akzeptanz unserer gebauten Geschichte zu erhöhen.

Münster, im Mai 2000

Dr. Ulf-Diether Korn
Westfälisches Amt für Denkmalpflege

Zur Entstehung des Buches und Danksagung

Am Bahnhof Bünde werden die Reisenden in der „Zigarrenstadt“ begrüßt. Was den Einheimischen und den älteren Mitbürgern noch geläufig ist, fällt dem Ortsunkundigen schwer zu glauben: Bünde – eine Zigarrenstadt? Wo zur Jahrhundertwende mehr als 100 „Cigarrenfabriken“ ihren Standort hatten, ist die Anzahl der Hersteller zu Beginn des 21. Jahrhunderts auf ganz wenige Adressen geschrumpft, von denen aus Zigarren, Zigarillos und Rauchtabak aus Bünde in alle Welt exportiert werden. Über dem einst so wichtigen Erwerbszweig, der die Wirtschaft im nördlichen Minden-Ravensberger Land von der Mitte des 19. bis zur Mitte des 20. Jahrhunderts geprägt hat, scheint der Hauch des Vergessens zu liegen, der sich auf den Satz reduzieren lässt: Opas Zigarren sind „out“.

Mit dem Niedergang der Branche seit dem Zweiten Weltkrieg hat sich das Image des Gestrigen und Vergangenen offensichtlich auch auf die Pflege der Erinnerungskultur gelegt: Bahnhofsschilder, über die der Grauschleier liegt, ein Deutsches Tabak- und Zigarrenmuseum, das den Charme der 1950er-Jahre ausstrahlt und unzählige Bauten, die im Zuge vieler Baumaßnahmen seit den 1970er-Jahre bis zur Unkenntlichkeit „modernisiert“ und überbaut oder gänzlich abgerissen worden sind. Wie lieblos viele Jahre mit dem kulturellem Erbe umgegangen wurde, dem die „Zigarrenstadt“ ihren phänomenalen Aufstieg von einem landwirtschaftlich geprägten Dorf mit Stadtrechten zur zweitgrößten (Industrie-)Stadt im Kreisgebiet verdankt, zeigt das Beispiel des Tabakspeichers noch heute. Kein Hinweis erklärt einem neugierigen Passanten die Funktion und Geschichte dieses imposanten, im Stil eines hanseatischen Hafenspeichers erbauten Industriedenkmals, das das bremische Unternehmen Leopold Engelhardt & Biermann unweit vom Bahnhof im Jahr 1896/97 errichten ließ. Und um ein Haar hätte das Wahrzeichen der Stadt das gleiche Schicksal ereilt wie der restliche, auf einem Areal von 3.400 qm angelegte Gebäudekomplex der Zigarrenfabrik, der im Jahr 1976 abgerissen wurde, um einem großen Parkplatz zu weichen.

Doch sind es nicht allein die – aus heutiger Sicht – manchmal schmerzlich zu nennenden Verluste an historischer Bausubstanz, die ein Autorenteam dazu bewegt haben, zum „Jahr der Industriekultur“ den Spuren der Bünder Tabakindustrie zu folgen. Denn die Zeit drängte: Die Zeitzeugen sterben allmählich aus, die sich noch an die frühere Bedeutung dieses Wirtschaftszweigs, an die Unternehmen, die Gebäude und die Menschen erinnern können und die mit ihren Hinweisen und Informationen, mit ihren „Geschichten“ und Bildern dazu beitragen konnten, ein entscheidendes Kapitel der Wirtschafts- und Sozialgeschichte dieser Stadt wieder aufleben zu lassen. Trotz der Verluste ist die Geschichte des Industriezweiges noch an zahlreichen Plätzen in der Stadt allgegenwärtig. Dies ist darauf zurückzuführen, dass kaum ein anderer Ort in Deutschland eine derartige Konzentration der tabakverarbeitenden Industrie innerhalb seiner Stadtgrenzen erlebt hat. Diese Geschichte in einigen Ausschnitten zu entdecken und vorzustellen ist die Absicht dieses Buches, der als ein historischer Stadtführer konzipiert wurde.

Die Idee für das Buchprojekt ist aus einer im Sommersemester 1998 von Monika Dickhaus und Martin Fiedler durchgeführten Lehrveranstaltung über die Geschichte der deutschen Tabakindustrie an der Fakultät für Geschichtswissenschaft und Philospohie der Universität Bielefeld hervorgegangen. Von Beginn an haben sich Norbert Sahrhage und Christel

Tiemann von der Idee anstecken lassen und in ihrer Freizeit an der Konzeption und an der Beschaffung von Quellen und Informationen mitgewirkt. Bielefelder Studentinnen und Studenten der Geschichtswissenschaft haben im Rahmen eines Praktikums die Verantwortung für die Recherche und Abfassung eigener Beiträge übernommen. Ohne die freundliche Unterstützung zahlreicher Einzelpersonen und Institutionen hätten es die Autorinnen und Autoren sehr schwer gehabt. Unser herzlicher Dank gilt allen Gesprächspartnern, die bereitwillig Auskunft über die Geschichte einzelner Fabriken, Unternehmen und Gebäude erteilt haben, außerdem allen, die Bildmaterial für das Buch zur Verfügung gestellt haben. Ein großer Dank für die allzeit hilfreiche Unterstützung gilt insbesondere Frau Petra Seidel vom Stadtarchiv Bünde, den Herren Otto Dustmann, Otto Pollner und Dr. Eberhard Pannkoke als kenntnisreichen Zeitzeugen, der Bünder Lokalredaktion der Neuen Westfälischen, dem Deutschen Tabak- und Zigarrenmuseum in Bünde, dem Kommunalarchiv Herford und der Firma Arnold André Cigars.

Bücher machen nicht nur Arbeit, ihre Herstellung kostet auch Geld. Für die großzügige Bereitschaft, die Finanzierung der Druckkosten mitzutragen, sind wir der Sparkasse Herford und dem Ministerium für Arbeit, Soziales und Stadtentwicklung, Kultur und Sport des Landes Nordrhein-Westfalen zu Dank verpflichtet: Die gewährte Förderung aus Mitteln der Sparkassenstiftung Kunst und Kultur im Kreis Herford und aus Haushaltsmitteln des Ministeriums zum „Jahr der Industriekultur“ hat die Drucklegung des Buches ermöglicht, für dessen verlegerische Betreuung unser abschließender Dank dem Klartext Verlag ausgesprochen werden soll.

Die Herausgeber

Monika Dickhaus / Martin Fiedler

Aufstieg und Niedergang: Die Bünder Tabakindustrie im 19. und 20. Jahrhundert[1]

Als im Jahr 1843 eine Volkszählung durchgeführt wurde, lebten in der „Stadt“ Bünde 1.485 Einwohner in 157 Wohnhäusern. Auch wenn Bünde bereits 1719 die Stadtrechte erhalten hatte, war es im Vergleich zu den umliegenden Städten ausgesprochen klein und dörflich geblieben: Herford wies 1848 immerhin 6.756 Einwohner auf, Bielefeld hatte zu diesem Zeitpunkt die Marke von 10.000 überschritten und Minden, zu dieser Zeit noch das Oberzentrum der Region, zählte 13.060 Einwohner.[2] Doch Bünde war nicht nur klein, es gab auch wenig Aussicht auf Wachstum. Stattdessen herrschten Armut, Not und Hunger. Das häusliche Leinengewerbe, die wichtigste Erwerbsquelle der überwiegend ländlichen Bevölkerung im nördlichen Minden-Ravensberg, befand sich angesichts der übermächtigen Konkurrenz durch die maschinengewebte, vor allem aus England importierte Ware in einer schweren Absatzkrise. Die ehemals gut ausgelastete, heimgewerblich tätige Landbevölkerung war unterbeschäftigt und brotlos, während sich die Leinen- und Garnherstellung mehr und mehr in die Fabrikhallen verlagerte und damit den industriellen Aufschwung der Textilstädte begründete. Als Konsequenz verlor der ländliche Raum einen Teil seiner Bevölkerung: Zwischen 1852 und 1857 wanderten 338 Personen im Bünder Amtsbezirk aus. Dies entsprach einem Verlust von annähernd fünf Prozent.[3]

Wie so häufig, lag in der tiefen Krise, die den Landstrich erfasst hatte, der Keim für einen neuen Anfang. In kurzer Zeit entfaltete sich auf dem Boden des untergegangenen Leinengewerbes ein neuer und boomender Wirtschaftszweig: Wie ein Phönix aus der Asche kam im Minden-Ravensberger Land die Zigarrenproduktion auf. Rasch und flächendeckend breitete sich der neue Erwerbszweig in den Kreisen Minden, Lübbecke und im nördlichen Teil des Kreises Herford aus. Innerhalb von zwei bis drei Jahrzehnten verwandelte sich die Armutsregion in eine der Hochburgen des tabakverarbeitenden Gewerbes in Deutschland, das einem Großteil der Bevölkerung neue Lebenschancen eröffnete. Aus Bünde wurde eine „Zigarrenstadt“, aus der vor dem Zweiten Weltkrieg jede achte Zigarre stammte, die im Handel verkauft wurde, nach 1945 fast jede dritte. Aufgrund der einmaligen Konzentration und Verdichtung, die das Gewerbe im Bünder Amtsbezirk entfalten konnte, war das mit lokalpatriotischem Stolz erfüllte Image der Stadt als einer „Zigarrenkiste Deutschlands“ spätestens zur Jahrhundertwende berechtigt.

Die schmückenden Beinamen brachten zum Ausdruck, dass die Tabakindustrie nicht nur die Rolle des Retters in der Not übernommen hatte, sondern auch die eines Motors für Wachstum und Entwicklung. Mit dem Aufschwung des Gewerbes stieg die Bevölkerung deutlich an. Im Jahr 1871 zählte die Stadt Bünde 2.052 Einwohner, zur Jahrhundertwende 4.818 und 1925 bereits 6.282. In gleicher Weise wuchs die Nachbargemeinde Ennigloh, die bis zur kommunalen Neugliederung im Jahr 1969 mit den heutigen Stadtteilen Ahle, Dünne, Holsen, Hüffen, Hunnebrock, Muckum, Spradow, Südlengern und Werfen das Amt Ennigloh bildete, nachdem die Stadt Bünde im Jahr 1902 auf Betreiben der „Tabakbarone“ aus dem Amtsverband ausgeschieden war. Von 1.023 Bewohnern im Jahr 1843 stieg die Wohnbevölkerung der Gemeinde Ennigloh bis zur Jahrhundertwende auf 4.123 Menschen an. Das ganze Amt Ennigloh zählte im Jahr 1930 über 20.000 Einwohner, dreimal so viel wie zur Mitte des 19. Jahrhunderts, als der Tabak sich anschickte, die Region zu erobern.[4] Parallel zum Bevölkerungswachstum brachte die Zigarrenproduktion einen erheblichen Wohlstand, der freilich höchst ungleich verteilt war. Zwar setzte eine Selbständigkeit als Zigarrenhersteller kein allzu großes Eigenkapital voraus, so dass sich im Verlauf zahlreiche Kleinunternehmer herausbildeten, die zuvor noch als einfache Zigarrenmacher, meist jedoch als Vorarbeiter oder als Werkmeister, tätig gewesen waren. Doch die großen Vermögen konzentrierten sich in erster Linie bei den Unternehmern der ersten Stunde, ihren Familienangehörigen und Erben. Aber nicht nur einzelne Bürger erwarben einen erheblichen Wohlstand, auch die Stadt war zur Jahrhundertwende sichtbar reich geworden, zumal ihr ansehnliche Einnahmen aus der Gewerbesteuer zuflossen. Auch konnte die Stadt davon profitieren, dass sie zu einer Heimat vermögender Fabrikanten geworden war, die als Stadtverordnete, als Investoren und nicht zuletzt als Förderer des Gemeinwohls ihren politischen, wirtschaftlichen und gesellschaftlichen Einfluss auf die städtische Entwicklung geltend machten. Die bürgerlichen Wohnhäuser und die „Cigarren-Fabriken", die recht wenig mit ihren Namensvettern aus anderen Industriezweigen gemein hatten, prägten mehr und mehr das Bild eines Ortes, der allmählich den Charakter einer Stadt annahm. Mit Stolz notierte die Chronik zur Jahrhundertwende diesen Wandel, den der im Großen und Ganzen bis zum Ersten Weltkrieg währende Boom der Zigarrenindustrie ausgelöst hatte: „Im Innern der Stadt wurden die seiner Zeit durch die Verlegung eines Teils des großen Stadtgerichts frei gewordenen Gebäude nach und nach besetzt, so dass bereits in der Mitte der sechziger Jahre verschiedene der Zigarrenindustrie dienende Neubauten errichtet wurden. Die vermehrte Arbeitsgelegenheit und der dadurch bedingte Zuzug von Arbeitern aus den umliegenden Dörfern ließ namentlich die Gemeinde Ennigloh anwachsen. Der wirtschaftliche Aufschwung in den siebziger Jahren förderte die Bautätigkeit ganz erheblich. Große industrielle Etablissements wurden errichtet und städtischen Charakter tragende Privatbauten ausgeführt."[5]

Kein industrielles Gewerbe kennt nur Jahre der Prosperität und des Aufschwungs. Die Zigarrenindustrie, die zur Mitte des 19. Jahrhunderts einen Ausweg aus der Krise der Region gebracht hatte, löste in der Folgezeit auch zahlreiche Probleme aus. Wie sehr die gewerbliche Wirtschaft des Bezirks in die Abhängigkeit einer Monostruktur geraten war, zeigte sich schlagartig in den Zeiten, wenn die Preise für Rohtabak durch Steuer- und Zollerhöhungen anzogen oder andere staatliche Regulierungspläne der sensiblen Branche das Leben schwer machten. Wiederholt kam es dann zu Entlassungswellen, vermehrter Kurzarbeit und hoher Arbeitslosigkeit. Seit dem Ersten Weltkrieg, als die Zigarette, das „Kind der schnelllebigen Zeit", mehr und mehr die Gunst der Raucher erobern konnte, ging der Marktanteil der Zigarre stetig zurück: Nur vorübergehend konnte dieser Rückgang durch die erfolgreiche Vermarktung des Zigarillos aufgehalten werden. Vor allem in den wirtschaftlichen Krisenjahren, die sich nach 1918 häuften, zeigte sich die große Abhängigkeit der Branche von der Kaufkraft ihrer Konsumenten. Selbst als die Wirtschaft nach dem Zweiten Weltkrieg wieder boomte, konnte die Mehrzahl der Betriebe nicht mehr mithalten. Mitten im Wirtschaftswunder, das die Bundesrepublik ab Anfang der 1950er-Jahre erlebte, deuteten die Zeichen der Zeit auf einen Niedergang, den auf lange Sicht auch nur wenige Hersteller überleben konnten. Am Ende des 20. Jahrhunderts sind in

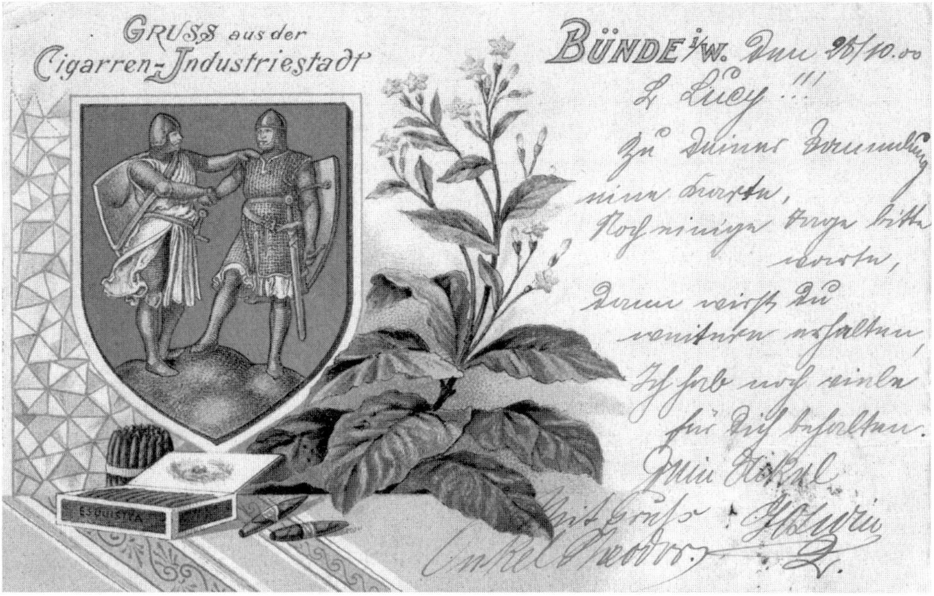

Selbstdarstellung als „Cigarren-Industriestadt“: Eine Postkarte von 1900

der Stadt nur noch drei Betriebe übrig geblieben, während das Adressbuch von 1900 allein in der Stadt Bünde und in der Gemeinde Ennigloh über 50 Zigarrenfabriken aufführte, die in das Handelsregister eingetragen waren. Der nach 1950 einsetzende Niedergang der Branche brachte nicht nur das Ende für zahlreiche Zigarrenhersteller vor Ort, sondern betraf auch viele Filialbetriebe in den umliegenden Dörfern und Gemeinden, die heimischen Rauchtabakhersteller sowie eine stattliche Zahl von Zulieferern und Dienstleistern, die sich mit dem Aufschwung der Zigarrenproduktion in der Stadt angesiedelt hatte: Zigarrenkisten- und Kartonagenfabriken, Druckereien und lithographische Anstalten, Hersteller von Wickelformen und Zigarrenkistenstiften, Tabakschneidereien sowie Handelsvertreter, Versandgeschäfte und Rohtabakhändler.

In diesem einleitenden Aufsatz wollen wir eine Übersicht über die guten und die schlechten Zeiten der tabakverarbeitenden „Industrie“ in dieser Stadt geben. Auch wenn die Zigarren-„Fabriken“ im eigentlichen Sinne Manufakturen waren, in denen bis nach dem Zweiten Weltkrieg die handwerkliche Herstellung dominierte, so handelt es sich doch um die Geschichte einer „Industrie“: Schließlich beschrieb dieser Begriff im ursprünglichen Wortsinn eine „rege Tätigkeit“ und umfasst daher mehr als den Einsatz von Maschinen, der in der Zigarrenproduktion tatsächlich erst in der zweiten Hälfte des 20. Jahrhunderts in einem nennenswerten Umfang einsetzte.

Die Anfänge der heimischen Zigarrenherstellung

In einer im Jahr 1843 veröffentlichten Schrift über den Stand der wirtschaftlichen Entwicklung im Regierungsbezirk Minden nahmen die Flachs- und Leinenproduktion, die Spinnerei und Weberei noch einen breiten Raum ein. Hingegen war von der Tabakverarbeitung nur am Rande die Rede: Der Berichterstatter registrierte etwa 400 Arbeiter, die im Gebiet des Regierungsbezirks im Tabakgewerbe beschäftigt waren.[6] Selbst wenn der Hamburger Kaufmann Hans Hinrich Schlottmann die erste deutsche Zigarrenfabrik schon im Jahre 1788 gegründet hatte, und sich in Bremen und Hamburg, wo der Rohtabak ins Land kam, die ersten Zigarrenhersteller etabliert hatten, stand die Ära der Zigarre erst an ihrem Anfang. Noch war das Rauchen mit der Pfeife weit verbreitet.

Die Zahl von 400 Tabakarbeitern im Jahr 1848 war nicht nur niedrig, auch waren die wenigsten unter ihnen „Zigarrenmacher“. Die meisten waren vielmehr so genannte „Tabakspinner“, die Rohtabak durch Spinnen auf drehbaren Haspeln zu rauchfertigen Rollen- oder Strangtabak verarbeiteten, den die Raucher dann scheibchenweise in Portionen schnitten und in ihre Pfeifen stopften. Tabakspinner gab es schon seit längerem in Minden-Ravensberg. Schon um 1800 wurden in der Region 59 Tabakspinner gezählt, darunter allein zwölf in Herford, die sich im Jahr 1792 sogar in einer Zunftgemeinschaft zusammengeschlossen hatten. Auch in Bünde war dieses Handwerk vertreten. Im Jahr 1783 wurden hier drei Vertreter dieser Berufsgruppe gezählt. Die Entstehung dieses Handwerks war dadurch begünstigt worden, dass der Rohtabak aus Holland im Tausch gegen heimisches Leinen bezogen werden konnte. Dennoch entwickelte sich das Handwerk des Tabakspinnens in Minden-Ravensberg nicht zu einem führenden Wirtschaftszweig. Während das heimische Leinen in dieser Zeit noch guten Absatz fand, verlegten sich nur Einzelne auf die Rauchtabakherstellung. Zumindest in einem Fall war dieses Handwerk die Keimzelle eines größeren Unternehmens: Aus der im Jahr 1705 von Johann Georg Crüwell in Bielefeld gegründeten Tabakspinnerei ist eine der größten deutschen Rauchtabakfabriken hervorgegangen. Wichtiger aber war für die Region, dass bereits früh eine handwerkliche Tradition in der Verarbeitung des Rohtabaks begründet worden war.[7]

Als der erste Zigarrenfabrikant im Regierungsbezirk gilt der Mindener Weinhändler Theodor Rocholl (1797-1851), der im Jahr 1830 seiner vier Jahre zuvor eröffneten Tabak- und Zigarrenhandlung eine eigene Zigarrenfertigung angliederte. Im Jahre 1832 waren hier bereits elf Arbeitskräfte, sechs Gesellen und fünf Lehrlinge, tätig. Gleichfalls im Jahr 1830 eröffneten die beiden Kaufleute Busse und Hildebrand in Vlotho eine Tabak- und Zigarrenmanufaktur, die 1837 neun Arbeitskräfte beschäftigte. In Herford und in Bünde setzte die gewerbliche Zigarrenherstellung ein gutes Jahrzehnt später ein: Am 17. Dezember 1842 gründete Conrad Heinrich Wilhelm Böckelmann eine Zigarren- und Rauchtabakfabrik am Alten Markt in Herford. Im gleichen Jahr rollte Georg Meyer (1825-1889), der siebte Sohn des Flachshändlers Heinrich Wilhelm Meyer vom Esche, in der Rakelmann'schen Besitzung in der Eschstraße 21 die ersten Bünder Zigarren. Georg Meyer, der das Handwerk in der Tabak- und Zigarrenfabrik Schaumburg in Osnabrück gelernt hatte und sich dann 1855 mit dem Kaufmann Wilhelm Dustmann zur Gründung der Zigarrenfabrik *Meyer & Dustmann* zusammentat, gebührt somit die Ehre des ersten Zigarrenfabrikanten in Bünde – eine Ehre, die einige Chronisten der Stadtgeschichte fälschlicherweise dem aus Ennigloh stammenden

Haus Heine in der Eschstraße, im Hintergrund das alte Rathaus

Bauernsohn Tönnies Heinrich Wellensiek (1821-1903) zugeschrieben haben. Wellensiek hatte nämlich erst nach seiner Rückkehr aus Bremen im Jahr 1843 die Herstellung von Zigarren aufgenommen.[8]

Auch wenn „Töns" Wellensiek nicht die erste Bünder Zigarre gerollt hat, so hatte sein Start in die Selbständigkeit den größeren Erfolg. Schon 1846 konnte die Zigarrenproduktion, die zunächst im Kotten seiner Eltern auf dem Halloh erfolgt war, in das Haus des Klempnermeisters Heine (Eschstraße 24) verlagert werden. Dort gingen Wellensiek bereits acht Gehilfen zur Hand. Auch der weitere Werdegang Wellensieks, dessen steiler sozialer Aufstieg aus bescheidener Herkunft zum erfolgreichen Unternehmensgründer in einer stadtbekannten Legende ausgeschmückt worden ist, gibt durchaus Hinweise auf die Rahmenbedingungen und Entwicklungsmöglichkeiten, die in der Pionierphase der westfälischen Zigarrenherstellung herrschten.Wie Meyer hatte auch Wellensiek das Handwerk von der Pike auf gelernt, und zwar in Bremen, einer Metropole des Tabakhandels, in der das Zigarrenmachergewerbe bereits Fuß gefasst hatte. Im Alter von 15 Jahren war der Sohn eines Kleinbauern auf der Suche nach Arbeit dorthin gewandert und hatte in der Bremer Zigarrenfabrik *Himmelmann & Burdorf* eine Anstellung als Lehrling gefunden. Unmittelbar im Anschluss an die Lehrzeit wagte Wellensiek in Bremen einen ersten Schritt als selbständiger Unternehmer, der jedoch scheiterte. Die unternehmerische Tatkraft Wellensieks konnte keine Früchte tragen, da in der Bremer Zigarrenbranche die Grenzen der Rentabilität eng gesteckt waren. In den norddeutschen Handelszentren gab es eine Vielzahl von Arbeitsmöglichkeiten und ein entsprechend hohes Lohnniveau, so dass sich die Massenherstellung von Zigarren nicht mehr rentierte. Die in der Folge schon Anfang der 1840er-Jahre einsetzende erste Verlagerung der norddeutschen und der städtischen Zigarrenproduktion in ländliche Regionen, wo weitaus billigere Arbeitskräfte zur Verfügung standen, kam Wellensiek gerade recht, um nach Bünde zurückzukehren und dort sein Wissen anzuwenden. Dabei war seine zweite Existenzgründung ein Start mit kalkuliertem Risiko, denn anfangs stand Rocholl als Hauptabnehmer für seine Zigarren zur Verfügung. Auch in anderer Hinsicht spielte der Mindener Fabrikant eine wichtige Rolle, denn er vermittelte Wellensiek die Bekanntschaft mit dem aus dem märkischen Sauerland stammenden August Steinmeister, der für Rocholl als Reisender und Korrespondent tätig war. Auch Steinmeister, der seit Ende der 1840er-Jahre in Hagen eine Zigarrenfabrik betrieb, hatte die Standortvorteile von Bünde klar erkannt. Er suchte einen Partner und fand ihn in Wellensiek, mit dem er im Jahr 1856 die gemeinschaftliche Zigarrenfabrik *Steinmeister & Wellensiek* gründete. Dabei war Steinmeister der maßgebliche Kapitalgeber, ohne den dieses Unternehmen wahrscheinlich nicht hätte florieren können.

Dass vornehmlich das niedrige Lohnniveau die Kleinstadt als Standort der Zigarrenproduktion so attraktiv machte, hatte auch die aus Osnabrück stammende Unternehmerfamilie André erkannt. Als sie Anfang der 1850er-Jahre nach einem geeigneten Platz im Minden-Ravensberger Land Ausschau hielt, um eine Filiale ihrer Tabakfabrik einzurichten, registrierten die Fabrikanten den ärmlichen Eindruck der Bünder Kirchgänger. Dies soll den Ausschlag gegen den Standort Enger gegeben haben, den man ebenfalls in Betracht gezogen hatte. Schließlich verhieß die Armut ein niedriges Lohnniveau. Bei der umfassenden Neuorientierung und Standortverlagerung des tabakverarbeitenden Gewerbes, die Mitte des 19. Jahrhunderts eingesetzt hatte, war der Lohnfaktor angesichts der großen Bedeutung der Handarbeit bei der Zigarrenproduktion zunehmend wichtiger geworden als die Nähe zu den Einfuhrplätzen des Rohtabaks und zu den Absatzmärkten.

Die Ansiedlung der Bünder Zigarrenindustrie erfolgte nicht an einem Tag. Im Jahr 1852 zählte die Gewerbestatistik in den Kreisen Minden, Lübbecke und Herford insgesamt 1.385 Beschäftigte in 54 Betrieben. Dabei ragte Bünde als Standort noch keineswegs heraus: Mit drei Betrieben und 146 Arbeitskräften rangierte die Stadt zu diesem Zeitpunkt noch deutlich hinter Minden mit 22 Betrieben und 554 Beschäftigten und auch hinter Vlotho, das drei Betriebe und 267 Beschäftigte aufzuweisen hatte. Fünfzehn Jahre später hatte sich jedoch das Blatt gewendet: Im Jahr 1867 führte der Kreis Herford mit 2.593 Beschäftigten in 64 Betrieben weit vor den Kreisen Minden (1.463 Beschäftigte in 41 Betrieben) und Lübbecke (430 Beschäftigte in neun Betrieben). Auf Bünde entfiel dabei mit 822 Beschäftigten in 13 Betrieben der größte Teil und insgesamt mehr als in den beiden Weserstädten zusammen (802).[9] Zwischen den Gründerjahren und der Jahrhundertwende stieg Bünde zum Zentrum der westfälischen Zigarrenindustrie auf. Im Mai 1876 waren 14 „Cigarrenfabriken“ im örtlichen Handelsregister eingetragen. Von besonderer Bedeutung waren dabei „die drei Großen“, die auch mit Abstand die Liste der Gewerbesteuerzahler anführten: *Steinmeister & Wellensiek* auf dem ersten Platz, gefolgt von der Bünder Filiale des bremischen Unternehmens *Leopold Engelhardt & Biermann* sowie der Zigarrenfabrik *Arnold André*, die nach dem Zusammenbruch des Osnabrücker Stammhauses *Gebrüder André* im Jahr 1866 in Bünde einen unternehmerischen Neuanfang gewagt hatte.[10]

Die Dynamik, die das Zigarrengewerbe entfaltete, war nicht zu bremsen. Die Bedenken der Obrigkeit gegen das Zigarrenmacherhandwerk, dem der zweifelhafte Ruf vorauseilte, die Sitten und die Moral der Bevölkerung zu untergraben – schließlich galten die hanseatischen Zigarrenarbeiter als selbstbewusste, recht gut verdienende und lebenslustige Gesellen – waren schnell vom Tisch. Schließlich brachte die Zigarrenfabrikation die Bevölkerung in Lohn und Brot. So gaben die Gegner, die sogar einen Versuch unternommen haben sollen, den Umzug Wellensieks von Ennigloh nach Bünde zu verhindern, nach kurzer Zeit klein bei. Das Kreismitteilungsblatt beklagte zwar, dass es nicht gelang, die Strohflechterei von Hüten und Matten als Ersatz für die Leinenindustrie anzusiedeln, denn dieser Erwerbszweig sei „ohne Zweifel moralisch und physisch eine weit ersprießlichere Tätigkeit“ als die Zigarrenfabrikation. Es musste aber zugleich anerkennen, dass die Zigarrenherstellung im Kreisgebiet bereits „viele hundert Arbeiter mit gutem Verdienst“ beschäftigte.[11]

Warum Bünde?

Die Frage, warum sich die Minden-Ravensberger Zigarrenindustrie gerade in Bünde konzentriert hat, verlangt eine Antwort, die über das niedrige Lohnniveau vor Ort und die Initiative der ersten Fabrikanten hinausreicht. Gewiss war die Entschlusskraft einzelner Unternehmerpersönlichkeiten wie Tönnies Heinrich Wellensiek, August Steinmeister und Arnold André eine notwendige, aber eben keine hinreichende Bedingung, um den Aufstieg Bündes zur „Zigarrenstadt“ zu gewährleisten. Schließlich waren Zigarrenfabrikanten in der ganzen Region tätig geworden und die beiden Weserstädte Minden und Vlotho hatten den Vorteil des zeitlichen Vorsprungs. Auch die beiden Kreisstädte Herford und Lübbecke hätten Bünde die Funktion eines Zentrums der westfälischen Zigarrenindustrie durchaus streitig machen können. Woran lag es also, dass Bünde einen „geradezu phänomenalen Aufstieg“[12] dieser Industrie erlebte und eine Konzentration von Betrieben und Beschäftigten an sich ziehen konnte, die sich an keinem anderen Ort in der Region in vergleichbarer Weise einstellte?

Zunächst sind die Faktoren zu nennen, welche von Anfang an die Ansiedlung und Ausbreitung des tabakverarbeitenden Gewerbes im nördlichen Minden-Ravensberg begünstigt haben: Erstens hatte die Krise des Leinengewerbes handwerklich versierte Arbeitskräfte freigesetzt, die angesichts der herrschenden Not bereit waren, auch zu niedrigsten Löhnen alle sich nur bietenden Beschäftigungs- und Verdienstmöglichkeiten wahrzunehmen. Zweitens begünstigte die Politik des Deutschen Zollvereins, dem bis 1854 auch Hannover und Oldenburg beigetreten, Bremen und Hamburg jedoch ferngeblieben waren, eine Südwanderung der hanseatischen Zigarrenproduktion. Neben den hohen Lohnkosten mussten die dort ansässigen Zigarrenfabrikanten auch noch hinnehmen, dass weite Absatzgebiete zollpolitisch zum Ausland geworden waren. Dabei traf sie die Anhebung des Einfuhrzolls für Fertigzigarren von 24 auf 60 Mark ganz empfindlich, auf die sich die Mitgliedsstaaten des Zollvereins verständigt hatten, während die auf dem Gebiet des Zollvereins tätige Konkurrenz im Gegenzug begünstigt wurde: Gleichzeitig war der Einfuhrzoll je Doppelzentner Rohtabak von 18 auf 12 Mark ermäßigt worden. Unter diesen Umständen war für Hamburger und Bremer Fabrikanten eine Zigarrenproduktion in ihrer Stadt nur in den oberen Preislagen rentabel. Daher waren sie gezwungen, einen Großteil der Herstellung auf das Gebiet des Zollvereins zu verlagern, zunächst vor die Tore der Hansestädte, aber in einem noch größerem Umfang dorthin, wo die Arbeit am billigsten war: Ins thüringische Eichsfeld am Südrand des Harzes, ins Badische und nach Minden-Ravensberg. Drittens verfügte Minden-Ravensberg über günstige Verkehrsverbindungen für die Ein- und Ausfuhr. Anfangs diente die Weser als vorrangige Verkehrsader zwischen Bremen, dem Zentrum des deutschen Tabakhandels, und den ersten Fabrikationsstätten, was zunächst einen Standortvorteil der Weserstädte begründet hatte. Mit der Zugehörigkeit zum Zollverein stand der westfälischen Zigarrenindustrie ein großes Absatzgebiet offen. Bahnlinien erschlossen den Raum und sorgten für Verbindung: Mit der Köln-Mindener Eisenbahn und den Hannoverschen Staatsbahnen existierten gute Verkehrswege in die wichtigsten Absatzmärkte in Nord- und Ostdeutschland, in das Ruhrgebiet und nach Berlin.

Warum sich die Zigarrenproduktion mit Erfolg in Minden-Ravenberg etablierte, ist eine Frage. Eine andere Frage ist, warum es Bünde gelang, vor den anderen Städten in der Region den Rang der „Zigarrenstadt" einzunehmen. Eine Erklärung liegt darin, dass eine günstige Kombination aller wichtigen Standortfaktoren die Expansion des Gewerbes in der Stadt unterstützte. Ein wesentlicher Vorteil bestand in der guten Erreichbarkeit der holländischen Häfen, vor allem Amsterdams, das bis zum Ende des 19. Jahrhunderts die Bedeutung Bremens als Drehscheibe des Tabakhandels zurückdrängen sollte. Während Lübbecke noch für lange Zeit im Windschatten der Verkehrswege blieb, Minden vorrangig an den Durchgangsverkehr zwischen der Rheinprovinz und Hannover angebunden war, brachte die 1855 erfolgte Inbetriebnahme der Bahnlinie Löhne-Osnabrück durch die Hannoversche Westbahn einen Bahnanschluss an einer Hauptstrecke ein, die nach Holland führte. Dieser Verkehrsweg erleichterte gleichermaßen die Einfuhr des Tabaks und den Versand der Ware. Zudem zeichnete sich der Bünder Amtsbezirk auch im Vergleich zu Herford oder Minden durch ein ausgesprochen niedriges Lohnniveau aus. Während die Bünder Zigarrenhersteller für eine geraume Zeit keinerlei industrielle Konkurrenz zu befürchten hatten, kam in Herford die Textil- und Möbelindustrie auf, die den heimischen Arbeitskräften bessere Verdienstmöglichkeiten offerierte. Ferner gab es in Bünde noch ausreichenden Platz für Neubauten und Erweiterungen, während sich in der preußischen Festungs- und Garnisonsstadt Minden die räumliche Enge und die vorherrschende Industriefeindlichkeit als krasse Standortnachteile erwiesen. Insgesamt bot sich Bünde daher schon in der Frühphase der Minden-Ravensberger Zigarrenindustrie, die nach der einschlägigen Periodisierung von Thielking auf die Zeit von der Jahrhundertmitte bis zum Beginn der 1870er-Jahre datiert werden kann,[13] in der ganzen Region als der denkbar günstigste Standort für eine Unternehmensgründung an. Auch später blieben die Bedingungen aussichtsreich. Der Ort hatte ein ländliches Einzugsgebiet, das eine große Zahl von Arbeitskräften stellte. Das Problem einer Verknappung und Verteuerung des Produktionsfaktors Arbeit, das die weitere Expansion des Gewerbes behindert hätte, stellte sich den Bünder Fabrikanten nicht, denen es vielmehr gelang, das vorhandene Reservoir mit dem Aufbau von Filialen auf dem „platten Land" zu erschließen. Sie erkannten die Vorzüge eines flexiblen Produktionssystems und bauten dieses konsequent aus, indem sie erst Fabrikarbeit und Filialsystem kombinierten und später die Heimarbeit als dritte Säule der Beschäftigung einbanden. Gleichzeitig war es ihnen gelungen, vor Ort eine ruinöse Konkurrenz um Arbeitskräfte zu verhindern. Schon frühzeitig hatten die Fabrikanten entsprechende „Gefahren" erkannt und die Vereinbarung getroffen, „sich gegenseitig keine Arbeiter abzunehmen."[14] Doch war der Arbeitsmarkt nur ein Faktor, der die Ausbreitung des Gewerbes gefördert hat. Für den weiteren Aufstieg Bündes zur „Zigarrenstadt" war die Eigendynamik von großer Bedeutung, die sich in der Stadt mit der fortschreitenden Expansion dieser Industrie einstellte. Der kommerzielle Erfolg der ersten Fabrikanten reizte zur Nachahmung. Das Kapital für weitere Gründungen sammelte sich an. Eine stattliche „Hilfsindustrie" aus Zulieferern und Spezialisten siedelte sich an. Vor allem aber hatte sich Humankapital ausgebildet, das über das Produkt, die Arbeitstechnik und den Absatzmarkt informiert war – ein Wissen, das die Generation der Gründer und der ersten „Zigarrenmacher" an die nächste Generation weitergeben konnte.

Der Siegeszug der Zigarre

In der Ausgabe von 1809 stellte der Brockhaus seinen Lesern erstmals die aus der Neuen Welt über Spanien nach Nordeuropa gelangte Zigarre vor: einen „fingerdicken hohlen Zylinder". Es folgte ein beispielloser Siegeszug, angestoßen durch die Befreiungskriege gegen Napoleon. Wieder einmal zeigte sich, dass große Kriege wesentlich dazu beitrugen, neue Epochen des Drogenkonsums einzuleiten: Im Dreißigjährigen Krieg (1618-1648) machte die umherziehende Soldateska die Mode des „Rauchtrinkens", des Kauens und Schnupfens von Tabak bekannt. Seit den Befreiungskriegen (1813-1815) gewann die Zigarre an Boden. Nach dem Krimkrieg (1853-1856) hielt die Zigarette ihren Einzug in die europäischen Metropolen.

Schon in den 1830er-Jahren hatte die Zigarre eine beträchtliche Anhängerschaft gewonnen. In der zweiten Hälfte des 19. Jahrhunderts erlebte sie einen wahren Höhenflug, der bis zum Ausbruch des Ersten Weltkriegs Bestand hatte. Von 1877 – dem ersten Jahr, zu dem verlässliche Zahlen vorliegen – bis zum Jahr 1913 stieg der Jahresverbrauch in Deutschland je Einwohner von 92 auf 130 Stück. Im Jahr 1878 entfiel 76 Prozent des Verkaufswertes aller Tabakprodukte auf Zigarren. Hingegen war der Konsum von Rauchtabak auf 16,4 Prozent gesunken, während erst ein knappes Prozent auf die Zigarette entfiel.[15]

Kriege wirkten nicht nur als Zäsuren des Konsumverhaltens, sie belebten meist auch das Geschäft. Schon im Deutschen Krieg von 1866 war die Nachfrage deutlich angestiegen. Den deutsch-französischen Krieg von 1870/71 bezeichnete eine Unternehmenschronik der Bremer Zigarrenfabrik Engelhardt & Biermann, die seit 1867 ein großes Zweigwerk am Bünder Bahnhof betrieb, als „eine merkbare Etappe" in den Jahren des Aufschwungs. Schließlich war der Firma die gesamte Heereslieferung für die zweite deutsche Feldarmee übertragen worden.[16] Der Jahresbericht der Mindener Handelskammer von 1870 sprühte vor Begeisterung: „Die siegreiche Phalanx der deutschen Heere schaffte Licht, Luft und Raum, und mit ihnen Vertrauen, Lust und Liebe zum Geschäft. Bedarf stellte sich ein; der Soldat verlangte seinen Tabak und mit ihm der Bürger seine Sieges-Cigarren, seine Friedens-Pfeife. Ein nicht geahnter, nie gekannter Aufschwung in der Tabak-Branche trat ein; die alten Vorräte wurden verkauft, die Fabriken vollauf beschäftigt und dennoch konnte den Anforderungen nicht genügt werden."[17]

Doch es lag nicht an den Kriegen allein, dass das 19. Jahrhundert eine Epoche der Zigarre wurde. Wie Wolfgang Schivelbusch in einer anregenden Kulturgeschichte der Genussmittel dargelegt hat, war „Beschleunigung" der entscheidende Auslöser für den Wandel des Rauchverhaltens. Im Zeitalter der Industrialisierung nahm das Tempo des Lebens zu, das den Alltag und die Gewohnheiten der Menschen mehr und mehr bestimmte.[18] Mit der Zigarre entfiel der Zeitaufwand, den der Pfeifenraucher benötigte, um mit einem Arsenal von Gerätschaften und mittels eingeübter Handgriffe zu dem ersehnten Rauchgenuss zu gelangen. Die gebrauchsfertig überreichte Zigarre war mit einer erheblichen Vereinfachung des Rauchvorgangs verbunden: Sie musste nur noch beschnitten, in den Mund gesteckt und angezündet werden. Was der Zigarre im 19. Jahrhundert gegen die Pfeife geholfen hatte, sollte ihr jedoch im Verlauf des 20. Jahrhunderts schaden. Seit der Jahrhundertwende verlor sie immer größere Marktanteile an die neue Konkurrenz, die wiederum eine höhere Stufe in der Rationalisierung der Rauch-Zeit verkörperte: Eine „Zigarettenlänge" wurde zur Maßeinheit von Arbeitspausen, deren kurze Dauer im industriellen Alltag längst nicht mehr den zeitraubenden Genuss einer Zigarre erlaubte.

Zum Erfolg verhalfen der Zigarre außerdem die Eigenschaften, die von den Konsumenten im 19. Jahrhundert sehr geschätzt wurden, aber im gesellschaftlichen Wandel des 20. Jahrhunderts an Bedeutung verloren: So entsprach die Zigarre dem ausgeprägten Bedürfnis des Bürgertums, sich „nach unten" abzugrenzen – mit ihren Rauchzeichen soziale Unterschiede zu markieren. Ratgeber für den „Gentleman" verwiesen auf die feine Art des Rauchens, an der sich der Mann von Welt, Erziehung und Stil auf Anhieb vom „Plebejer" unterscheiden könne. Mehr und mehr war die Zigarre ein Statussymbol für den männlichen Bürger geworden – und als solche musste sie im 20. Jahrhundert manche Rückschläge hinnehmen. Denn nach der „Revolution" von 1918 fand die Zigarre vermehrt Eingang in andere Bevölkerungsschichten. Wie die Tabakwirtschaftliche Rundschau mit leichtem Bedauern feststellte, sah man nun „den braunen Weggenossen im Munde von jungen Handwerkern, Arbeitern usw. Die Zeiten ändern sich."[19] Auch wenn der gesellschaftliche Wandel den Absatz von Zigarren der unteren Preisklassen und von Zigarillos beförderte, auf längere Sicht büßte die Zigarre ihren Charakter als Symbol des bürgerlichen Wohlbefindens ein. Vom Anstieg des Tabakverbrauchs im 20. Jahrhundert vermochte sie kaum nennenswert zu profitieren, zumal die große Schar neuer Konsumenten gleich zur Zigarette griff. Dies galt erst recht für die emanzipierte Frau, die sich nach dem Ersten Weltkrieg immer mehr das Recht erkämpfte, in aller Öffentlichkeit zu rauchen. Auch im 20. Jahrhundert rauchte „nur der Mann" eine Zigarre, wie einige Hersteller in ihrer Werbung verkündeten, und dieser wurde zusehends älter. So lief die „gute alte" Zigarre bis vor wenigen Jahren mehr und mehr Gefahr, zu einem Relikt vergangener Zeiten zu werden.

Die „goldenen Jahre": Von der Reichsgründung bis zum Ersten Weltkrieg

Obwohl die große Nachfrage dafür sorgte, dass die Zigarrenhersteller zwischen 1870 und 1918 nicht nur in Bünde, sondern im ganzen Reichsgebiet einen ungeahnten Aufschwung erlebten, waren selbst die „goldenen Jahre" nicht frei von Einbrüchen. Diese folgten meist auf Eingriffe des Staates in der Steuer- und Zollpolitik, die sich unmittelbar auf die Rentabilität der Herstellung und damit auch auf die soziale Lage der Arbeiterschaft auswirkten. So leitete das „Zolltarifgesetz" von 1879, das den Eingangszoll für ausländischen Rohtabak von 24 auf 85 Mark je Doppelzentner anhob, eine gut zehn Jahre währende Krise des Gewerbes ein. Allein in den beiden Amtsbezirken Bünde-Rödinghausen und Gohfeld-Mennighüffen, jenem nördlichen Teil des Kreises Herford, der auf Wunsch der Zigarrenfabrikanten seit 1870 zum

Bezirk der Mindener Handelskammer gehörte, stellten 15 Betriebe die Produktion sofort ein. Von 3.592 vollbeschäftigten Zigarrenmachern verlor jeder vierte seinen Arbeitsplatz. Im gesamten Kammerbezirk sank die Zahl der registrierten Beschäftigten von fast 7.000 auf 4.905.[20] Wie schwierig die Situation war, zeigt die Zahl der Auswanderer. Im Amt Bünde stieg sie wieder sprunghaft von 35 Personen im Jahr 1880 auf 300 im Jahr 1882 und auf 254 im Jahr 1883 an.[21] Die überwunden geglaubte Not der 1840er-Jahre kehrte schlagartig zurück.

Die Zigarrenindustrie in Minden-Ravensberg war durch den immens erhöhten Zolltarif im besonderen Maße getroffen worden. Schließlich verarbeitete sie in erster Linie Tabaksorten ausländischer Herkunft, während eine mächtige Konkurrenz, die süddeutsche Tabakindustrie, auf heimischen Tabakanbau zurückgreifen konnte. Mit der Zollerhöhung verloren die westfälischen Hersteller ihre Wettbewerbsfähigkeit bei den preiswerten Sorten. Eine erneute Standortverlagerung vom Norden in den Süden war die Folge. Wieder einmal machte die Zigarrenindustrie der etwas abfälligen Charakterisierung als „Zigeuner-Industrie"[22] alle Ehre, mit der kritische Zeitgenossen die oftmals rastlos umherziehende und bei Bedarf rasch in günstigere Produktionsverhältnisse ausweichende Branche belegt hatten: Während sich die Herstellung der billigen Zigarren nach Baden verlagerte, blieb den westfälischen Fabrikanten immerhin die Spezialisierung auf die mittleren und oberen Preisklassen, mit der sie nach der Überwindung der Krise ab 1890 allerdings wieder an die überaus gut laufenden Geschäfte vor 1879 anknüpfen konnten.

Die in den Jahresberichten der Kammer häufig anzutreffende Klage der Branche über die schwierige Lage der Industrie muss für den Zeitraum von 1890 bis zum Ersten Weltkrieg vor allem unter dem Gesichtspunkt gesehen werden, dass das Jammern in dieser Zeit zum Geschäft gehörte. Schließlich wollte man den drohenden, wiederholt diskutierten Anhebungen der Zolltarife und der Tabaksteuer entgegenwirken. Dass die Geschäfte so schlecht nicht liefen, zeigte sich unter anderem an der wachsenden Zahl der Betriebe und der Beschäftigten. Zur Jahrhundertwende war die Zigarrenindustrie nämlich größer als je zuvor: Während 1867 im Kammerbezirk 2.593 Zigarrenmacher gezählt wurden, beschäftigte das Gewerbe im Jahr 1901 insgesamt 18.122 Personen, darunter 10.035 in den Fabriken und 8.087 in der Heimarbeit. Davon entfielen allein 12.040 Erwerbstätige auf den Kreis Herford, wo mit 5.665 Arbeitskräften fast die Hälfte in der Heimarbeit tätig war.[23] Dabei vermittelt die Beschäftigungsstatistik kein zuverlässiges Bild über die Größe dieses Erwerbszweiges, zumal meist nur versicherungspflichtige Personen gezählt wurden, daher viele Saison- und Heimarbeiter sowie ihre Angehörigen nicht erfasst wurden, die häufig weder kranken- noch rentenversichert waren. Möglicherweise kam die für 1905 ermittelte Zahl von 16.278 Arbeitskräften, die der Westfälische Tabakverein und die Handelskammer in einer gemeinsam verfassten Denkschrift allein für den Kreis Herford anführten, der Realität schon näher, obwohl den Autoren vornehmlich daran gelegen war, mit beeindruckenden Zahlen vor den sozialen Folgen einer Steuererhöhung im Kammerbezirk zu warnen.[24] Ein weiterer Beleg dafür, dass nach der Überwindung der Krise von 1879 gute Zeiten für die Branche herrschten, ist die Welle von Unternehmensgründungen, die im Bünder Amtsbezirk ab Mitte der 1880er-Jahre bis zur Jahrhundertwende erfolgten. Das Gründungsjahr zahlreicher Zigarrenfabriken fiel in diesen Zeitraum, wie die Beispiele *Doppmann & Buck* (Gründungsjahr 1886), *Gerhardt & Dustmann* (1886), *Gebrüder Bastert* (1889), *Blöbaum & Brune* (1895), *Hermann Schuster* (1897), *Carl Warmann & Co.* und *Gebrüder Schuster* (beide 1898) neben vielen anderen belegen. Auch die „Hilfsindustrie" expandierte in dieser Zeit, in

Ein städtisches Zentrum mit dem Postamtsgebäude und der Fabrik von Steinmeister & Wellensiek an der Kaiser-Wilhelm-Straße / Ecke Eschstraße

der unter anderem die beiden Zigarrenkistenfabriken von *Wilhelm Cordes* (1882) und *Brockfeld & Schäfer* (1901) ihren Betrieb aufnahmen.

Selbst in den „goldenen Jahren" war die westfälische Zigarrenindustrie nicht frei von Sorgen. Steigende Löhne, die Benachteiligung gegenüber den süddeutschen Herstellern, eine mit Macht auf den deutschen Markt drängende ausländische Konkurrenz sowie die „Modetorheiten" der Verbraucher, die ständig nach neuen Fassons und Farben verlangten, waren dabei größere Herausforderungen. Doch was der Branche am meisten zu schaffen machte, war die konstante Bedrohung, die vom geldhungrigen Staat ausging. Stets war in dieser Zeit zu befürchten, dass der Tabakindustrie und den Rauchern höhere Belastungen aufgebürdet würden. Seit 1880 dachte die Regierung an die Einrichtung eines staatlichen Tabakmonopols nach dem Vorbild Frankreichs, das eine Verstaatlichung der Industrie bedeutet hätte. Gegen die Monopolpläne des Reichskanzlers setzte sich die Branche mit allen Mitteln zur Wehr und war hierin sogar erfolgreich: Bismarcks Monopolvorlage fand 1882 im Reichstag keine Mehrheit. Auch von Bünde war hartnäckige Gegenwehr ausgegangen. Die beiden Fabrikanten August Steinmeister und Tönnies Wellensiek hatten vorgerechnet, dass bei der Verwirklichung der Pläne drei Viertel der Beschäftigten in der deutschen Tabakindustrie entlassen würde.[25] Die einheimische Bevölkerung hatte dem Landwirtschaftsminister, der Bünde in dieser Zeit einen Besuch abstattete, einen demonstrativen Empfang bereitet: „Bünder Zigarrenindustrie – Gott schütze uns vor dem Monopol" soll auf Plakaten gestanden haben, die der Minister während seiner kurzen Visite zur Kenntnis nehmen musste.

Auch begehrte die Zigarrenindustrie gegen weitere Steuer- und Zollerhöhungen auf. Hier konnte sie nur Teilerfolge erzielen. Im Jahr 1906 erreichten die Fabrikanten, dass die Banderolensteuer vorerst nur für die Zigarette eingeführt wurde. Dazu hatten wohl auch die Warnungen beigetragen, die Karl Hindenberg, Syndikus der Mindener Kammer und geschäftsführendes Vorstandsmitglied im *Westfälischen Tabak-Verein* und im *Westfälischen Cigarrenfabrikanten-Verband*, im Vorfeld der Entscheidung ausgesprochen hatte: „Tausende gut deutsch gesinnte Leute" würden der Sozialdemokratie in die Arme getrieben. Das wäre gerade im Minden-Ravenberger Land tief zu beklagen, „da die große Mehrzahl der hiesigen Bevölkerung bis heute noch aus königstreuen Untertanen besteht."[26] Drei Jahre später war die Anhebung des Einfuhrzolls um einen Zuschlag in Höhe von 40 Prozent des Fakturenwertes auch mit solchen Argumenten nicht mehr zu verhindern. Wieder waren Entlassungen und Kurzarbeit in der Region die Folge. Allerdings war der Einbruch nicht annähernd so gravierend wie 1879. Schließlich sorgte schon bald der heraufziehende Krieg für Abhilfe. Die Versorgung des Heeres war mit neuen Großaufträgen verbunden.

Die „goldenen Jahre" haben Bünde geprägt. Die städtischc Entwicklung hat in diesen Jahren einen spürbaren Auftrieb erhalten. Zwischen 1875 und 1910 nahm das Haushaltsvolumen der Stadt auf das Zehnfache zu, eine gewaltige Steigerung, die in erster Linie von den Einnahmen aus der Gewerbesteuer getragen wurde.[27] Bünde „schwamm im Geld".[28] Dies gab finanziellen Spielraum für kommunale Investitionen, die verstärkt seit den 1880er-Jahren getätigt wurden. Im Jahr 1887 wurde im Stadtgarten eine Turnhalle errichtet und ein Spritzenhaus gebaut. Hinzu kam in den 1890er-Jahren der Bau der Gasanstalt (1893/94), das neue Postamtsgebäude an der Eschstraße (1895), bald darauf die steinerne Eschenbrücke. Nach 1898 erfolgte der Ausbau des Straßennetzes. Zu diesen Investitionen trat die private Initiative der Fabrikanten, die sich an der Finanzierung zahlreicher „Verkehrs- und Gesellschaftseinrichtungen" beteiligten. Auf ihre Initiative erfolgte die Gründung der Evangelischen Höheren Privattöchterschule im Jahr 1882. Eine maßgebliche Rolle spielten sie bei der Gründung der Stadtgartenbaugesellschaft (1888), bei der Errichtung einer privaten Höheren Knabenschule (1888) und beim Bau des Evangelischen Krankenhauses (1889/90). Zeitgenössiche Schilderungen stellten fest, dass sich das Stadtbild verändert hatte: „An Stelle der krummen und winkligen, alten Straßenzüge sind neue, schöne, zum Teil gradlinige Verkehrsstraßen getreten. … Die früher unter ungünstigen Terrainverhältnissen (infolge des sumpfigen Charakters der Elseniederung) erbaute Altstadt mit vorwiegend landwirtschaftlichen Gebäuden ist seit Mitte der achtziger Jahre gefallen und an ihre Stelle sind saubere und trockene Plätze sowie Straßen mit eleganten Läden entstanden."[29] Die Anzahl der Wohngebäude stieg in Bünde von 157 (1843) auf 436 (1895), in der Gemeinde Ennigloh von 138 auf 347. Damit setzten sich städtische Zentren aus der dörflichen Umgebung ab, auch wenn der Charakter einer „Gartenstadt" mit Freiflächen, Gärten und Äckern erhalten blieb.[30] Nicht nur die Stadt veränderte sich, auch das Leben ihrer Bürger. Das Vereinswesen blühte auf, immer mehr Geschäfte und die ersten Kreditinstitute eröffneten und die ersten Telefone wurden angemeldet. Dabei zeigt ein Blick in das Adressbuch des Amtes von 1900, wer in der Stadt den Ton angab: Unter den 48 Teilnehmern waren allein 20 Zigarrenfabriken und Tabakfabrikanten. Dabei gehörte die Bünder Rufnummer Eins der Firmenzentrale von *Arnold André* in der Eschstraße, die Rufnummer Zwei der Zigarrenfabrik *Jaeger & Kissmeyer* am Brunnen, Nummer Drei der Firma *Doppmann & Buck*, Nummer Vier *Steinmeister & Wellensiek*, Nummer Fünf

IV.
Alphabetisches Verzeichnis der Inhaber von Fernsprechern bei dem Postamt Bünde.

19 **Althage** & **Herbrechtsmeyer,** Kistenfabrik, Wasserbreite 2.
11 **Althoff** & **Reinboldt,** Cigarrenfabrik, Fünfhausenstr. 32a.
12 **Amtmann,** Fünfhausenstr. 30
1 **André, A.,** Cigarrenfabrik, Eschstr. 50.
5 **André, Georg,** Gartenstr. 4a.
30 **André, Arnold,** Cigarrenfabrik, Eilshausen, Kreisstr. 59.
33 **André, Richard,** Eschstr. 50.
41 **Bornemann, G.,** Getreidehandlung, Wasserbreite 4.
16 **Bruns** & **Schreyer,** Cigarrenfabrik, Klinkstr. 31.
43 **Bünder Bank,** Filiale der Osnabrücker Bank, Eschstr. 31.
47 **Bünder Bank m. b. H.,** Eschstr, 38.
37 **Bünder Eisenwerk,** Eisengießerei, Kochherd- und Ofenfabrik, Emaillirwerk, Bahnhof.
40 **Bünder Tageblatt** (s. Winter & Meschett).
6 **Cordes, W.,** Cigarrenkistenfabrik, Garten- und Holtkampstr.
3 **Doppmann** & **Buck,** Cigarrenfabrik, Brunnenallee.
42 **Eckelmann, Hermann,** Kaufmann, Sedanstr. 6a.
8 **Eggersmann, F. W.,** Eisen- und Materialwaaren, Eschstr. 28.
27 **Engelbrecht, J. F.,** Kohlenhandlung, Bolldamm 5.
22 **Engelhardt** & **Biermann, Leopold,** Cigarrenfabrik, Kirchstr. 20.
25 **Esselmann** & **Co.,** Cigarrenfabrik, Spradow.
29 **Güter-Abfertigung,** Bahnhof (7/8 V.— 7 N.)
44 **Hilker,** Maurermeister, Friedrichstr. 1.
18 **Höpker, A. F.,** Kirchstr. 2.
7 **Horstmann** & **Co.,** Cigarrenfabrik, Eschstr. 33.
9 **Hôtel „Deutscher Kaiser",** O. Thieme, Post- und Eschstr. 22.
2 **Jaeger** & **Kiffmeyer,** Cigarrenfabrik, am Brunnen.
14 **Joel, Joh.,** Hotelbesitzerin, Eschstr. 10.
17 **Ledebrink** & **Brand,** Cigarrenfabrik, Klinkstr.
10 **Lindemann,** Gastwirth, Doberg bei Bünde.
23 **Plantholt, C. H.,** Eisengießerei und Maschinenfabrik, Kirchstr. 22.
31 **Rahning, Gebr.,** Steindruckerei und Lith. Anstalt, Ortstr. 1a.
13 **Rodenberg** & **Rosenbaum,** Kistenfabrik, Winkelstr. 38.
21 **Schulze, E.,** Holzhandlung und Baugeschäft, Bahnhof.
35 **Siekmann, August,** Maurermeister und Bauunternehmer, Hangbaumstr. 9.
36 **Derselbe,** Ziegelei in Ennigloh.
26 **Städtische Gasanstalt,** Bünde.
38 **Steinmeister, Carl,** Fabrikant. Sedanstr. 3.
32 **Steinmeister, Aug.,** Eschstr. 43.
4 **Steinmeister** & **Wellensiek,** Cigarrenfabrik, Kaiser-Wilhelmstr.
34 **Steinmeister** & **Rentsch,** Cigarrenfabrik, Friedrichstr.
46 **Steinmeister Wwe.** & **Grüter,** Cigarrenfabrik, Hangbaumstr. 24.
15 **Tiemann, Louis,** Kaufmann, Klinkstr, 12.
39 **Vornbäumen, H. F.,** Bünder Zeitung, Buchdruckereibesitzer, Friedrichstr. 3.
20 **Wellensiek** & **Co., Carl,** Cigarrenfabrik, Wilhelmstr. 100.
24 **Westfälische Fleischwaarenfabrik,** am Bahnhof.
40 **Winter** & **Meschett,** Buchdruckerei des Bünder Tageblattes.
45 **Ziegel-Verkaufsverein,** (C. Hitzemann), Eschstr. 21b.
28 **Ziegelwerk Dünne bei Bünde,** Ziegeleibetrieb.

Die ersten Fernsprechteilnehmer in der Stadt: Telefonverzeichnis von 1900 dem Fabrikanten *Georg André,* Nummer Sechs der Zigarrenkistenfabrik *Wilhelm Cordes* in der Holtkampstraße und die Rufnummer Sieben der Zigarrenfabrik *Horstmann & Co.* Das Amtshaus in der Fünfhausenstraße hatte die Rufnummer Zwölf erhalten.[31] Es war eben die Tabakindustrie, die den Takt der städtischen Modernisierung bestimmte.

Die Schattenseiten der Tabakindustrie

Es wäre eine einseitige Darstellung, den Aufstieg und die Blüte des tabakverarbeitenden Gewerbes im Glanz der guten Zeiten zu idealisieren, denn die sozialen Kosten waren hoch. Die überwiegende Mehrheit der erwerbstätigen Bevölkerung war von einem Industriezweig abhängig geworden, der zwar eine massive Beschäftigungswirkung entfaltete, der aber aufgrund der manuellen Fertigungsweise und des hohen Anteils, den die Löhne bei der Kalkulation des Endverkaufspreises der Zigarren einnahmen, bestrebt war – aus unternehmerischer Sicht sogar bestrebt sein musste – den Lohnanteil an den Herstellungskosten so niedrig wie möglich zu halten. Seit ihrer Entstehung war die Zigarrenindustrie eine Branche mit Niedriglöhnen. Für den bescheidenen Wohlstand, den ein Großteil der Beschäftigten in diesem Gewerbe erzielen konnte, musste hart – aus heutiger Sicht: unvorstellbar hart – gearbeitet werden.

Wie hart die Lebens- und Arbeitsbedingungen der Zigarrenmacher waren, zeigt ein Blick auf die Löhne. Der Wochenlohn wurde je tausend gefertigter Zigarren (je „Mille") abgerechnet, wobei vor etwa 100 Jahren für einfache Fassons im Durchschnitt 6 bis 9 Mark, für schwierige Fassons 10 bis 18 Mark bezahlt wurden. Davon entfielen im Fabrikbetrieb 2/3 auf den Roller und 1/3 auf den Wickelmacher. So konnte ein Zigarrenmacher „bei mäßiger, tüchtiger und fleißiger Arbeit" in der Woche etwa 12-15 Mark, im Jahr ungefähr 600 bis 780 Mark verdienen. Deutlich mehr erhielten die Sortierer. Da sie imstande waren, die fertigen Zigarren mit geübtem Blick für die Farbe und Schattierung des natürlich gewachsenen und verfärbten Deckblattes auszuwählen, um dem Verbraucher einen harmonischen „Spiegel" (die oberste Lage in einer Zigarrenkiste) anzubieten, waren sie die bestbezahlten Arbeiter der Branche. Sie kamen bei einem Wochenlohn von 18 bis 24 Mark auf ein Jahresgehalt von 936 bis 1.248 Mark. Aber selbst dieser Spitzenverdienst lag nicht höher als das Durchschnittseinkommen, das gelernten und angelernten Arbeitern in anderen Zweigen der heimischen Industrie geboten wurde: In der Möbelindustrie verdiente ein Tischler vor dem Ersten Weltkrieg etwa 1.400 Mark im Jahr; genau so viel brachte ein Schlosser in einer Maschinenfabrik nach Hause. Im Baugewerbe kam ein Zimmergeselle auf 1.100 Mark, ein Maurer auf durchschnittlich 1.300 Mark.[32]

Die relativ niedrigen Löhne im Zigarrengewerbe hatten mehrere Auswirkungen. Eine war der stetig wachsende Frauenanteil unter den Beschäftigten. Bereits 1880 waren im Kreis Herford immerhin 32,7 Prozent der „Zigarrenmacher" Mädchen und Frauen, am Vorabend des Ersten Weltkrieges waren es gar 42,6 Prozent.[33] Der Anstieg der Frauenarbeit hatte seine Ursache nicht nur darin, dass die Zigarrenindustrie in ihrer Blütezeit jede Arbeitskraft benötigte. Er rührte auch daher, dass ein Arbeitsplatz in der Zigarrenindustrie, abgesehen von den weitaus besser bezahlten Tätigkeiten als kaufmännischer Angestellter im Kontor, als Sortierer oder als Kistenhersteller, für die männlichen Arbeitskräfte an Attraktivität verlor. Während Frauen in der Herforder Konfektionsindustrie auch nicht mehr als 500 Mark im Jahr

Viele „Zigarrenmacher" waren weiblich: Wickelmacherinnen bei der Arbeit

Unzählige Zigarren wurden im Wohnzimmer in Heimarbeit gefertigt

verdienten, sahen sich die männlichen Arbeitskräfte bei einem allmählich wachsenden Angebot an Alternativen und angesichts besserer Verkehrsverbindungen nach dem Ersten Weltkrieg vermehrt nach einem Arbeitsplatz außerhalb der Zigarrenindustrie um.

Eine zweite Folge der niedrigen Löhne waren die bescheidenen Lebensumstände der Zigarrenmacher. Zwar zwar Wohneigentum sehr verbreitet – 1894 waren im Kreis Herford von den 4.476 gezählten Wohnhäusern 1.636 Besitz von Zigarrenmachern, nach einer anderen Erhebung war jede zweite Bünder Familie bereits in den 1930er-Jahren im Besitz eines eigenen Hauses – doch sollten diese Zahlen, die nicht unbedingt zum Bild eines im Elend vegetierenden Arbeiterproletariates paßten, nicht überbewertet werden.[34] Denn der Erwerb eines Hauses war in einer ländlich geprägten Region um vieles einfacher als in den Städten und in den industriellen Ballungsgebieten. Zudem hatte ein Großteil der Arbeiterschaft lange Zeit nicht mehr als das Nötigste. So schilderte im Jahre 1909 ein Delegierter aus Lübbecke auf dem Gewerkschaftskongress der Tabakarbeiter in Berlin: „Die Arbeiter führen ein Dasein, wie es bescheidener gar nicht sein kann. Geistige Genüsse kennen sie überhaupt nicht. Ein westfälischer Arbeiter hat überhaupt keine Ahnung davon, dass zum Leben mehr gehört, als Tag und Nacht zu arbeiten. Zwei Drittel sind Hausarbeiter, diese arbeiten bis in die Nacht hinein. Und was sind das für Wohnungen, die diese Leute haben! Kochen, wohnen und arbeiten in einem Zimmer, das ist Brauch; in Zimmern von 2,50 Meter Höhe sitzen sie bis in die Nacht hinein, nur um das Nötigste zu verdienen."[35]

Eine dritte Folge der niedrigen Löhne war, dass ein Großteil der Erwerbsbevölkerung dazu gezwungen war, alle Möglichkeiten auszuschöpfen, um ihr Auskommen zu sichern. Hierzu steuerte der landwirtschaftliche Nebenerwerb ein notwendiges Zubrot bei, denn der Besitz von etwas Land und ein wenig Vieh war weit verbreitet. Zum anderen konnten die Zigarrenmacher in dem Maße, in dem im Verlauf der Jahre im Bezirk die Heimarbeit zunahm, nicht nur auf ihre eigene Arbeitskraft, sondern auch auf die Mitarbeit der ganzen Familie einschließlich der Kinder zurückgreifen. Die Hälfte der Zigarrenproduktion im Bünder Raum stammte 1897 aus der Heimarbeit.[36] In welchem Ausmaß beinahe jeder Haushalt und fast jede Familie „von Werther am Osning bis Vlotho an der Weser" ganz oder teilweise in die Heimarbeit eingespannt war, illustriert ein Straßenplan des Stadtteils Hunnebrock aus dem Jahr 1905: Wie an einer Perlenschnur reihten sich die Häuser der Zigarrenmacher zu beiden Seiten der Hauptstraße von Enger nach Bünde und an den Nebenwegen, nur unterbrochen von einer Hand voll größerer Gebäude, die in der Karte als Standort von „Cigarrenfabriken" ausgewiesen waren, sowie von Bauernhöfen, landwirtschaftlichen und handwerklichen Kleinbetrieben.

Im Kaiserreich wurde heftig über die sozialen und gesundheitlichen Folgen der Heimarbeit gestritten, die sich unter den Zigarrenmachern und ihren Angehörigen einstellten. Befürworter der Heimarbeit verwiesen darauf, dass die Mehrheit der Bevölkerung diese Arbeitsform von jeher bevorzugt habe, zumal schon das untergegangene Leinengewerbe auf der hausindustriellen Fertigung beruhte und gerade diese Tradition die Entfaltung einer westfälischen Zigarrenproduktion begünstigt habe. Dass dieses Argument für den Bünder Bezirk so nicht stimmte, lässt sich daran ablesen, dass bis in die 1880er-Jahre hinein in der Zigarrenherstellung eindeutig die Fabrikarbeit vorherrschte. Zwar gab es vereinzelt Heimarbeit, doch wurde die hausindustrielle Fertigung von den meisten Fabrikanten anfangs äußerst skeptisch beurteilt. Im Jahresbericht der Tabakkammer von 1867 war die Heimarbeit sogar als „ein

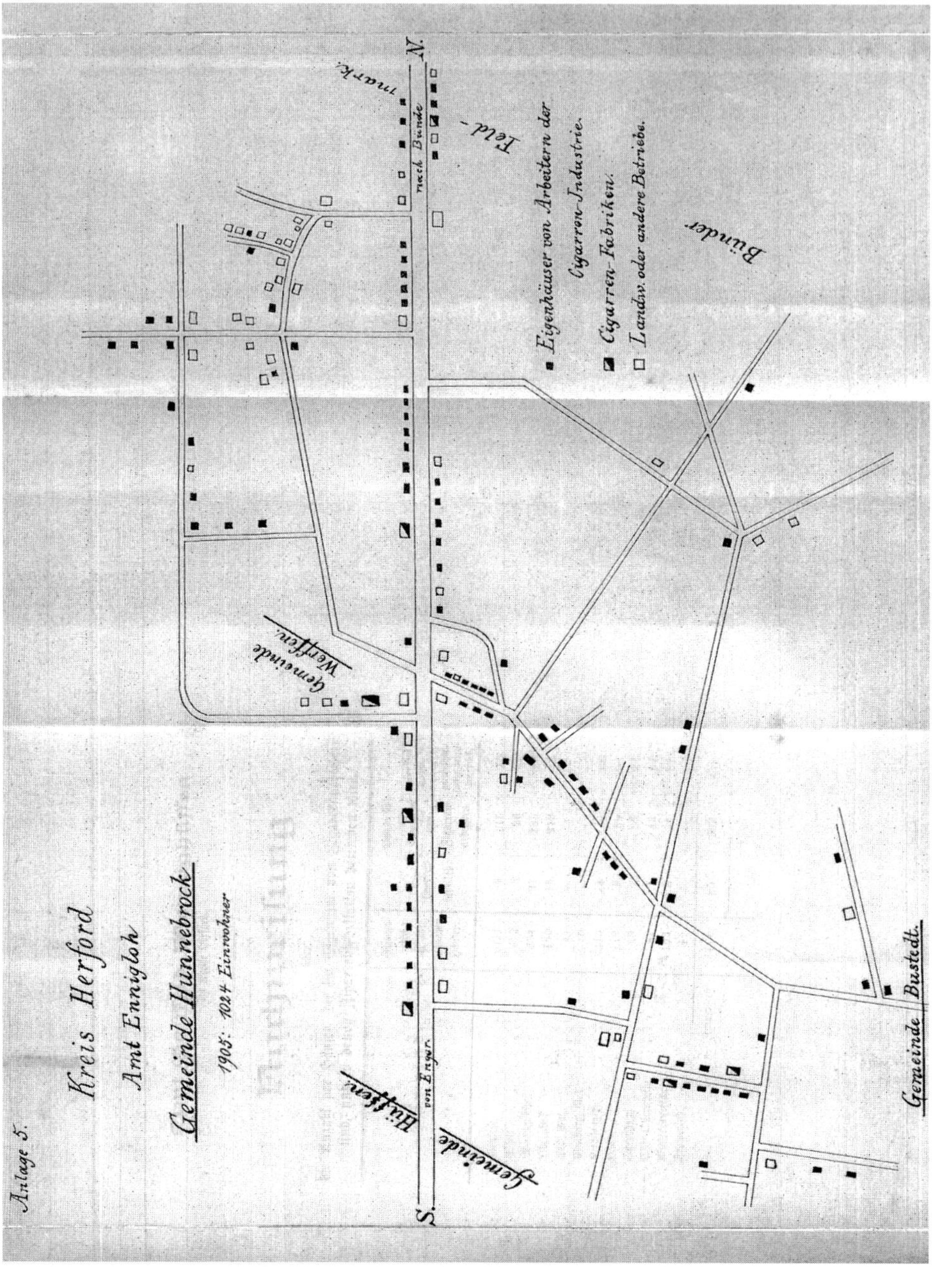

Zigarrenmacher in fast jedem Haus entlang der Enger Straße

Das Entrippen der Tabakblätter – im 19. Jahrhundert meist Kinderarbeit

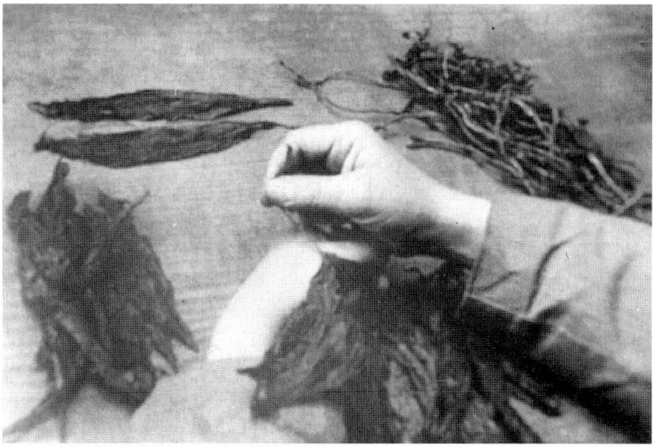

Die Einlage wird in das Umblatt gewickelt und in Holzformen gelegt

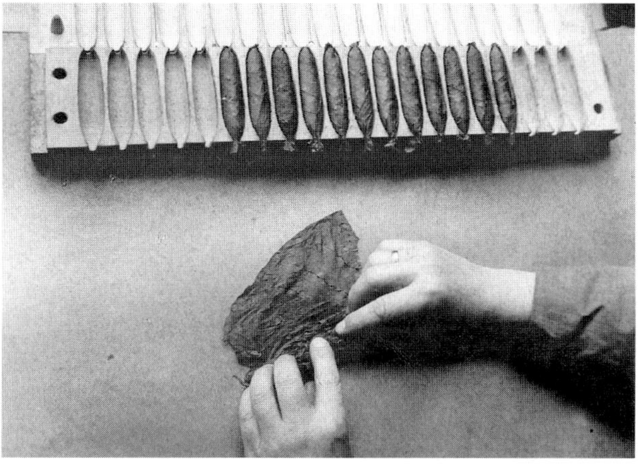

Der Zuschnitt des Deckblattes. Daneben Pennale zum Ausformen und ein kleiner Leimtopf

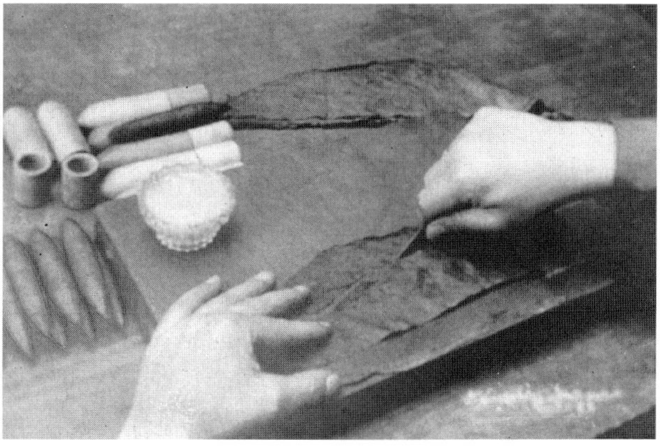

großer Übelstand" bezeichnet worden. Sie führe lediglich zu minderwertigen Qualitäten, gesundheitlichen Gefahren, moralischer Verderbtheit und Veruntreuung von Tabak.[37] Im Jahr 1876 berichtete die Gewerbeinspektion, dass die Fabrikanten bestrebt waren, „die Haus-Arbeit immer mehr zu beschränken, weil dieselbe fast unkontrolirbar ist, und namentlich in Bezug auf Qualität zu Defraudationen und Verlusten Veranlassung giebt."[38] Während der Anteil der Heimarbeiter im Bünder Amtsbezirk im Jahr 1878 mit 11,3 Prozent aller Beschäftigten noch vergleichsweise niedrig ausfiel – im gesamten Kammerbezirk machten die Heimarbeiter 19,9 Prozent aller Beschäftigten aus, in Vlotho sogar 52,7 Prozent[39] – nahm ihre Bedeutung danach kontinuierlich zu. Im Jahr 1893 waren schon 30 Prozent aller Beschäftigten in der Zigarrenindustrie des Kreises Herford in der Heimarbeit tätig, 1901 fast die Hälfte. Der Höhepunkt einer regelrechten „Flucht aus den Fabriken" war zur Jahrhundertwende erreicht worden, und das Kreisgebiet hatte sich in punkto Heimarbeit an die Spitze der regionalen und der reichsweiten Beschäftigungsstatistik in der tabakverarbeitenden Industrie gesetzt. Selbst wenn die meisten Zigarrenmacher der Heimarbeit den Vorzug gaben, bleibt festzustellen, dass die Fabrikanten diesem Bedürfnis erst im letzten Jahrzehnt des 19. Jahrhunderts Rechnung trugen, dann allerdings in expansiver Weise.

Der Zeitpunkt, zu dem die massive Auslagerung der Produktion aus den Fabriken in die privaten Haushalte der Zigarrenmacher einsetzte, lässt vermuten, dass dieser Schritt in erster Linie eine Reaktion auf die neuen Bestimmungen zum Arbeitsschutz darstellte. Angesicht der alarmierenden Häufigkeit der Tuberkulose und anderer Atemwegserkrankungen unter den Beschäftigten der Tabakindustrie hatte der Bundesrat im Jahr 1888 „Bestimmungen über die Einrichtungen und den Betrieb von zur Abfertigung von Zigarren bestimmten Anlagen" erlassen. Diese sahen vor, dass Fabrikationsstätten mindestens eine Raumhöhe von drei Metern und einen Luftraum von mindestens sieben Kubikmetern je Beschäftigten aufzuweisen hatten. Der Erlass führte unmittelbar zu einem Anstieg der Heimarbeit, denn für die Wohn- und Arbeitsstätten der Zigarrenmacher galten diese Bestimmungen ebenso wenig wie das in der Gewerbeordnung von 1891 noch einmal erweiterte Verbot der Fabrikarbeit für volksschulpflichtige Kinder, die Begrenzung der täglichen Arbeitszeit für Kinder unter 14 Jahren auf sechs Stunden und für 14- bis 16-Jährige auf zehn Stunden. Werner Sombart, ein Mitglied des Vereins für Socialpolitik, hatte diese Entwicklung vorausgesehen und den Erlass des Bundesrates kritisiert, weil er „das Gute wollend, Böses schafft."[40] Erst die „neuzeitlichen" Fabrikbauten, die in der Stadt um die Jahrhundertwende geplant und gebaut wurden, erfüllten die behördlichen Auflagen in jeder Hinsicht. Sie gingen – wie etwa der vom Herforder Architekten Wilhelm Köster im Jahr 1904 entworfene Neubau der Zigarrenfabrik *Arnold André* an der Moltkestraße – sogar weit über die damaligen Anforderungen der Gewerbehygiene hinaus.

Für die Fabrikanten und die Beschäftigten hatte die Heimarbeit Vor- und Nachteile. Aus der Sicht der Unternehmer bestand ein Nachteil in der geringen Kontrolle der Arbeiter sowie in der Qualitätssicherung. Dem stand als Vorteil gegenüber, dass die Zigarrenindustrie mit dem Nebeneinander unterschiedlicher Betriebsformen über ein ausgesprochen flexibles Produktionssystem verfügte. Die älteste Form, sozusagen die Wiege der Tabakindustrie, war die im zeitgenössischen Sprachgebrauch als „Fabrik" bezeichnete zentrale Produktionsstätte, die ihren Sitz am Wohnort des Fabrikanten hatte und wo der Einkauf und die Lagerung des Rohstoffs, die Herstellung, Sortierung, Verpackung und Distribution der Ware unter der persönlichen Aufsicht und Leitung des Unternehmers stattfand. Seit den 1860er-Jahren gingen die Fabrikanten auf das „platte Land“, um in den umliegenden Dörfern neue Zweigbetriebe zu gründen, die in der Regel von angestellten Werkmeistern beaufsichtigt und geleitet wurden. Neben den Filialbetrieben, die von den einheimischen Unternehmen, aber auch von auswärtigen Zigarrenfabriken gegründet wurden, gab es zahlreiche, meist kleinere Verlagsbetriebe, die rechtlich und wirtschaftlich selbständig, aber durch Verträge an Fabrikanten gebunden waren. Diese Betriebsstätten waren keine „Filialen“, weil die Abhängigkeit von einer Zentrale nur für einen vertraglich vereinbarten und zeitlich befristeten Auftrag bestand, während der Besitzer oder Pächter der Betriebsstätte außerhalb des Vertrags keinen Weisungen unterlag. Die jüngste und konsequenteste Form der Auslagerung von Personal und Produktion aus den Zigarrenfabriken war die Heimarbeit. Sie verschaffte den Unternehmern auch noch weitere Vorteile: Zum einen sparte sie einige Betriebskosten ein, aber was viel wichtiger war, sie verschaffte ihnen mehr Beweglichkeit, schneller auf die häufigen Wechsel von Fassons und Moden sowie auf die konjunkturellen und saisonalen Nachfrageschwankungen zu reagieren. Bei Auftragsspitzen übernahmen die Heimarbeiter als „Manövriermasse“ des Arbeitsmarktes meist freiwillig und bis an die Grenzen ihrer Belastbarkeit zusätzliche Stückzahlen; bei sinkender Nachfrage trugen sie das alleinige Risiko der Kurzarbeit, ohne den Unternehmen finanziell zur Last zu fallen. Auch konnten die häuslichen Zigarrenmacher trotz der fehlenden Aufsicht leichter dem gewerkschaftlichen Einfluss entzogen werden als die Fabrikarbeiterschaft, die in den Arbeitsräumen und Sortiersälen der Fabriken und Filialen täglich aufeinander traf.

Auf der Seite der Beschäftigten lag die größte Hypothek der Heimarbeit darin, dass die Arbeitsbedingungen den gesetzlichen Anforderungen dort am wenigsten genügten. Sie waren noch schlechter als in den häufig beengten und unzureichend belüfteten Arbeitsräumen der ländlichen Filialen – im Volksmund bezeichnenderweise „Zigarrenbuden“ genannt – wo die Gesundheitsgefahr schon hoch genug war. Die Lungenschwindsucht trat unter den Zigarrenmachern viermal so häufig auf wie in den Berufen ohne Staubentwicklung. Fast 60 Prozent aller Sterbefälle bei den Tabakarbeitern entfiel vor der Jahrhundertwende auf die Tuberkulose. Besonders betroffen waren die Heimarbeiter, denn ihre engen Wohn- und Arbeitsräume förderten einen frühen körperlichen Verfall, was der Dünner Pastor Gustav von Bodelschwingh im März 1908 zum Anlass nahm, den Mitgliedern der Gemeinde ins Gewissen zu reden: „Aber der eigentliche Zigarrenarbeiter stirbt früh. Die Totenbücher des Landes beweisen es. (...) Eine oft unwiderstehliche Mattigkeit des Leibes und der Seele bemächtigt sich früh einer großen Zahl von Zigarrenarbeitern; sterben sie nicht früh, so werden sie doch früh invalide.“ Auch die Gewerkschaften fällten über die Heimarbeit ein vernichtendes Urteil: An ihr festzuhalten bedeute „die ganze Familie vergiften – wenigstens nach und nach.“[41]

Solche Mahnungen wollten die meisten Heimarbeiter am liebsten nicht hören. Denn diese Arbeitsform hatte trotz der Gesundheitsgefahren auch einige Vorzüge: So entfiel der Arbeitsweg zur Fabrik und das eigene Stück Land konnte bei freier Zeiteinteilung nebenher bearbeitet werden. Zudem war durch die Mitarbeit der ganzen Familie, allerdings zum hohen Preis, dass auch die Kinder von klein auf die oft bedenkliche Selbstausbeutung der Eltern mittragen mussten, ein ebenso guter Verdienst zu erzielen wie in der Fabrik. Die Vorteile der Heimarbeit waren groß genug, dass die meisten Zigarrenarbeiter es vorzogen, nach der Heirat in die Hausindustrie zu wechseln.

Wenn schon die Heimarbeit eine Schattenseite der Zigarrenherstellung darstellte, so war die Kinderarbeit das dunkelste Kapitel. Zwar war die Arbeit von Kindern und Jugendlichen in industriellen Betrieben zu dieser Zeit nicht außergewöhnlich, in der Landwirtschaft war sie ohnehin selbstverständlich und unbestritten. Aber im Zigarrengewerbe war sie mit der Gefährdung ihrer Gesundheit und Entwicklung verbunden, was die Behörden häufig beanstandeten. Doch war die Kinderarbeit kaum zu kontrollieren, geschweige denn einzudämmen, zumal sie von den Unternehmern und den Arbeitern gleichermaßen als unverzichtbar angesehen wurde. So führte ein Bericht der preußischen Gewerbeinspektion aus dem Jahre 1876 mit großer Sorge um die Gesundheit und um die schulische Bildung der Kinder aus, ihre begehrte Mitarbeit beim Entrippen der Tabakblätter und bei der Herstellung der Wickel entziehe sich fast gänzlich der behördlichen Aufsicht: „Die Kinder gehen oft früh vor der Schule und in der Mittagspause sowie nach der Schule an die Arbeit und bringen daher so zu sagen jede freie Minute in der Fabrik zu. Wenn nun auch bei der ersten Revision durch Vernehmung der Kinder leicht zu konstatiren war, wie viel Stunden insgesammt dieselben beschäftigt wurden, so fand sich schon bei der zweiten Revision, dass sie bereits instruirt waren, wie ihre Aussage einzurichten sei. Ohne einen in der Fabrik selbst auszuhängenden Stundenplan, der die Arbeitsstunden der einzelnen Kinder angiebt, ist eine Kontrole nicht durchzuführen.“[42] Auch noch im Jahr 1898, zwei Jahrzehnte nachdem die novellierte Gewerbeordnung ein absolutes Beschäftigungsverbot von Kindern unter 12 Jahren in Fabriken verhängt hatte, war im Kreis Herford der traurige Befund zu registrieren, dass annähernd 4.000 schulpflichtige Kinder keine Freizeit kannten. Ihre Mitarbeit war vor allem in der heimgewerblichen Zigarrenherstellung unabdingbar, um den Familien ein ausreichendes Einkommen zu sichern.[43] So veränderte sich wenig. Selbst ein Jahrzehnt später – im Jahre 1904 – monierte die Gewerbeinspektion noch zahlreiche Fälle gesetzwidriger Kinderbeschäftigung im Amtsbezirk, wobei sie mit Resignation feststellte, dass die Werkmeister in der Regel leugneten, „von der Anwesenheit der Kinder etwas gewusst zu haben, während die älteren Arbeiter angeben, dass die Kinder ihnen das Essen gebracht hätten und sich nur zum Vergnügen beschäftigten. Aus diesem Grunde ist es auch erklärlich, dass sowohl die Zahl als auch die Höhe der verhängten Strafen in keinem Verhältnis zu den ermittelten Zuwiderhandlungen stehen.“[44]

Patriarchalische Unternehmer und erste Arbeitskämpfe

Nicht nur die Löhne waren niedrig, auch herrschte in vielen Arbeitsstätten lange Zeit ein ausgesprochen rauer Ton. Gewiss darf man die Verballhornung mancher Firmennamen im Volksmund nicht überbewerten, doch verweisen Beispiele wie „Jammertal & Trübsal“ für die in Bergkirchen ansässige Filiale der Hamburger Zigarrenfabrik *Jaminet & Meyer*, oder der auf einen in Bünde ansässigen Zigarrenhersteller gemünzte Reim „Koch & Söhne – viel Schläge, wenig Löhne“ nicht nur auf den trockenen Humor und Sprachwitz der Bevölkerung, sondern auch darauf, dass es um das Betriebsklima hier und dort nicht zum Besten stand. Selbst in der Weimarer Republik hatten sich die Umstände nur wenig geändert. Zwar stellten Sozialdemokraten nun Minister und Regierungen, auch die rechtliche Stellung der Arbeiterschaft war in mancherlei Hinsicht anerkannt und gestärkt worden und die Gewerkschaften handelten Tarifverträge aus. Dennoch stellte Mitte der 1920er-Jahre ein Beobachter der heimischen Wirtschaft fest, dass in der Zigarrenindustrie noch immer ein ausgesprochen „patriarchalischer Geist“ herrsche, der die Autorität und Befehlsgewalt der Unternehmer und Vorgesetzten, in der Heimarbeit die des Familienvaters, nicht im geringsten in Frage stelle. In den größeren Betrieben registrierte derselbe Beobachter jedoch ein erstaunlich gutes persönliches Verhältnis zwischen Arbeitgebern und Arbeitnehmern: Die jüngere Generation der Betriebsinhaber habe es verstanden, den Patriarchalismus der Gründerväter an die veränderten Zeiten anzupassen.[45]

Der raue Ton in vielen Zigarrenfabriken ist nicht zuletzt damit zu erklären, dass die Mehrzahl der Unternehmer im Kaiserreich – häufig auch noch danach – Arbeiter als eine Gefahr ansahen, der man mit Festigkeit und Entschlossenheit begegnen musste. Sofern die heimischen Fabrikanten wirklich Ängste über einen wachsenden Einfluss der Gewerkschaften und der Sozialdemokratie auf ihre Arbeiterschaft hegten, im Kaiserreich waren diese Ängste faktisch unbegründet. Zwar waren es Tabakarbeiter, die im Jahr 1848 in Leipzig mit ihrem Zusammenschluss zur *Association der Cigarrenarbeiter Deutschlands* die erste deutsche Gewerkschaft gegründet hatten, doch zählten die Beschäftigten in der Minden-Ravensberger Zigarrenindustrie nie zur Avantgarde der Arbeiterbewegung. Nach einer Erhebung von 1893 waren von 15.972 Zigarrenmachern in Westfalen-Lippe lediglich 588 gewerkschaftlich organisiert.[46] Erst als im Jahre 1899 am Niederrhein ein *Verband christlicher Tabak- und Zigarrenarbeiter* gegründet wurde, der gemäßigter als die „freien“ Gewerkschaften auftrat, zeichnete sich ein leichter Anstieg des gewerkschaftlichen Organisationsgrades ab.

Die Zurückhaltung der Zigarrenarbeiter hatte mehrere Gründe. Zum einen stand den Gewerkschaften die stark vom Pietismus geprägte „Arbeitswilligkeit“ der Bevölkerung entgegen. Zum anderen stießen nicht alle ihre Ansichten auf Zustimmung, etwa ihre ablehnende Haltung zur Heimarbeit. Schließlich war das Gros der Erwerbstätigen in der Zigarrenindustrie seit dem Anstieg der Heimarbeit recht isoliert. Weder sozialdemokratisches noch gewerkschaftliches Gedankengut konnte sie erreichen, geschweige denn überzeugen. Insofern gehören zeitgenössische Erinnerungen wie die eines Bielefelder Abgeordneten, der über die Wurzeln der Arbeiterbewegung in Minden-Ravensberg ausführte, die Tabakarbeiter seien die „Vorkämpfer“ gewesen, weil ihre ruhige und sitzende Tätigkeit den Luxus politischer Bildung durch eigene Vorleser erlaubt habe, die während der Arbeitszeit bevorzugt Artikel aus Zeitungen, sogar Gedichte von Heine und Freiligrath vorgetragen hätten, wohl eher in den Bereich der Mythen.[47] Dies mag in den großen Städten Hamburg oder Bremen vorgekommen sein, aber nicht in dieser Region. Selbst auf den geselligen „Buden“, wo zwar zur Arbeit vorgelesen und gesungen wurde, war von politischer „Bildung“ und Klassenkampf wenig zu spüren. Die von Gustav Hagemann gesammelten Liedertexte der täglich im Gesang vereinten Arbeits- und Singgemeinschaften enthielten viel erbauliches und frommes, aber kein sozialistisches Gedankengut.[48]

Der geringe Organisationsgrad wird zudem darauf zurückzuführen sein, dass das so häufig kolportierte Bild des Fabrikanten als Ausbeuter, der sich keinen Deut um das Wohl seiner Belegschaft scherte, auch in der Zigarrenindustrie weitgehend ein politisches Zerrbild darstellte. Ein solches Verhalten paßte auch nicht recht zum Selbstverständnis eines patriarchalischen Unternehmers. Schließlich gehörten diese bei der Gewährung freiwilliger betrieblicher Sozialleistungen zu den Schrittmachern, zumal sie ein großes Interesse hatten, ihre Stammbelegschaften einerseits zu guten Arbeitsleistungen zu motivieren, sie andererseits

Jubiläumspostkarte zum 50-jährigen Bestehen der Zigarrenfabrik Leopold Engelhardt & Biermann

dem politischen Einfluss der Arbeiterbewegung zu entziehen. So verwies die Zigarrenfabrik *Engelhardt & Biermann* zum 50-jährigen Bestehen mit Stolz auf die Sparzulagen in Höhe von 12 Mark pro Jahr hin, die das Unternehmen seinen Arbeitern und Angestellten gewährte, wenn diese mindestens die gleiche Summe angespart hatten. Zu vier Prozent im Jahr verzinst und bei einer 25-jährigen Betriebszugehörigkeit um eine Sonderprämie von 100 Mark aufgestockt, konnte das Ersparte einen gewissen Grundstock für das Alter bilden. Das Angebot kam offensichtlich gut bei der Belegschaft an: Die „Sparkasse" der westfälischen Betriebe verwaltete am 31. Dezember 1907 insgesamt Einlagen in Höhe von 620.531 Mark. Die kaufmännischen Angestellten wurden noch besser gestellt. Sie erhielten bei ihrer Heirat eine auf das 55. oder 60. Lebensjahr ausgestellte Lebensversicherungspolice von 5.000 bis 10.000 Mark, was in dieser Zeit schon ein kleines Vermögen bedeutete.[49] Doch nicht nur die größeren Unternehmen, auch die kleineren Hersteller unterstützten ihre Belegschaften beim Hauserwerb, gewährten günstige Kredite und finanzielle Hilfen bei Notlagen.

Zudem sorgte für Gemeinsamkeit, dass die Fabrikanten und die Arbeiterschaft ein fundamentales Interesse teilten – ihren gemeinsamen Kampf gegen den Tabaksteuerstaat, der mit immer neuen Plänen zur Anhebung der Steuersätze und der Zolltarife sowohl die Rentabilität der Betriebe als auch die Sicherheit der Arbeitsplätze in Frage stellte. Der „Bünder General-Anzeiger" berichtete, dass sich im Januar 1906 im Stadtgarten fast 4.000 Personen zu einer Versammlung gegen drohende steuerliche Mehrbelastungen eingefunden hatten. Der

Saal war so überfüllt, dass über 1.000 Teilnehmer vor der Tür standen.[50] Die wohl größte Protestversammlung im Herforder Schützenhof, zu der die im Westfälischen Tabakverein vereinten Industriellen im März 1909 aufgerufen hatten, geriet mit 20.000 Teilnehmern zu einer beeindruckenden Massenveranstaltung: Die Bahn hatte zahlreiche Sonderzüge eingesetzt, um die Menschen aus der ganzen Region nach Herford zu bringen. Der Industriellenverband griff in einer Resolution die allgemeine Sorge um die Zukunft der Arbeitsplätze auf: „Nicht der Tabak wird bluten, sondern zahllose Existenzen unter dieser nicht die Raucher, sondern die Arbeiter treffenden Steuer!“[51]

Doch konnte die hier im Protest vereinte Solidarität von Kapital und Arbeit nicht darüber hinwegtäuschen, dass sich die Kluft zwischen den Fabrikanten und den politisch emanzipierten Arbeitnehmern vertieft hatte. Kleinere Ausstände und Lohnstreiks hatten seit der Jahr-

Aufruf!

Seit im Jahre 1879 die letzte Zollerhöhung auf Tabak in Kraft trat, lebt unsere Tabakindustrie in steter Beunruhigung. Jetzt droht wieder eine so gewaltige Mehrbelastung des Tabaks, das unter ihrem Druck die Tabakindustrie unserer engeren Heimat zusammenbrechen muß. Wenn schon 1879 fast ein Drittel unserer Zigarrenarbeiter brotlos wurde, was soll jetzt aus den 20 000 – 25 000 Zigarrenarbeitern von Minden-Ravensberg werden? Vernichtete Existenzen, denen sich die Besitzer der kleinen und mittleren Zigarrenfabriken zugesellen. Soll wie 1879 wieder die **Auswanderung** aus unserem Bezirke auf das **neunfache** steigern? Soll Not und Elend die Häuser niederreißen, welche Intelligenz und Fleiß aufgebaut haben?

Da muß der Kampf der Parteien schweigen!

Alle Einwohner unserer Gegend müssen **in einer gewaltigen**

Protestversammlung

sich zusammenfinden.

Wir laden deshalb unsere gesamte Bevölkerung, **alle Bürger, alle Parteien, alle Berufe** ein, zu einer **gewaltigen Versammlung,**

zu einer Massendemonstration

auf Sonntag, den 28. März,

nachmittags 4 Uhr

nach dem Schützenhof in Herford.

Unseren gemeinsamen Notschrei können und dürfen die Staatsbehörden und die Abgeordneten nicht überhören.

Herford, den 17. März 1909.

Der Verein Waldeck.

Aufruf zur Massendemonstration in Herford im März 1909

Streikende Zigarrenarbeiter im Jahr 1907

hundertwende zugenommen. Wie brüchig die Solidarität zwischen Unternehmern und Arbeitern im Kampf gegen den gemeinsamen Feind war, zeigte eine Initiative der in Bünde organisierten Tabakarbeiter, die im August 1909 zu einer Diskussion über die Folgen der in Kraft getretenen Steuer- und Zollerhöhung in den Saal der Gaststätte Meyer eingeladen und für diese Veranstaltung die Teilnahme eines Bielefelder Gewerkschaftssekretärs und des örtlichen Zigarrenfabrikanten Krüger angekündigt hatten. Gegen den Aufruf in der Presse verwahrte sich der Bünder Unternehmer, der auf der Herforder Massendemonstration im Frühjahr noch als Hauptredner aufgetreten war, gleich am nächsten Tag auf das heftigste. Er erklärte, es sei „kaum zu verstehen, woher man bei meiner zur Genüge bekannten Weltanschauung die Dreistigkeit nimmt, der Welt glauben machen zu wollen, dass ich ein Referat übernommen hätte in einer Versammlung nicht von Zigarren-Arbeitern, sondern von Leuten, deren Tendenz dahin geht, Thron und Altar, Staat und Gesellschaft umzustürzen."[52]

Die untergründigen Spannungen brachen im Herbst 1911 zum ersten Mal in der Region offen und auf breiter Front aus. Ein in fünf lippischen Betrieben begonnener Lohnstreik weitete sich im September 1911 in der ganzen Region aus. Der Verband der westfälischen Fabrikanten griff kurz darauf zur Waffe der Aussperrung gegen die organisierten Zigarrenarbeiter. Ende Oktober waren über 8.000 Tabakarbeiter in Ostwestfalen-Lippe ausgesperrt. Die Aussperrung dauerte mehrere Monate an. Letzten Endes konnten die Tabakarbeiter bei der Einigung, die man schließlich im Januar 1912 erzielte, ihre Forderungen nach deutlich höheren Löhnen, einer verbindlichen Regelung der Entlohnung für die vielen Sorten und Fassons oder nach der Abschaffung der „Überzigarren" und der Gewährung von mehr und besseren „Rauchzigarren" nur zu einem geringen Teil durchsetzen.[53] Doch war die Einführung tariflicher Vereinbarungen auch in der Zigarrenindustrie nur noch eine Frage der Zeit: Mit den politischen Umwälzungen am Ende des Ersten Weltkrieges kamen die ersten Firmentarife auf, im Jahr 1920 wurde schließlich ein Manteltarifvertrag für alle Beschäftigten abgeschlossen.

Auf dem Weg zum Maschinenverbot: Die Zwanziger Jahre

Mit dem Ende des Ersten Weltkrieges erfolgten in der deutschen Wirtschaft und Politik grundlegende Veränderungen. Dies ist oft zum Anlass genommen worden, im Jahr 1918 einen großen Einschnitt zu sehen, auch in der Geschichte der westfälischen Tabakindustrie. In fast allen Darstellungen über die Situation der Branche überwiegen negative Einschätzungen. So sei die Tabakindustrie „Wechselbädern" ausgesetzt gewesen, die sie zu einem „Sorgenkind" der ostwestfälischen Wirtschaft gemacht habe.[54] Doch ist es fraglich, ob dieses Urteil der Entwicklung der Bünder Zigarrenindustrie in dieser Zeit gerecht wird. Schließlich gibt es auch Stimmen, die dafür plädieren, die 1920er-Jahre noch zu den besseren Zeiten der Zigarrenindustrie zu zählen.[55]

Es ist nicht zu leugnen, dass die wirtschaftlichen Rahmenbedingungen für die Tabakindustriellen nach dem Krieg äußerst schwierig waren. Bei Kriegsende herrschte ein akuter Rohstoffmangel. Die Zerrüttung der Währungsverhältnisse belastete die Wirtschaft. Hiervon waren die heimischen Zigarrenhersteller im besonderer Weise betroffen, denn schließlich wurde der Tabak aus Holland in Gulden verrechnet. Bereits im Dezember 1918 beklagte der Fabrikant Georg André auf einer öffentlichen Versammlung, dass der Währungsverfall die Rohstoffkosten in die Höhe treibe: „Wenn wir heute 10 Mill. kauften, müssten wir 18-20 Mill. bezahlen. ... Der holländische Gulden, der früher zu 1,70 Mark stand, muss heute mit 3,90 Mark bezahlt werden."[56] Weitere Belastungen kamen in kurzer Abfolge auf die Branche zu: Das Jahr 1920 brachte die Umstellung auf die Banderolensteuer, die zunächst 20 Prozent des Kleinverkaufspreises ausmachte und die Hersteller dazu verpflichtete, vor der Auslieferung der Zigarren an den Handel Steuerzeichen in ausreichender Menge zu beziehen. Der Währungsverfall brachte unter anderem die „Milliardenzigarren" und die „Goldbanderole", die den kapitalschwachen Betrieben zusetzte, als der Fiskus 1923 dazu überging, die Steuerzeichen in der wertbeständigen Goldmark auszugeben. Kredite waren nach der Stabilisierung der Währung im Jahr 1924 knapp und teuer. Im Jahr 1925 stieg der Tabakzoll von 30 auf 80 Reichsmark je Doppelzentner, 1931 verfügte eine Notverordnung die Anhebung des Zolltarifs auf 180 Reichsmark und eine Erhöhung der Banderolensteuer auf 23 Prozent. Im Oktober 1929 löste der „Schwarze Freitag" eine große Wirtschaftskrise aus, die bis 1932 zu fast sechs Millionen Arbeitslosen führte. Ein deutlicher Rückgang der Kaufkraft und des Konsums waren die Folge. Schließlich brachte die Bankenkrise von 1931 eine Bewirtschaftung der Devisen, deren knappe Zuteilung die Hersteller zwang, ihren Erzeugnissen zunehmend auch Tabak aus deutscher Herkunft beizumischen.

Doch welche Lasten die Zigarrenindustrie auch schultern musste, es ist keineswegs allen Betrieben so schlecht gegangen wie die allgemeine Wirtschaftslage in dieser Zeit vermuten lässt. Trotz des allmählichen Vormarschs der Zigarette war mit Zigarren durchaus noch Geld zu verdienen. Ein Beleg kann darin gesehen werden, dass das Zigarrengewerbe im Kreisgebiet auch in den 1920er-Jahren expandierte: Verzeichnete die Statistik im Jahr 1901 im Kreis Herford 12.040 Beschäftigte, so war ihre Zahl bis 1925 auf 19.972 gestiegen.[57] Auch blieben manche unter den größeren Firmen auf Wachstumskurs. Die Zigarrenfabrik Arnold André, die sich 1923 in eine Aktiengesellschaft umgewandelt hatte, gründete zwischen 1922 und 1931 im näheren Umkreis acht neue Filialbetriebe. Selbst auf dem Höhepunkt der Wirtschaftskrise erzielte das Unternehmen noch einen Netto-Überschuss von fast 100.000 Reichsmark.[58]

Gleichwohl hatten die Zoll- und Steuererhöhungen drastische Folgen: Im Jahr 1926 wies der Kreis Herford für kurze Zeit die höchste Arbeitslosenquote in Preußen auf.[59] Nach der Steuer- und Zollerhöhung von 1931 stellten im Regierungsbezirk Minden 160 Hersteller, in der Mehrzahl kleinere Betriebe, die Produktion ein, wofür sie mit Stilllegungsbeihilfen von bis zu 16.000 Reichsmark entschädigt wurden.[60] Die größeren kapitalkräftigen Firmen hatten sich dagegen vergleichsweise gut behaupten können, zumal sie frühzeitig in der Lage gewesen waren, ihre angestammten Geschäftsbeziehungen mit Holland auszunutzen, wo sie bereits während der Inflation einen Teil ihres Kapitals mit Gewinn angelegt hatten. Auch konnten sie dem vorherrschenden Kapitalmangel mit der Unterstützung des holländischen Großhandels begegnen, der meist problemlos Warenkredite zum Einkauf des Rohtabaks zur Verfügung stellte.[61] Ein Bericht über die Tabakindustrie aus dem Krisenjahr 1931 sah zumindest die größeren Hersteller im westfälischen Zigarrenbezirk auf einem guten Weg: „Die allgemeine Lage der (Bünder) Zigarrenindustrie hat sich nach der Krise in den Jahren 1924/25, soweit die mittleren und großen Betriebe in Frage kommen (...) verhältnismäßig günstig entwickelt. Man kann sagen, dass im Allgemeinen verdient worden ist, zum mindesten aber die Substanz erhalten werden konnte. Auch hinsichtlich der Zukunft ist man in der Branche nicht pessimistisch eingestellt."[62]

Dass der heimischen Zigarrenindustrie ein Reinigungsprozess drohte, der zwangsläufig zur Schließung der meisten Kleinbetriebe und Filialen geführt hätte, war Anfang der 1930er-Jahre abzusehen. Eine treibende Kraft waren weniger die Steuer- und Zollerhöhungen, sondern der technische Fortschritt in der Herstellung: In der zweiten Hälfte der 1920er-Jahre häuften sich bei den heimischen Zigarrenfabrikanten die Angebote, in ihren Fabriken neue Modelle motorgetriebener Wickelmaschinen und Überrollmaschinen aufzustellen, die einen erheblichen Rationalisierungsgewinn versprachen. Mit einer Kapazität von über 1.000 Wickeln in der Stunde übertraf die durchschnittliche Leistung einer vollautomatischen Wickelmaschine die Arbeit eines Wickelmachers um das 5-10fache. Doch hielt sich die Mehrzahl der Fabrikanten bis Anfang der 1930er-Jahre mit größeren Bestellungen zurück. Denn zum einen waren die Anschaffungskosten hoch, zum anderen eigneten sich die Wickelmaschinen vorerst nur für die Herstellung einfacher Fassons, von Stumpen und Zigarillos. Im westfälischen Bezirk zählte die in Lübbecke ansässige Zigarrenfabrik von *August Blase* sowie der Bünder Zigarillohersteller *Kessing & Thiele* zu den Schrittmachern. Bis zum Jahr 1933 waren im Zollamtsbezirk Bünde insgesamt 212 Maschinen in Betrieb genommen worden.[63]

Das „Gesetz über die Einschränkung der Anwendung von Maschinen in der Zigarrenindustrie", das die nationalsozialistische Regierung am 15. Juli 1933 in Kraft setzte, hatte vorrangig das Motiv, einen Anstieg der Arbeitslosigkeit bis auf weiteres zu verhindern, der im Fall einer fortschreitenden Mechanisierung vorauszusehen war. Zugleich entsprach das Gesetz, das im Kern nur die Aufstellung neuer Maschinen untersagte und bei der Stilllegung der vorhandenen eine finanzielle Entschädigung der Unternehmen in Aussicht stellte,[64] auch den ordnungspolitischen Vorstellungen der Nationalsozialisten zur „Wahrung des Mittelstandes". Auch im Verband der westfälischen Zigarrenfabrikanten waren die Klein- und Mittelbetriebe in der Überzahl, die den Maschineneinsatz äußerst skeptisch beurteilten. Als dort im März 1933 über das Maschinenverbot diskutiert wurde, sprachen sich 45 der 49 anwesenden Fabrikanten für die Verabschiedung eines solchen Gesetzes aus.[65] Am Ende des Jahres war die Zigarrenindustrie im Bünder Zollamtsbezirk „maschinenfrei": Der gesamte Bestand wurde entweder stillgelegt oder ins Ausland verkauft. Die Modernisierung der Herstellung mit entsprechenden Folgen für die Beschäftigten und die Mehrzahl der Betriebe war erst einmal vertagt worden. Auf ewig zu verhindern war der Strukturwandel in der Zigarrenindustrie freilich nicht, dessen Richtung sich am Ende der 1920er-Jahre abgezeichnet hatte: Er kam verspätet, aber mit aller Macht in den 1950er-Jahren.

Vom Maschinenverbot zur Liquidationsbeihilfe

Im Schutz des „staatlichen Korsetts", in dem die Zigarrenindustrie nach 1933 steckte, war das Überleben der Klein- und Mittelbetriebe vorerst gesichert. Der freie Wettbewerb war spätestens 1934 unterbunden worden, als die Bewirtschaftung des Tabaks einsetzte. Im Frühjahr 1935 folgte eine strikte Kontingentierung der Verarbeitungsmengen, die von der Bremer Überwachungsstelle für Tabak kontrolliert wurden. Auch wenn sich die wirtschaftliche Lage der Hersteller vordergründig gebessert hatte – im Jahr 1935 beschäftigten die 258 angemeldeten Betriebe im Bünder Zollamtsbezirk 752 Angestellte und 15.406 Arbeiter, davon die Hälfte in der Heimarbeit[66] – waren neue Belastungen abzusehen, die einen Rückgang der Produktion sowie deutliche Qualitätseinbußen mit sich brachten. So gestaltete sich der Bezug ausländischen Rohtabaks unter den seit 1936 verschärften Devisenbestimmungen immer schwieriger. Der Krieg verschärfte den Rohtabakmangel und zwang zahlreiche Betriebsstätten zur Schließung. Für Zigarillos und Zigarren der unteren Preisklassen wurde das „Kunstumblatt" aus Papier zur Regel, für alle Tabakerzeugnisse Kriegszuschläge auf den Kleinverkaufspreis. Aufgrund der Rohstoffknappheit in den letzten Kriegsjahren nahmen zahlreiche Unternehmen kleinere Aufträge für die Rüstungsindustrie an, für die einfache Metallarbeiten ausgeführt oder Munitionsteile gefertigt wurden. Ab 1940 wurde in einzelnen Fällen sogar das Maschinenverbot gelockert, wenn die Betriebe glaubhaft machen konnten, dass sie noch über ausreichend Rohtabak verfügten, aber nicht mehr über die notwendige Anzahl versierter Arbeitskräfte.

Auch nach Kriegsende verbesserte sich die Situation nur langsam. Rohtabak blieb eine Mangelware, so dass in den ersten Nachkriegsmonaten fast überall ein Stillstand der Produktion zu verzeichnen war. Einige Fabriken nutzten ihren Bestand an Holzbearbeitungmaschinen, die zur Kistenfertigung angeschafft worden waren, um auf die Herstellung von Holz- und Kleinmöbeln, Spielsachen oder anderen Gebrauchsgütern auszuweichen. Die Firma *Arnold André* richtete 1946 in einem Teil ihres Betriebsgeländes an der Moltkestraße eine Porzellan- und Steinzeugfabrikation ein, die im September 1948 mit 130 Arbeitskräften die angestrebte monatliche Produktion von 101.000 Stück erreichte.[67] Der Rohstoffmangel entschärfte sich erst ab dem Frühjahr 1948, als die alliierten Kontrollbehörden beschlagnahmte Restbestände freigaben, die ersten Importvereinbarungen in Kraft traten und die im Jahr 1935 eingeführte Bewirtschaftung des Tabaks endgültig aufgehoben wurde.

Doch ein neuer Zigarrenboom ging damit keineswegs einher. Der Alliierte Kontrollrat hatte der Industric im Jahr 1946 das Leben schwer gemacht, als er in völliger Verkennung der Kaufkraft der Bevölkerung die im Jahr 1920 eingeführte Banderolensteuer auf 90 Prozent des Kleinverkaufspreises angehoben hatte. Dadurch war der Preis einer Zehn-Pfennig-Zigarre auf 1,70 Reichsmark hochgeschnellt, was sich in dieser Zeit kaum jemand leisten konnte.[68] So kam, was kommen musste: Am stürmischen Aufschwung der Tabakindustrie nahmen die Zigarrenhersteller nicht teil. Während 1938 im ganzen Reichsgebiet über 6,3 Milliarden Zigarren produziert wurden, lag die Stückzahl im Jahr 1948 weit unter dieser Menge – bei 1,8 Milliarden. Dagegen erfreuten sich die amerikanischen Zigaretten, die zudem als Zahlungsmittel eine große Attraktivität besaßen, aber auch Rauchtabak und Feinschnitt einer ungeheuren Nachfrage. In der Nachkriegszeit hatte die selbst gedrehte Zigarette Konjunktur, so wie auch viele Raucher dazu übergegangen waren, ihren Tabak auf dem Balkon und im Kleingarten anzubauen.[69] Eine einmalige Sonderkonjunktur erlebten die Rauchtabakhersteller. Der Absatz der meisten Zigarrenfabriken blieb jedoch weit hinter den Erwartungen zurück, zumal sich so viele Raucher inzwischen an den Geschmack der Zigarette und des „American Blend" gewöhnt hatten.

Anfang der 1950er-Jahre war das Maschinenverbot noch immer in Kraft. Dennoch war der 1933 verhinderte Strukturwandel in der Zigarrenindustrie nicht mehr aufzuhalten. Während die größeren Unternehmen mit Sondergenehmigungen die ersten Verarbeitungsmaschinen aufstellten, fielen die kleineren Betriebe mehr und mehr zurück: Die zwanzig größten deutschen Zigarrenhersteller verarbeiteten 1950 fast 38 Prozent des gesamten Rohtabaks, im Jahr 1954 lag ihr Anteil bereits über 55 Prozent.[70] Das Erfolgsrezept der Großen war die „Markenzigarre", deren Einführung die Klein- und Mittelbetriebe, aber auch der Fachhandel vor dem Krieg noch heftig bekämpft hatten. Dabei hatten sich viele Zigarrenfabrikanten in der Stadt bereits im 19. Jahrhundert wohlklingende Namen für ihre Zigarren und Zigarillos einfallen und auch patentieren lassen. Dennoch war es allgemein üblich gewesen, dass die Zigarre als anonyme Ware verkauft wurde, was der Branche in ihrer Blütezeit kein Absatzproblem bescherte. Zwischen den Weltkriegen reizte der Erfolg der deutschen Zigarettenindustrie zur Nachahmung, die den Siegeszug ihrer Marken in den 1920er-Jahren mit aufwendigen Werbekampagnen beflügeln konnte. So beklagte der amtierende Bürgermeister Dr. Moes im Jahr 1930 in einem Zeitungsartikel, dass die Bünder Zigarre hauptsächlich als „Bre-

In den Fünfziger Jahren kamen immer mehr Maschinen auf: Eine Banderoliermaschine im Einsatz

mer und Hamburger Zigarre" in den Handel kam. Dies hielt die Bünder Zigarrenindustrie nach Ansicht des Bürgermeisters aber für weniger schmerzlich, als die Existenz der Klein- und Mittelbetriebe in der Stadt aufs Spiel zu setzen.[71] Bereits vor dem Krieg war wohl den meisten Fabrikanten bewusst, dass die Zukunft dem Markenartikel gehörte und damit dem kapitalkräftigen Unternehmen, das in der Lage war, durch den Einsatz von Maschinen eine konstante Qualität zu bieten, eine geeignete Verkaufsstrategie zu entwickeln, eine eigene Vertriebsorganisation aufzubauen und Werbung zu betreiben. Als eine der ersten Fabrikmarken der Bünder Zigarrenindustrie brachte *Kessing & Thiele* im Jahr 1931 das Zigarillo „Sportstudent" heraus. Im Jahr 1935 sicherte sich die Firma *Arnold André* die Rechte am Markennamen „Handelsgold", der im Mai 1946 erstmals im Sortiment des Herstellers auftauchte. Im April 1950 erhielt das Sortiment mit der Abbildung zweier Erdkugeln und dem Schriftzug der Marke in Großbuchstaben ein markantes Bildzeichen. Am Ende des Jahrzehnts behauptete die Firma André neben dem Lübbecker Hersteller August Blase die Marktführerschaft unter den deutschen Zigarrenherstellern.

Der Trend zur maschinengefertigten Markenzigarre überrollte die kleineren und die kapitalschwachen Firmen. Auch die Rauchtabakindustrie hatte größte Absatzprobleme. Entsprechend arbeiteten drei Viertel aller Betriebe in der Tabakindustrie im Jahr 1956 mit Verlust. Viele Hersteller waren seit der Währungsreform allein mit Betriebsbeihilfen in Form von Steuerrückvergütungen über Wasser gehalten worden. Auf längere Sicht war dies jedoch untragbar und zwang die Politik zum Handeln. Da der wirtschaftliche Aufschwung nicht befürchten ließ, dass die Beschäftigten nach der Schließung ihrer Betriebe längere Zeit auf der

Noch schien die Welt in Ordnung zu sein:
Umzug mit Riesenzigarre auf der 1100 - Jahrfeier der Stadt (1953)

Straße stehen würden, trat am 4. Juni 1956 eine „Verordnung über zusätzliche Steuererleichterungen zur Bereinigung der Tabakindustrie" in Kraft, die so genannte „Liquidationsbeihilfe". Sie gewährte einmalige zusätzliche Finanzhilfen, die bei sofortiger Stilllegung des Betriebs verdoppelt wurden.[72] Damit war für viele Unternehmen ein hoher Anreiz gegeben, ihre Produktion ganz einzustellen. Manche nutzten die Gelegenheit für einen Neuanfang in einem anderen Wirtschaftszweig, etwa in der Holz- und Möbelindustrie oder im Handel. Im Bünder Zollamtsbezirk nahmen 133 Zigarrenfabriken und Rauchtabakhersteller die Liquidationsbeihilfe in Anspruch, darunter namhafte und alteingessene Firmen wie *Steinmeister & Wellensiek.* Im Jahr 1957 verzeichnete die Statistik des Bünder Zollamtes im Amtsbezirk noch 98 angemeldete Betriebe mit durchschnittlich 145 Beschäftigten. Ein Jahr zuvor waren auf 187 Betriebe im Durchschnitt 74 Beschäftigte gekommen: Die Mehrzahl der kleinen und mittleren Betriebe hatte aufgegeben.[73]

Unter den Wettbewerbsbedingungen der freien Marktwirtschaft und einem Absatzmarkt, der Zigarren und Zigarillos – mit Ausnahme der letzten Jahre – einen kontinuierlichen Rückgang der Nachfrage bescherte, hat sich der Konzentrationsprozess in der Tabakindustrie bis in die jüngste Zeit fortgesetzt. Betrachtet man die weitere Entwicklung, die das Gewerbe in der Stadt seit 1957 eingeschlagen hat, eignet sich das Kinderlied von den zehn

Die erfolgreichste Markenzigarre aus Bünde: Handelsgold-Werbung am Goetheplatz (um 1960)

kleinen Negerlein als passendes Motiv, von denen am Ende bekanntlich nur eins übrig bleibt: Im Jahr 1966 waren im Zollamtsbezirk noch 73 Betriebe mit 4.726 Beschäftigten angemeldet, im Jahr 1976 noch elf Firmen mit 1.790 Beschäftigten. Am Ende des 20. Jahrhunderts weist Bünde noch drei Herstellungsbetriebe im Stadtgebiet auf: Eine Fabrikationsstätte der Firma *Villiger*, die im Jahr 1982 auf der grünen Wiese im Ortsteil Dünne errichtet wurde, die *Zigarrenfabrik August Schuster,* welche heute mit viel Gespür eine Nische für gehobene Qualität besetzt, und die Firmenzentrale des Traditionsunternehmens *Arnold André,* das die komplette Fertigung des Sortiments Anfang 1995 in Königslutter bei Braunschweig konzentriert hat.

Eine Antwort auf die Frage, ob Bünde auch heute noch den Titel einer „Zigarrenstadt" führen kann, greift wohl zu kurz, wenn dabei nur auf die seit Jahren abnehmende Bedeutung dieses Industriezweiges in der Gewerbestruktur der Stadt verwiesen würde. Angesichts des großen Anteils, den die Tabakindustrie an der Entwicklung und am Aufstieg der Stadt genommen hat, gibt es trotz der baulichen Veränderungen noch viele Orte und Plätze, die eng mit der Geschichte der Zigarrenherstellung verwoben sind. Die Tabakindustrie hat die Stadt reich gemacht und geprägt. Daran zu erinnern ist nicht Ausdruck einer verklärenden Nostalgie, sondern ein Beitrag zur Pflege der kulturellen Identität und des Respekts gegenüber den Menschen und den Generationen, die dazu beigetragen haben.

Andere Industrien erleichterten den Strukturwandel: „Industrieviertel" am Bahnhof mit der Fleischwarenfabrik Oscar Dörffler im Vordergrund

Anmerkungen

1 Um den Umfang der Anmerkungen so gering wie möglich zu halten, werden die Leser, die an weiterer Literatur über die Geschichte der Zigarrenindustrie interessiert sind, auf die nachfolgende Auswahl verwiesen. Unsere Empfehlungsliste, deren ältester Titel aus dem Jahr 1899 stammt, die jüngsten aus dem Jahr 1999, umfasst Veröffentlichungen, die entweder einen informativen und einleitenden Überblick über das Thema geben, die Geschichte der Zigarrenherstellung in einen übergeordneten Zusammenhang einordnen oder aber innovatives, auf der Auswertung von Quellen basierendes Detailwissen über einzelne Aspekte der wirtschafts-, sozial- und technikgeschichtlichen Entwicklung der westfälischen Tabakindustrie präsentieren:
Edgar JAFFE, Hausindustrie und Fabrikbetrieb in der deutschen Cigarrenfabrikation, Leipzig 1899; Friedrich HEYDENREICH, Die Finanzwirtschaften der Stadt Bünde und der Filialgemeinden Eilshausen, Hiddenhausen und Oetinghausen während der Jahre 1906-1912, unter bes. Berücksichtigung der durch die westfälische Zigarrenindustrie gegebenen wirtschafts- und finanzpolitischen Probleme, Münster (Univ., Diss.) 1914; Joseph WREDE, Die Minden-Ravensberger Zigarrenindustrie unter besonderer Berücksichtigung der wirtschaftlichen und sozialen Lage ihrer Arbeiter, Münster (Univ., Diss.) 1921; Wilhelm SCHINCKEL, Die wirtschaftliche Entwicklung von Stadt und Land Herford, Bünde 1926; Karl-Heinz HEUSER, Heimarbeit und Verlag in der Zigarrenindustrie des Kreises Herford, Frankfurt am Main (Univ., Diss.) 1927; Heinrich-Wilhelm RUMBKE, Die Geschichte der Stadt Bünde in Westfalen. Ein Heimatbuch, Bünde 1928; Erich BERTRAM, Volkswirtschaftliche Probleme der Zigarrenindustrie unter besonderer Berücksichtigung der Verbreitung und Wanderungen der Zigarrenindustrie, Greifswald (Univ., Diss.) 1931; Hans UHLMANN, Die Entwicklung von Unternehmung und Betrieb in der deutschen Zigarren-Industrie unter besonderer Berücksichtigung der Tabak-Besteuerung, Halle (Univ., Diss.) 1934; Gustav ENGEL, Geschichte der Stadt Bün-

de, 7. Abschnitt: Die Bünder Zigarrenindustrie, in: Karl Paetow (Hg.), Bünde im Widukindsland, Berlin u. Holzminden 1953, S. 134-148; Günter HEEMANN, Bünde – die Zigarrenstadt in Westfalen, Rheinhausen 1957; Arwed BARTELS, Die Strukturwandlungen in der deutschen Zigarrenindustrie und ihre Ursachen, Hamburg (Univ., Diss.) 1961; Horst BÜSCHER, Konzentration und innerbetriebliche Rationalisierung in der deutschen Zigarrenindustrie unter bes. Berücksichtigung der westfälischen Verhältnisse, Köln (Seminar für Betriebswirtschaftslehre der Univ. Köln, Diplomarbeit) 1962; Bernhard OLTERSDORF, Die Siedlungsstruktur des Bünder Raumes im Spiegel der Zigarrenindustrie, in: Berichte zur deutschen Landeskunde, 43 (1969), S. 256-260; Wilfried REININGHAUS, Die lippische Tabakindustrie vom 17. Jahrhundert bis zum Ersten Weltkrieg, in: Lippische Mitteilungen aus Geschichte und Landeskunde, 51 (1982), S. 63-127; Gerhard SCHREVE, Entstehung und Entwicklung der Zigarrenarbeit in der Region Bünde unter bes. Berücksichtigung der Heimarbeit, Bremen (Univ., Diplomarbeit) 1984; Beate HOBEIN, Vom Tabaktrinken und Rauchschlürfen: Die Geschichte des Tabaks unter bes. Berücksichtigung der Rauchtabak- und Zigarrenherstellung in Westfalen im 19. Jahrhundert, Hagen 1987; Bernd-Friedrich THIELKING, Die Entstehung und Frühphase der Minden-Ravensberger Zigarrenindustrie (1830-1875), in: Hans-Jürgen Teuteberg (Hg.), Westfalens Wirtschaft am Beginn des „Maschinenzeitalters“, Dortmund 1988, S. 171-197; Willy BUSCHAK, „Nachhaltige Hilfe tut noth „. Aus der Geschichte der Zigarrenarbeiter von Lübbecke und Gehlenbeck, Hamburg o.J. (1988); Wolfgang BALZ (Hg.), Zigarrenarbeit im Kreis Herford. Eine Arbeitshilfe für die Sekundarstufe I, Herford 1989 (2. Aufl. 1991); Wolfgang LINKE, Bünde (Westfalen im Bild, hrsg. im Auftrage des Landschaftsverbandes Westfalen-Lippe, Reihe: Städte und Gemeinden, Heft 4), Münster 1990; Norbert SAHRHAGE, Arnold Crüwell (1847-1935), in: Jürgen Kocka / Reinhard Vogelsang (Hg.), Bielefelder Unternehmer des 18. bis 20. Jahrhunderts (Rheinisch-Westfälische Wirtschaftsbiographien; 14), Münster 1991, S. 321-332; Kurt HOMBURG, Bei den Zigarrenmachern im Ellerbusch – Wat sick bui de Ziganmakas in'n Ellabuske seo teodriagn hät, Herford 1991; Eberhard PANNKOKE, Kolumbus und die Zigarrenstadt – 1492 – 1842 – 1992 – 500 Jahre Zigarren, 150 Jahre Zigarren aus Bünde, Bünde 1992; Eberhard PANNKOKE, Die drei Großen unter den Bünder Zigarrenfabriken, in: 275 Jahre Stadtrechte 1719-1994: Bünde, Enger und Preußisch Oldendorf (hrsg. im Auftrag der Städte Bünde, Enger u. Preußisch Oldendorf von Sabine Bartetzko u. Andrea Plüss) Bielefeld 1994, S. 85-90; Otto POLLNER, Die Hilfsindustrie und die Zulieferer der hiesigen Zigarrenfabriken sowie die ehemalige Rauchtabakindustrie, in: ebd., S. 91-96; Otto POLLNER, „Zigarrenkiste“ Deutschlands, in: Klaus Ackermann / Ingo Hecker (Hg.), Bünde – Gesichter einer Stadt, Herford 1992, S. 140-147; Rolf BOTZET, Bauersleut und Heimarbeiter. Feldarbeit und Hausgewerbe im Ravensberger Land, Herford 1992; Karl-Peter ELLERBROCK, Geschichte der deutschen Nahrungs- und Genußmittelindustrie 1750-1914, Stuttgart 1993; Rolf MOMBURG, Die Zigarrenmacher. Aus der Geschichte der Zigarrenindustrie im Minden-Lübbecker Land von 1830 bis zur Gegenwart, Hüllhorst 1996; Bernd KÖLLING, Das Öl im Kompaß: Zur Geschichte der Zigarre in Deutschland, in: Zeitschrift für Geschichtswisenschaft, 45 (1997), S. 219-240; Monika DICKHAUS, Die „Tabakkammer der Nation“. Die Handelskammer zu Minden 1848 bis 1932, in: Werner Abelshauser (Hg.), Die etwas andere Industrialisierung. Studien zur Wirtschaftsgeschichte des Minden-Lübbecker Landes im 19. und 20. Jahrhundert, Essen 1999, S. 137-156; Harald WIXFORTH, Ostwestfalen. Streifzug durch die Wirtschaftsgeschichte, München 1999, S. 21 ff., 55 ff., 105 ff., 148 f.

2 Ewald Schönnebeck, Bünde – Stadt und Land. Vom Amt zur Großgemeinde, Bünde 1968, S. 40; Tabellen und amtliche Nachrichten über den preußischen Staat für das Jahr 1849, Berlin 1951, S. 203.

3 Norbert Sahrhage, Wirtschaftliche und soziale Verhältnisse im Amt Bünde um die Mitte des 19. Jahrhunderts, in: Wittekindsland, H. 3 (1990), S. 58-67, S. 61.

4 Zahlen zur Bevölkerungsentwicklung nach Schönnebeck, Bünde – Stadt und Land, S. 160; Adreßbuch der Stadt Bünde und des Amtes Ennigloh, Ausgabe 1954, S. 29.

5 Bünder General-Anzeiger v. 22.1.1900 (Auszug aus der Chronik der Stadt Bünde).

6 Gustav von Gülich, Über die gegenwärtige Lage des Ackerbaus, der Gewerbe und des Handels im Regierungsbezirk Minden, Rinteln 1843.

7 Sahrhage, Crüwell; Zahl der Tabakspinner nach: Rumbke, Geschichte der Stadt Bünde, S. 70, und Engel, Bünder Zigarrenindustrie, S. 135f.; Rainer Pape, Sancta Herfordia, Herford 1979, S. 262.

8 Eine Ehre, die der bescheiden gebliebene Fabrikant übrigens stets von sich gewiesen hat. Vgl. „Ein alter Bünder erzählt ...“, in: „Im Elsetal“, 2. Sonderausgabe, 1930 (Beilage zum „Bünder Tageblatt“, wiederabgedruckt in: Pannkoke, Kolumbus und die Zigarrenstadt, S. 13 ff.) und die Notiz in der Deutschen Tabakzeitung vom

4.9.1953, die sich gegen die märchenhafte Ausschmückung der Wellensiek-Legende wandte, die im Rahmen der 1100-Jahr Feier der Stadt Bünde vom damaligen Leiter des Kreisheimat- und Tabakmuseums (Dr. Karl Paetow) betrieben wurde.

9 Thielking, Entstehung und Frühphase, S. 181 (Tab. 3).

10 Jahresbericht der Handelskammer Minden, 1876, S. XXIV ff.: Verzeichnis der im Handelsregister des Kreisgerichtes Herford eingetragenen und Gewerbesteuer zahlenden Betriebe. Mit der Fa. Vogedess & Co. verzeichnen die Unterlagen die ersten Zigarrenfabrik in der Gemeinde Ennigloh, mit Althage & Herbrechtsmeyer sowie Hermann Stickdorn zwei Zigarrenkisten-Fabriken. Die übrigen unter den ältesten Bünder Zigarrenfabriken lauten (in Klammern das überlieferte Gründungsjahr): Meyer & Dustmann (1855, bzw. 1842), Wocker, Fröhlke & Dormeyer (1863), Steinmeister & Rentsch (1865), Tiemann & Buschmann (1865), Gebr. Spengemann (1867), Bruns & Schreyer (1867), Kotzenburg & Bertelsmann (1868), Hitzemann Söhne (1871), Steinmeister Witwe & Grüter (1875), Steinmeister & Fehr (?) sowie Wirminghaus & Hefter (?). Nach den Ausführungen in „Ein alter Bünder erzählt ...“ von 1930 (wie Anmerkung 8) war die erste „Zigarrenkistenfabrik“ die von Pohlmeyer in der Bahnhofstraße 17, die zweite die von W. Budenberg, Auf'm Tie 2. Als erste „neumodische“ Rauchtabakfabrik galt die von Bollmann an der Klinkstraße.

11 Zitate aus den Mitteilungen über die statistischen Verhältnisse und die Verwaltung des Kreises Herford während des Zeitraums vom Jahre 1838 bis zum Jahre 1860, Kommunalarchiv Herford, A 200.

12 Thielking, Entstehung und Frühphase, S. 191.

13 Ebd., S. 179.

14 Ebd., S.192 unter Verweis auf einen Rundbrief der Bünder Zigarren-Fabrikanten v. 20.1.1859 (Kommunalarchiv Herford, A 1089).

15 Kölling, Öl im Kompaß S. 220 f.

16 Leopold Engelhardt & Biermann (Historisch-biographische Blätter, Der Staat Bremen, hrsg. v. Julius Eckstein), Bremen 1907, S. 9.

17 Jahresbericht der Handelskammer Minden, 1870, S. 44

18 Wolfgang Schivelbusch, Das Paradies, der Geschmack und die Vernunft. Eine Geschichte der Genußmittel, Frankfurt a. M. 1990, S. 123.

19 Beilage zur „Tabakwirtschaftlichen Rundschau“, Nr. 7, 1920, zit. n. Kölling, Öl im Kompaß, S. 238.

20 Jahresbericht der Handelskammer Minden, 1879, S. 55, 1880, S. 46.

21 Denkschrift der Handelskammer Minden 1909, S. 90.

22 Wrede, Zigarrenindustrie, S. 42.

23 Jahresbericht der Handelskammer Minden, 1901, S. 128 f.

24 Denkschrift der Handelskammer zu Minden und des Westfälischen Tabakvereins zum Gesetzentwurf wegen Änderung des Tabaksteuergesetzes an den Deutschen Reichstag, 5. Januar 1906.

25 Theodor Droop, Zur Frage des Tabakmonopols. Aufzeichnungen aus mehreren im Reichstag – Wahlkreis Halle – Herford gehaltenen Vorträgen, Bielefeld 1881, S. 7.

26 So Hindenberg in einem Artikel in der Kölnischen Zeitung, Januar 1906, zit. nach Wilfried Reininghaus, Karl August Hindenberg, in: Rheinisch-Westfälische Wirtschaftsbiographie, Bd. 15, Münster 1994, S. 121.

27 Schönnebeck, Bünde – Stadt und Land, S. 166 f.

28 Heydenreich, Finanzwirtschaft, S. 46.

29 Ebd., S. 34.

30 Zahlen nach Schönnebeck, Bünde – Stadt und Land, S. 67.

31 Adreß-Buch für die Stadt und das Amt Bünde, S. 47.

32 Zahlen nach Schinkel, Wirtschaftliche Entwicklung, S. 192 f.

33 Momburg, Zigarrenmacher, S. 77. Auch bei dieser Zahl ist zu bedenken, dass die Heimarbeiterinnen nur unzureichend erfasst sind.

34 Zahl (ohne Quellenangabe) nach E. Kollmeier, Die Zigarrenindustrie in meiner Heimatstadt Bünde, Ms. 1942, S. 21.

35 Buschak, Nachhaltige Hilfe, S. 9.

36 Berechnung von Schreve, S. 96ff., der sich auf die Berichte der Handelskammer Minden stützt.

37 Jahresbericht der Handelskammer Minden, 1867, S. 14.

38 Kommunalarchiv Herford, A 1342, Bl. 328.

39 Jahresbericht der Handelskammer Minden, 1878, S. 45ff., Schreve, S. 84.

40 Werner Sombart, Die deutsche Zigarrenindustrie und der Erlass des Bundesrates vom 9. Mai 1888, in: Archiv für soziale Gesetzgebung und Statistik, 2 (1889), S. 127.

41 Gustav v. Bodelschwingh, Wohl und Wehe des Zigarrenarbeiters. Vortrag gehalten am 10. März 1908 im Gemeindehaus zu Dünne vor den Familienvätern der Gemeinde, Bethel o.J. (1908). Letztes Zitat aus: Die sociale Lage der Tabakarbeiter in Deutschland, zusammengestellt nach den Ergebnissen des Kongresses der Tabakarbeiter, abgehalten in Berlin vom 19. – 25. November 1893, Berlin 1894, S. 105. Krankheitsstatistik nach: Chr. Grotewold, Die Tabakindustrie, Stuttgart 1907, S. 139 f.

42 Kommunalarchiv Herford, A 1342, Jahres-Bericht der Kgl. Preußischen Fabrik-Inspektoren für 1876, Provinz Westfalen, Berlin 1877.

43 Wrede, Zigarrenindustrie, S. 98.

44 Ebd., S. 100. Zitat aus dem Jahresbericht der Kgl. Preußischen Gewerberäte, 1904, S. 32.

45 Schinkel, Wirtschaftliche Entwicklung, S. 134.

46 Die sociale Lage, S. 112.

47 E. Schreck, Aus der Geschichte der Arbeiterbewegung in Minden-Ravensberg, in: Eduard Schoneweg (Hg.), Minden-Ravensberg. Ein Heimatbuch, Bielefeld u. Leipzig 1929, S. 410.

48 Gustav Hagemann, Bäuerliche Gemeinschaftskultur in Nordravensberg, (Univ., Diss.) Münster 1931.

49 50 Jahre Leopold Engelhardt & Biermann (Historisch-biographische Blätter; Der Staat Bremen), Berlin 1907.

50 Bünder General-Anzeiger v. 8.1.1906.

51 Bünder General-Anzeiger v. 27.3.1909 (Aufruf), 29.3.1909.

52 Bünder General-Anzeiger v. 10.8.1909.

53 Die so genannten „Überzigarren“ waren den Fabrikanten als Ausgleich für etwaigen Ausschuss zu liefern, was eine unbezahlte Mehrarbeit darstellte und den Freiraum bei der individuellen Verwertung von Tabakresten einschränkte. Hingegen gewährten die meisten Firmen ihren Beschäftigten als Deputat „Rauchzigarren“, die meist aus dem Ausschuss stammten. Zum großen Streik von 1911/12: Wrede, Zigarrenindustrie, S. 111 ff.; Kurt Homburg, Großvater als Streikposten: 1911 krachte es in der ostwestfälischen Tabakindustrie, in: Jahrbuch Westfalen, 1996, S. 197-207.

54 Momburg, Zigarrenmacher, S. 132 ff.; Wixforth, Ostwestfalen, S. 105 ff.

55 Hansjörg Pfitzner / Bernd-Friedrich Thielking, Strukturveränderungen in der deutschen Zigarrenindustrie, Die Tabak-Zeitung, 15.3.1991.

56 Bünder General-Anzeiger v. 17.12.1918.

57 Statistik des Deutschen Reiches (Gewerbezählung von 1925), Bd. 416, S. 8a / 60-61.

58 Arnold André GmbH & Co. KG, Firmenarchiv, A / 72 (Filialen), A / 92 (Gewinn- und Verlustrechnung 1931).

59 Pannkoke, Kolumbus, S. 10.

60 Zahlen nach: Historisches Archiv der Deutschen Bank, P 2225: Traumann, Reisebericht über Aufenthalt im westfälischen Zigarrenbezirk, 22.-23.4.1931.

61 Ebd.

62 Ebd.

63 Werner Hesse, Die Zigarrenindustrie in Minden-Ravensberg seit der Stabilisierung der Währung, Ms., Kirchlengern 1934, S. 63, Brief des Hauptzollamtes Minden an den Verfasser vom 11.12.1933.

64 Gesetzestext und Durchführungsverordnungen im Reichsgesetzblatt I, 1933, S. 493 ff., 565 f., 571 f.

65 Hesse, S. 60, unter bezug auf die Mitgliederversammlung des WZV vom 16.3.1933.

66 Deutsches Tabak- und Zigarrenmuseum, Statistik des Zollamtes Bünde v. 20.11.1936.

67 Arnold André, Firmenarchiv, Westfälische Porzellan- und Steinzeugfabrik GmbH. Die Produktion wurde im August 1950 wieder eingestellt.

68 Gesetz Nr. 26 v. 10.5.1946, Amtsblatt des Kontrollrats in Deutschland, Nr. 7 v. 31.5.1946, S. 146 ff.

69 Zum Konsumwandel in der Nachkriegszeit: Christoph Maria Merki, Die amerikanische Zigarette – das Mass aller Dinge. Rauchen in Deutschland zur Zeit der Zigarettenwährung (1945-1948), in: derselbe / Thomas Hengartner (Hg.), Tabakfragen. Rauchen aus kulturwissenschaftlicher Sicht, Zürich 1996, S. 57-82.

70 Deutsche Tabak-Zeitung, 66. Jg., 1956, Nr. 25, S. 5.

71 Die Zigarrenstadt an der Else, Sonderbeilage zum Hannoverschen Kurier, 22.5.1930.

72 Bundesanzeiger, Nr. 108, 7.6.1956.

73 Zollamt Bünde, Tabakstatistik 1948 bis 1958 v. 17.11.1959 (Unterlagen im Deutschen Tabak- und Zigarrenmuseum)

36 Stationen der Bünder Tabakgeschichte

Arnold André Cigars

Moltkestraße 10-18

Das Foto zeigt das Eingangsportal des 1905 errichteten Verwaltungsgebäudes der Zigarrenfabrik Arnold André in der Moltkestraße. Hier befindet sich die Zentrale eines Großunternehmens der deutschen Tabakindustrie, das seine Wurzeln in Osnabrück hat. Mit einem Marktanteil von über 40 Prozent (1997) gehört Arnold André Cigars zu den Großen der Branche und zu den ganz wenigen Traditionsfirmen, die den Niedergang der Zigarrenindustrie überlebt haben.

Seit 1995 unter Denkmalschutz: Eingangsportal von Arnold André in der Moltkestraße

Die Eigentümer der 1835 in Osnabrück gegründeten Tabak- und Zigarrenfabrik Gebrüder André, darunter Georg Rudolf André (1809-1861) als der Kopf des Unternehmens, errichteten 1851 in Bünde einen Filialbetrieb. Damit verfolgten sie die Absicht, frühzeitig eine Produktionsstätte auf dem Gebiet des Zollvereins zu besitzen. Außerdem stellte die Armutsregion im nördlichen Ravensberg genügend Arbeitskräfte zur Verfügung. Der Überlieferung nach führten die Fabrikanten vor ihrer Entscheidung eine regelrechte „Arbeitsmarktstudie" durch: Ihre Beobachtung, dass die Kirchgänger in Bünde ärmlicher gekleidet waren als im benachbarten Enger, soll den Ausschlag für Bünde gegeben haben. Als Sitz der Filiale wurde das damalige Wohnhaus des Justizrates Beckhaus in der Eschstraße 50 erworben. Bereits im Jahr 1856 zählte die Zweigniederlassung mit 130 Beschäftigten zu den größten Arbeitgebern im Kreis Herford. Für Bündes Aufstieg zu einem Zentrum der Zigarrenindustrie war es ein glücklicher Umstand, dass das

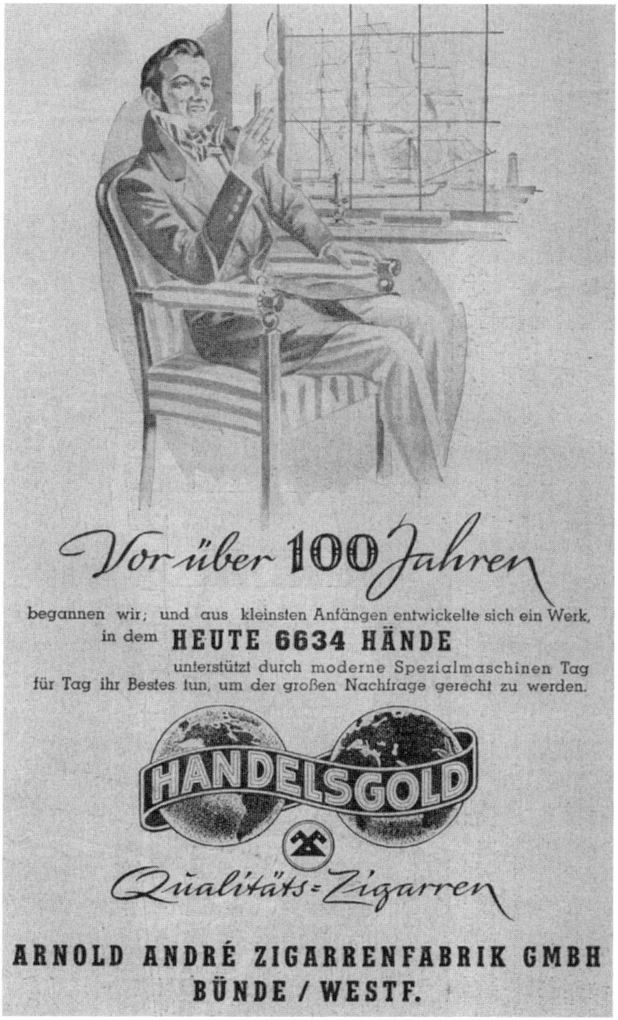

Expansion mit „Handelsgold": Werbeanzeige aus dem Jahr 1953

Osnabrücker Stammhaus zehn Jahre später in wirtschaftliche Turbulenzen geriet und einen Partikularkonkurs anmelden musste. Denn der Bünder Zweigbetrieb konnte unter der Leitung von Arnold André (1838-1884) im Dezember 1866 die Geschäfte wieder aufnehmen, sodass dieses Jahr als das eigentliche Gründungsjahr des heutigen Unternehmens angesehen werden kann. Am 17. Mai 1867 wurde die neu gegründete Zigarrenfabrik Arnold André in das Handelsregister eingetragen.

Mit Georg André (1863-1940), der nach dem Ausscheiden seines Bruders Richard André im Jahr 1897 zum Alleininhaber der Firma geworden war, lenkte vor der Jahrhundertwende die nächste Generation die Geschicke des Familienunternehmens, das die Jahre des Booms in der Zigarrenindustrie dazu nutzte, in den Bau einer neuen Firmenzentrale zu investieren: Nach den Plänen des Herforder Architekten Wilhelm Köster, der im Auftrag des Fabrikanten verschiedene Tabakfabriken in Baden, in Sachsen und im Rheinland besichtigt hatte, entstand 1904/5 an der Moltkestraße ein Industrie- und Verwaltungsgebäude, das auf die Erfordernisse der Zeit, der Branche und des Unternehmens zugeschnitten war. Der Entwurf des Architekten, der sich auf Industriebauten spezialisiert hatte, setzte den Grundgedanken um alle Arbeits- und Lagerräume ebenerdig anzuordnen, wobei auf einer Seite des Erdgeschosses der Arbeitsgang der Zigarrensortierung, auf der andere Seite die Kistenfertigung und die Verpackung untergebracht wurde. Mit Ausnahme des Kontors lagen alle Arbeitsräume unter einem

Sheddach, dessen Konstruktion gleich mehrere Vorzüge aufwies: Es garantierte den für den Sortiervorgang erwünschten gleichmäßigen Einfall des Tageslichts, sorgte durch den Einbau von Kippflügeln für eine effiziente Lüftung und Ventilation und machte es möglich, im Innenbereich vollständig auf Säulen und Stützen zu verzichten. Selbst im 16 mal 30 Meter großen Sortiersaal stellte sich kein Hindernis in den Weg. Auch in den Details überzeugte der Neubau, zu dem Georg André manche Anregung beigesteuert hatte, durch eine vorausschauende Planung: Für die Holz- und Papierreste waren in der Kistenmacherei und in den Bekleberäumen Luken eingelassen, in denen die Abfälle in die Nähe des Heizungskessels im Keller befördert werden konnten. Auch wenn ein hoher Schornstein der neuen Zentrale der Firma André das Gepräge einer „richtigen Fabrik“ gegeben hat, wurden an der Moltkestraße seither nur Musterzigarren gefertigt. Die eigentliche Produktion erfolgte in dem weit verzweigten Netz der Filialbetriebe und in der Heimarbeit.

Bereits vor dem Zweiten Weltkrieg zählte die Zigarrenfabrik Arnold André zu den größeren Unternehmen der Branche. Im Jahr 1923 nahm die Firma Arnold André die Rechtsform der Aktiengesellschaft an. Dem Vorstand gehörten neben Georg André dessen Söhne Fritz (1892-1945) und Walter (1899-1991) an, womit schon die fünfte Generation der Gründerfamilie an der Spitze des Unternehmens stand. Ernst Arnold André, der im Jahr 1956 in die Geschäftsführung eintrat, setzte die Familientradition fort. Die Rechtsform der Aktiengesellschaft war im Jahr 1937 wieder aufgegeben worden: Damals erfolgte die Umwandlung in eine OHG, 1945 in eine Kommanditgesellschaft. Seit 1988 firmiert das Bünder Unternehmen als GmbH & Co. KG.

Im Jahr 1935 erfolgte eine wichtige Weichenstellung für die zukünftige Expansion des Unternehmens, der aufgrund des Maschinenverbots zunächst enge Grenzen gesetzt waren: In diesem Jahr gelangte das Warenzeichen „Handelsgold“ zur Anmeldung, das 1950 durch die Eintragung des Marken- und Bildzeichens „Zwei Erdkugeln mit Schriftzeichen Handelsgold“ ergänzt wurde. Seitdem ist das ganze Sortiment unter diesem Namen verkauft worden, der einen phänomenalen Bekanntheitsgrad entwickelte, welcher der Firma zur Marktführerschaft unter den deutschen Zigarrenherstellern verholfen hat. Noch heute erreichen die unter diesem Markenzeichen verkauften Produkte auf dem inländischen Markt einen Anteil von annähernd zehn Prozent.

Mit 6.250 Arbeitskräften, darunter die Hälfte in Heimarbeit, erreichte die Firma 1959 ihren höchsten Beschäftigungsstand. In einer Zeit, in der sich immer weniger Zigarrenhersteller behaupten konnten, überlebte Arnold André durch das erfolgreiche Marketing und die konsequente Mechanisierung und Rationalisierung der Produktion. Im gleichen Jahr, in dem das 1933 verhängte Maschinenverbot endgültig aufgehoben wurde (1958), eröffnete das Unternehmen ein neues Zweigwerk in Osterholz-Scharmbeck bei Bremen. Vier Jahre später erfolgte die Inbetriebnahme einer neuen Produktionsstätte in Königslutter im Zonenrandgebiet, die den zeitgemäßen Anforderungen an eine mechanisierte Herstellung der Zigarren und Zigarillos so sehr entsprach, dass das Werk als die „modernste Zigarrenfabrik Europas“ bezeichnet wurde. In welchem Ausmaß der Einsatz von Wickel-, Überroll- und Komplettmaschinen die vormals so große Bedeutung der Handarbeit zurückdrängte, zeigt sich darin, dass in den 1950er-Jahren noch zehnmal so viele Beschäftigte wie in den 1990er-Jahren benötigt wurden, um die gleiche Anzahl von Zigarren und Zigarillos herzustellen. Das Unternehmen, das in der Nachkriegszeit vorübergehend die Produktion von Gebrauchsporzellan

Das Betriebsgelände im Jahr 1955

aufgenommen hatte, bis in die 1960er-Jahre auch Rauchtabak herstellte, hat seitdem ganz auf die Produktion und den Vertrieb von Markenzigarren gesetzt. Die Übernahme der Bünder Zigarrenfabrik *Elbaco L. Bastert & Co.* im Jahr 1970, der ein Jahr später der Erwerb des oberfränkischen Herstellers Bachschmidt folgte, war ebenso ein Schritt in der Erweiterung des Sortiments wie die Markteinführung der erfolgreichen Zigarillomarke „Clubmaster" im Jahr 1972. Im Jahr 1980 übernahm André die auf Brasilzigarren spezialisierte Firma Friedrich Garves im lippischen Alverdissen.

Seit Herbst 1988, als eine enge Kooperation mit dem niederländischen Zigarrenhersteller Elisabeth Bas in Boxtel eingegangen wurde, agiert die Firma André als Teil einer internationalen Unternehmensgruppe. Doch sind 60 Prozent des Gesellschaftskapitals im Besitz der Gründerfamilie verblieben, die sich mittlerweile aus der aktiven Geschäftsführung zurückgezogen hat. Den restlichen Anteil hält heute der aus der Privatisierung des schwedischen Tabak- und Zündholzmonopols hervorgegangene Konzern Swedish Match, dessen Sortiment an Tabakerzeugnissen und Zubehör, darunter Feuerzeuge, Zündhölzer und Pfeifentabak, von André in Deutschland vermarktet wird.

Die Uhr über dem Eingangsportal der Firmenzentrale an der Moltkestraße, deren Backsteinfassade 1995 in die Denkmalliste aufgenommen wurde, ist bislang ebenso wenig stehen geblieben wie der Zeitgeist. Die in steigenden Absatzzahlen zum Ausdruck kommende „Renaissance der Zigarre" hat mit dazu beigetragen, die Position eines Marktführers erfolgreich zu behaupten, der jüngst in Anlehnung an einen großen Kinoerfolg eine Trendzigarre mit dem Namen „Independence" herausgebracht hat. Sie ist zum einen ein Produkt, das für eine jüngere Generation von Konsumenten geschaffen wurde, zum anderen wohl auch ein Symbol für die bis heute behauptete Unabhängigkeit des Unternehmens. *Martin Fiedler*

Die Zigarrenfabrik August Schuster

Blumenstraße 2-8

In der von August Schuster gegründeten Zigarrenfabrik an der Blumenstraße, die am 27. September 1909 in das Handelsregister eingetragen wurde, werden auch heute noch Zigarren und Zigarillos hergestellt. Die Enkel des Firmengründers, Manfred und Philipp Schuster, haben für ihre Produkte eine Marktnische gefunden, die den Fortbestand der Firma ins neue Jahrtausend hinein ermöglicht hat. Das Erfolgskonzept, das die beiden Unternehmer in den 1970er-Jahren nach Anfragen aus dem Handel und zusammen mit ihrer Mutter, Magda Schuster, entwickelt haben, beruht auf dem Grundsatz, Qualitätsprodukte anzubieten, die nicht unbedingt teuer sein müssen. Das heutige Sortiment umfasst Zigarren und Zigarillos in den verschiedensten Formaten und Größen. Darunter befinden sich mittlerweile gut eingeführte Marken wie „Altes Handwerk", „Bremer Senatoren", „Goldkönig" oder „Partageño y Cia".

Die Erzeugnisse werden aus hundert Prozent reinem, nicht mattiertem Tabak aus Übersee und ohne chemische Zusätze hergestellt. Tabak ist ein Naturprodukt und der charakteristische Geschmack einer Pflanze fällt von Ernte zu Ernte anders aus. Der traditionellen Zigarrenmacherkunst folgend, bemühen sich die Schusters, durch eine Variation der Mischungen eine gleichmäßige Geschmacksrichtung des jeweiligen Sortiments zu erhalten. Der hohe Anspruch an das Endprodukt schließt fixierte Mischmengen aus den einzelnen Tabaksorten aus. Auch kommt der Auswahl der Ernten in den Anbaugebieten von Jahr zu Jahr eine große Bedeutung zu. Wie wichtig ein gutes Gespür beim Einkauf ist, zeigt sich daran, dass dasselbe

Saatgut, wenn es in verschiedenen Regionen angebaut wird, zu ganz unterschiedlichen Ausprägungen der Tabakpflanzen führt. Daher bevorzugen die Unternehmer und Zigarrenliebhaber den Tabakanbau aus bestimmten Herkunftsländern. Mit anderen Worten: Auf eine Verwendung von Ersatztabaken wird bewusst verzichtet. Da gehobene Qualität nicht völlig auf Handarbeit verzichten kann, ist die Produktionskapazität der Firma Schuster begrenzt.

Wohl keine unter den verbliebenen Zigarrenfabriken im In- oder Ausland stellt die Verpackung heute noch selbst her. Die Schusters haben ihre Hausfertigung dagegen erweitert und sind daher auch Zigarrenkistenhersteller geblieben. Neben den Holzkisten für das eigene Sortiment fertigt die Kistenwerkstatt auch Kleinverpackungen für andere Zwecke und für Abnehmer aus anderen Branchen.

Die Firma August Schuster beliefert heute den Fachhandel im ganzen Bundesgebiet, teilweise auch in Dänemark, Schweden und Holland, zählt aber mit einem Jahresumsatz von etwa fünf Millionen DM (1999) und mit rund 50 Beschäftigten zu den vergleichsweise kleinen Spezialitätenherstellern. Im Vergleich zur einstigen Größe des Unternehmens, das vor dem Zweiten Weltkrieg annähernd 1.000 Beschäftigte zählte, einige Tochtergesellschaften und zahlreiche Filialen hatte, darunter in Dünne, in Stift Quernheim und Eilshausen, erscheint die heutige Situation sehr bescheiden. Doch wenn man bedenkt, wie viele unter den Zigarrenherstellern seit den 1950er-Jahren aufgegeben haben, ist das bis heute Erreichte ein großer Erfolg. Denn auch die Firma August Schuster hatte in den mittlerweile neun Jahrzehnten ihres Bestehens mit vielen Hindernissen zu kämpfen: So waren bereits angeschaffte Maschinen im Jahr 1933 nutzlos geworden, als das Maschinenverbot in der Zigarrenindustrie in Kraft trat. Im Jahr 1952, als der Firmengründer August Schuster verstarb und mit Dr. Hans Schuster dessen Sohn die Leitung des Unternehmens übernahm, hatte die Zigarrenindustrie nach der Teilung Deutschlands ein riesiges Absatzgebiet verloren. Zugleich waren die großen und finanzstarken Hersteller schnell dazu übergegangen, sich durch die Aufstellung von Maschinen einen gehörigen Marktvorteil zu sichern. Doch konnte das Überleben der Zigarrenfabrik in diesen schwierigen Jahren gesichert werden. Schließlich war der Vater der heutigen Firmenchefs, obwohl er zunächst ein Jurastudium absolviert und mit der Promotion angeschlossen hatte, nicht unvorbereitet in das väterliche Unternehmen eingetreten: Denn nach seinem Studium hatte er dort das Handwerk erlernt und danach eine Volontärzeit im holländischen Rohtabakhandel absolviert. Im Jahr 1936 war er nach Würzburg gegangen, um die Leitung der Zigarrenfabrik Eisenmann & Cie. zu übernehmen. Diese war aus jüdischem Besitz erworben worden, sodass die Firma August Schuster nach dem Zweiten Weltkrieg eine finanzielle Entschädigung zu leisten hatte.

In den 1970er-Jahren hatte Hans Schuster schon den Entschluss gefasst, die Zigarrenproduktion an der Blumenstraße ganz einzustellen, sobald er das Pensionsalter erreichen würde. Doch seine Söhne haben ihm diese Entscheidung abgenommen. Zunächst hatte sich Manfred Schuster nach einem Pädagogikstudium entschlossen, in das Unternehmen einzutreten, im Jahr 1982 folgte ihm sein jüngerer Bruder Philipp, der zuvor wie sein Vater ein Jurastudium absolviert hatte. Trotz ihrer Ausflüge in eine andere berufliche Laufbahn war auch ihnen die Zigarrenmacherkunst nie ganz fremd gewesen. Weil sie es geschafft haben, diese nicht nur mit Passion, sondern auch mit wirtschaftlichem Erfolg zu betreiben, gelangen auch heute noch Qualitätszigarren und -zigarillos in den Handel, die echte „Bünder" sind.

Liliane Danso

Kessing & Thiele

Philippstraße 14-16

Blick auf den Hauptbetrieb an der Philippstraße (1974 abgerissen)

Die Entstehung und Geschichte des „Cigarillos" ist nicht etwa mit Spanien oder mit Südamerika verwoben, sondern mit Ostwestfalen und der Bünder Cigarillo-Spezial-Fabrik Kessing & Thiele.

Die Zigarrenfabrikanten in Bünde und Umgebung mussten nach dem deutsch-französischen Krieg von 1870/71 zur Kenntnis nehmen, dass die heimkehrenden Soldaten die Zigarre verschmähten und stattdessen den Geschmack der Zigarette bevorzugten, die damals besonders in Frankreich in Mode gekommen war. Um die abtrünnigen Raucher wieder an die Zigarre zu binden, kamen die beiden Fabrikanten Carl Thiele und Theodor Heinecke auf die Idee, aus reinem Zigarrentabak ein Produkt zu entwickeln, das der Zigarette äußerlich ähnlich sehen, aber dennoch eine Konkurrenz zu ihr darstellen sollte. So wurden nach vielen Versuchen die ersten Zigarillos angefertigt.

Da die ersten Konsumenten hauptsächlich unter den Referendaren an den Gerichten und Behörden zu finden waren, wurde der bis dahin noch namenlose Artikel „Referendarios" genannt. Dieser Begriff erschien den Herstellern offensichtlich unpassend, so dass ein Wörterbuch zu Rate gezogen wurde, aus dem hervorging, dass kleine Zigarren im Spanischen „Cigaritos" genannt wurden. Dieses Wort hielt man in der Aussprache wiederum zu schwer für deutsche Zungen, worauf das „t" kurzerhand in ein doppeltes „l" umgewandelt wurde. Seitdem hat sich die Bezeichnung „Cigarillo" als feststehender Begriff für schmale und schlanke Zigarren etabliert und auch über die deutschen Sprachgrenzen hinweg durchgesetzt.

Franz Kessing

Karl Thiele

Die ersten Zigarillos erlebten in den Fabrikräumen der Firma Heinecke & Cie. in Kirchlengern ihre Geburtsstunde. Dort hatte Theodor Heinecke, nachdem er lange Zeit einen Filialbetrieb von *Steinmeister & Wellensiek* geleitet hatte, im Jahr 1870 eine eigene Zigarrenfabrik gegründet und 1878 den Kaufmann Carl Thiele als Teilhaber gewonnen. Dieser gründete dann 1894 zusammen mit Franz Kessing die Bünder Zigarillo-Fabrik Kessing & Thiele, die sich zunächst am Bahnhof niederließ, ehe das Betriebsgelände an der Philippstraße bezogen wurde.

Bis zum Ersten Weltkrieg war der Absatz von Zigarillos eher unbedeutend. Das Bünder Unternehmen beschäftigte zu dieser Zeit aber immerhin schon fast 500 Arbeitskräfte. Erst in den 1920er-Jahren erlangte der Absatz von Zigarillos aufgrund der veränderten Rauchgewohnheiten und der höheren Besteuerung der Zigarette eine größere Bedeutung. Im Jahr 1931 brachte Kessing & Thiele als erstes Fünf-Pfennig-Zigarillo die Marke „Sportstudent" heraus. Trotz der herrschenden Wirtschaftskrise war der Zeitpunkt gut gewählt, denn der Verkaufspreis von Zigaretten war nach einer Notverordnung um ein Drittel gestiegen, was dem Zigarillo eine kurze, aber stürmische Nachfrage bescherte. Bis zum Zweiten Weltkrieg behauptete sich „Sportstudent" als erfolgreichste Zigarillomarke in Deutschland. Auch nach dem Zweiten Weltkrieg sorgte dieses Produkt zusammen mit den anderen Marken des Hauses wie „Goldanker", „Funkpause", „Brasil Stern" und „Havanesa" noch einige Zeit für eine Spitzenposition des Bünder Herstellers auf dem deutschen Absatzmarkt.

Anfang der 1930er-Jahre galt die Firma Kessing & Thiele als der grösste Herstellerbetrieb in Bünde. In den besten Zeiten zählte das Unternehmen 30 Filialen, zwei größere Betriebsstätten im Stadtgebiet und bis zu 3.000 Beschäftigte. Da das Unternehmen bereits frühzeitig auf eine maschinelle Fertigung gesetzt hatte, traf das Maschinenverbot die Firma härter als die meisten anderen Hersteller, die ihre Zigarren noch weitgehend in Handarbeit fertigten. Mit der Lockerung des Verbotes, das als ein Kuriosum der deutschen Wirtschaftsgeschichte angesehen werden kann, konnten während der 1950er-Jahre nach und nach wieder neue Maschinen aufgestellt werden.

Preß- und Packraum (um 1930)

Werbung für die Hausmarke

Doch hat sich der Absatz langfristig nicht auf dem hohen Niveau der Vorkriegszeit und des ersten Nachkriegsjahrzehnts halten können, sodass der Stern des Unternehmens langsam zu sinken begann. Im Jahr 1974 zog der Betrieb in das Gebäude der ehemaligen *Rauchtabakfabrik Otto Beckmann* in die Borriesstrasse. Bis zur Aufgabe der Produktion im Jahr 1991 wurden dort kleinere Mengen des einst so begehrten Spezialartikels hergestellt. Die Wohn- und Betriebsgebäude an der Philippstraße mussten nach dem Umzug der Erweiterung des Marktgymnasiums und dem Bau der Sporthalle weichen. Im November 1974 wurde die Genehmigung zum Abriss erteilt. *Carsten Seichter*

Gebrüder Bastert

Viktoriastraße 17

Das Betriebsgebäude der ehemaligen Zigarrenfabrik in der Viktoriastraße

Zigarren der Firma Gebrüder Bastert besaßen seit den 1920er-Jahren einen sehr guten Ruf als Qualitätsprodukte, was eine Firmenchronik von 1957 etwas umständlich beschreibt: „Es dürfte nicht übertrieben sein, wenn man behauptet, dass das Fabrikat, welches die Brüder Bastert unter ihrem Namen auf den Markt brachten, zu den Spitzenfabrikaten der damaligen Zigarrenofferte gehörte."

Gegründet wurde das Unternehmen von den Brüdern Wilhelm und Johann Heinrich Bastert bereits 1889. Sie waren Söhne eines Schuhmachermeisters, der in der Eschstraße 58 sein Geschäft führte. Dort begannen sie auch mit der Zigarrenproduktion. Wilhelm war durch seine Lehre als Zigarrenkaufmann bei der Firma Schanke in Strigau (Schlesien) mit der Branche vertraut. Als Johann Heinrich Bastert wenige Jahre später starb, nahm Wilhelm Bastert 1904 seinen jüngeren Bruder Theodor, der gelernter Kaufmann war, als gleichberechtigten Gesellschafter in die Firma auf.

Nach dem Ersten Weltkrieg war die von Theodor Bastert und seinem älteren Bruder geleitete Firma bereits einer der größten Hersteller von Zigarren im oberen Preissegment. Schon lange waren die Räume in der Eschstraße zu klein geworden, so dass die Brüder um die Jahrhundertwende in der Viktoriastraße 17 ein großes, backsteinernes Fabrikgebäude errichten

Zigarrensortierung bei Gebrüder Bastert

ließen. Allerdings wurde dort immer weniger produziert, sondern hauptsächlich sortiert, verpackt und der Vertrieb organisiert. Hergestellt wurden die Zigarren größtenteils in Filialbetrieben in den umliegenden Dörfern und in der Heimarbeit. Als erfolgreicher Unternehmer hatte sich Wilhelm Bastert in der Eschstraße 56, in der Nähe der Fabrik, ein repräsentatives Wohnhaus bauen lassen.

Theodor Bastert war nicht nur unternehmerisch aktiv, sondern auch in der Kommunalpolitik tätig. Von 1918-1929 war er Stadtverordneter für die „Berufsstandsliste", einem Zusammenschluss aller bürgerlichen Parteien von der liberalen Deutschen Demokratischen Partei (DDP) bis zur national-konservativen Deutschnationalen Volkspartei (DNVP). Der Zigarrenfabrikant gehörte auch dem Vorstand der Sparkasse und diversen Schulausschüssen an. Darüber hinaus war er Vorstandsmitglied im Reichsverband deutscher Zigarrenhersteller sowie im Westfälischen Cigarrenfabrikanten-Verband.

Im Jahr 1911 ließ Theodor Bastert die Villa an der Hindenburgstraße 52 bauen. Sie weist Stilelemente der Nachgründerzeit und Einflüsse des Barocks auf, wirkt aber trotzdem eher schlicht und für ihre Zeit modern. Herausragendes Element an dem zweieinhalbgeschossigen Gebäude ist das Eingangsportal, zu dem eine breite, geschwungene Treppe hinaufführt. In der großen Eingangshalle beeindruckt der gut erhaltene Parkettfußboden. Rechts neben dem Eingang liegt ein leicht erhöhter „Fensterplatz", von dem aus man einen guten Blick auf die Straße hat. Weiterhin fallen die breite Holztreppe in den ersten Stock und die kunstvoll gearbeiteten Buntglasfenster im Treppenhaus auf. Außergewöhnlich an der Villa sind die mit Terrazzo belegte Kellertreppe und der Vorraum im Keller. Die Idee dazu hatte Theodor Bastert von italienischen Bekannten. Um diesen besonders geschliffenen und ähnlich wie Beton verarbeiteten Bodenbelag zu verlegen, musste er eigens fachkundige Arbeiter aus Italien einstellen.

Der frühe Tod Theodor Basterts im Jahr 1930 mit 55 Jahren führte seine Tochter Marianne bereits im Alter von 22 Jahren in die Geschäftsführung des Familienunternehmens mit mittlerweile fast 700 Mitarbeitern. Kurz zuvor war auch Wilhelm Bastert gestorben und dessen Sohn Kurt, der bereits als „Kronprinz" gehandelt wurde, trat in die Geschäftsleitung ein. Er leitete zusammen mit seiner Cousine Marianne die Geschäfte, was ihnen einvernehmlich und erfolgreich gelang. Da sich Kurt Bastert 1939 freiwillig zur Wehrmacht meldete, führte Marianne Bastert das Geschäft mehrere Jahre alleine weiter, denn ihr Teilhaber blieb bis Ende 1946 in russischer Kriegsgefangenschaft.

Während des Krieges wurde ein typisches Kriegsprodukt hergestellt. Unter dem Siegel der Firma „Patros“ (abgeleitet von Patrone) ließ Marianne Bastert von ca. dreißig Mitarbeitern leere Patronenhülsen mit Blei und anderen Metallen füllen und zu Hämmern verarbeiten.

Die „Villa Bastert“ (Hindenburgstraße 52)

Als Kurt Bastert aus der Kriegsgefangenschaft zurückkehrte, konnten sich die beiden Teilhaber nicht mehr über die Leitung des Unternehmens einigen. „Marianne Busch-Bastert hatte sich so an die ‘Alleinherrschaft’ gewöhnt, dass sie jetzt nicht mehr mit ihrem Cousin teilen wollte. Sie nutzte ihre guten Kontakte zur englischen Militärverwaltung, um ihn dort wegen seiner SA-Mitgliedschaft in Misskredit zu bringen”, beschreibt Klaus Bastert, der Sohn von Kurt Bastert, die damalige Situation. Marianne Busch-Bastert gründete dann ihre eigene Zigarrenfabrik. Kurt Bastert übernahm wieder die Leitung des Familienunternehmens, in dem er noch ca. 400 Mitarbeiter beschäftigte, bis er im Jahr 1967 in den Ruhestand ging. Die Firma konnte er an seine Cousine verkaufen, die sehr interessiert war, die alleinigen Rechte an dem Namen „Bastert“ zu erhalten. Die Söhne Kurt Basterts hatten sich andere Berufe gesucht, da ihnen die Zukunft in der Zigarrenbranche nicht sehr viel versprechend erschien.

Die „Villa Bastert” in der Hindenburgstraße, die Marianne Busch-Bastert zuletzt allein mit ihrer Mutter Luise bewohnt hatte, wurde 1942 an das Bünder Krankenhaus verkauft. Das Gebäude war ihr zu groß und zu kostspielig im Unterhalt geworden. Sie ließ sich stattdessen ein kleineres, modernes Haus gleich nebenan in der Kronprinzenstraße bauen, in das sie mit ihrer Mutter einzog.

Seit dem Verkauf an das Bünder Krankenhaus ist die Villa baulich kaum verändert worden, obwohl sie seitdem vielfältig genutzt wurde. Zunächst diente sie als Schwesternwohnheim, wofür das Dach ausgebaut wurde und die Einzelgauben zu einer durchgehenden Mansarde verbunden wurden. Später betrieb ein Frauenarzt des Krankenhauses dort eine Praxis und bewohnte die oberen Etagen. Heute nutzt die Krankenhausverwaltung das inzwischen denkmalgeschützte Gebäude.

Die Villa, die Wilhelm Bastert in der Eschstraße hatte bauen lassen, war nach dem Krieg so lange von englischen Offizieren beschlagnahmt, dass sich Kurt Bastert auf dem Fabrikgelände ein neues Wohnhaus bauen ließ. Da er nach der Freigabe der Villa nicht mehr umziehen wollte, verkaufte er sie. Das ehemalige Fabrikgebäude der Gebrüder Bastert in der Viktoriastraße wird seit vielen Jahren als Wohnhaus genutzt, auch eine Film- und Fernseh-Produktionsgesellschaft und eine Karateschule haben dort ihren Sitz.

Katja Roeckner

ELBACO Zigarren-Fabrik, L. Bastert & Co

Holtkampstraße 44/46

Das Fabrikgebäude von ELBACO in der Holtkampstraße

Die Bünder Zigarren wurden und werden zwar größtenteils von Frauen hergestellt, von einer Frau geleitet wurde dagegen nur eine einzige Bünder Zigarrenfirma, die ELBACO Zigarren-Fabrik, L. Bastert & Co. Marianne Busch-Bastert (1907-1992), eine der drei Töchter des Zigarrenfabrikanten Theodor Bastert, gründete 1947 ihre eigene Firma, während ihr Cousin Kurt weiterhin das alte Familienunternehmen *Gebr. Bastert* leitete. 1965 beschäftigte „die Buschin", wie sie von ihren Unternehmerkollegen genannt wurde, 650 Mitarbeiter und erwirtschaftete einen Jahresumsatz von zehn bis 15 Millionen Mark. Ganz im Gegensatz zum allgemeinen Branchentrend wuchs ELBACO stetig. Die Fabrik konnte sogar 1963 um einen Anbau erweitert werden, während in den 1950er- und 1960er-Jahren ein Großteil der Bünder Zigarrenhersteller schließen musste.

Marianne Busch-Bastert, die in einem Zeitungsartikel aus den 1960er-Jahren als „echte Westfälin" beschrieben wurde, die nicht viel von Repräsentation halte und als eine Frau mit Humor, „eine bei Frauen nicht allzu häufige Eigenschaft", erklärte ihren unternehmerischen Erfolg mit dem Verzicht auf Subventionen. An die Zahlung staatlicher Beihilfen war die Bedingung geknüpft, eine bestimmte Umsatzzahl nicht zu überschreiten. Auf diese Unterstützung verzichtete sie und konzentrierte sich stattdessen auf die Vergrößerung ihres Unternehmens. Diese Entscheidung kam ihr Ende der 1950er-Jahre zugute, als ELBACO nach dem Ende des Maschinenverbots in der Zigarrenindustrie für die notwendige Mechanisierung gerüstet war. Zudem setzte sie im Sinne der Familientradition stark auf Qualitätszigarren in einer recht hohen Preisklasse, wodurch ELBACO zu einer der bekanntesten deutschen Zigarrenmarken wurde. Während eine deutsche Zigarre Mitte der 1960er-Jahre im Durchschnitt 22,9 Pfennige kostete, ging eine ELBACO-Zigarre für durchschnittlich 58 Pfennig über die Ladentheke. Die unten abgebildete Werbung zeigt, wie für ELBACO-Zigarren mit einem exklusiven Markenimage geworben wurde: „For men who know the difference, echte ELBACO-Zigarren". Dabei spielte die aufwendige Ausstattung der Zigarrenkisten und die individuelle Verpackung der Produkte eine entscheidende Rolle.

Marianne Busch-Bastert (ca. 1947)

Zudem weitete Marianne Busch-Bastert für junge Raucher das Sortiment um kleinere, schmalere Zigarren aus, die auch speziell ihre Geschlechtsgenossinnen ansprechen sollten. Das gelang ihr jedoch nur in sehr geringem Maße – Mitte der 1960er-Jahre waren nur zwei Prozent der Zigarrenraucher in Deutschland Frauen.

Sicherlich half der Unternehmerstochter neben einer kaufmännischen Lehre auch die Familientradition bei der Firmenleitung. Sie war bereits 1930 nach dem Tod ihres Vaters im Alter von 22 Jahren als Geschäftsführerin in das väterliche Unternehmen Gebr. Bastert eingestiegen und konnte so schnell die anfängliche Skepsis überwinden, auf die die Gründung von ELBACO 1947 stieß, da sie bereits 17 Jahre Erfahrung als Unternehmensleiterin besaß. Gleich zu Anfang bewies sie mit der Erfindung des Markennamens, der sich aus dem Vornamen ihrer Mutter Luise, Bastert und Co. zusammensetzte und leicht mit dem Wort „tobacco" assoziiert werden konnte, eine glückliche Hand. Zusätzlich gelang es ihr auch einige erfahrene Mitarbeiter von *Gebr. Bastert* zu übernehmen, so die langjährigen Prokuristen Friedrich Oevermann und August Wohltmann, die das nötige Fachwissen über die Tabakverarbeitung besaßen, während Marianne Busch-Bastert in kaufmännischen Dingen versiert war.

Neu gebaut werden musste dagegen das Fabrikgebäude in der Holtkampstraße 44/46, das mit seinem hohen Dachstuhl und mit den nach Norden ausgerichteten Sortierplätzen die typische Bauweise einer Bünder Zigarrenfabrik darstellte. Trotz der Größe hat es der Bünder Architekt Hans Holzapfel dem Nachkriegsstil entsprechend schlicht entworfen.

Marianne Busch-Bastert war 1963 so bekannt, dass sie in der deutschen Ausgabe des „Who's Who" verzeichnet wurde. Dazu trug auch ihr Engagement als Mitgründerin des Deutschen Unternehmerinnenverbandes und ihre Tätigkeit als Landessozialrichterin bei. Sie setzte sich besonders dafür ein Frauen aus der „Isolierung der Hausarbeit" herauszuführen und ihnen durch Teilzeitarbeit auch während der Kindererziehungszeiten eine Berufstätigkeit zu ermöglichen. Dass Frauen einen Beruf nur als Überbrückung zwischen Schule und Ehe ergriffen, fand sie nicht mehr zeitgemäß. Sie selbst war insofern durchaus „modern", als dass sie zweimal heiratete und sich beide Male nach wenigen Jahren scheiden ließ. Aus ihrer zweiten Ehe 1943 bis 1946 mit dem Offizier Busch behielt sie den Doppelnamen „Busch-Bastert". Zwar trat die Zigarrenfabrikantin gegen das alte, autoritäre Führungssystem in den Unternehmen ein und sah im Teamwork und in der Beteiligung der Mitarbeiter an geschäftlichen Entscheidungen die größten Möglichkeiten, den Unternehmenserfolg zu steigern, andererseits beschreiben Angehörige sie auch als „Herrschertyp", der sich durchzusetzen wusste und langjährige Mitarbeiter schnell entließ, wenn diese nicht mehr die von ihnen geforderten Leistungen erbrachten.

Die von ihrem Cousin Kurt wiedergegründete Firma Gebr. Bastert kaufte Marianne Busch-Bastert 1969 auf, um sich die alleinigen Rechte an dem Namen „Bastert" zu sichern. Da sie selbst keine Kinder hatte und die Söhne Kurt Basterts anderen Berufen nachgingen, verkaufte sie ihr Unternehmen, als sie sich aus dem Geschäftsleben zurückzog. Zum 1. Januar 1970 übernahm *Arnold André*, der größte Bünder Zigarrenhersteller, die Firma hauptsächlich wegen des wertvollen Markennamens. Die Marke gehört unter der leicht veränderten Bezeichnung „El Bacco" bis heute zum Sortiment des Hauses André. *Katja Roeckner*

ELBACO-Werbung aus den 1960er-Jahren

Tabakspeicher (Engelhardt & Biermann)

Wasserbreite 5

Leopold Engelhardt & Biermann: Zigarrenfabrik und Tabakspeicher (um 1897)

Der 1896 errichtete Tabakspeicher am Bahnhof ist das einzige Bauwerk, das von der stattlichen Fabrikanlage der Bremer Zigarrenfabrik Leopold Engelhardt & Biermann auf dem Areal des heutigen Busbahnhofs übrig geblieben ist. Um ein Haar wäre auch das im Stil hanseatischer Hafenspeicher errichtete Lagerhaus, das 1973 in den Besitz der Stadt gelangte, der Abrissbirne zum Opfer gefallen: Erst nach einem längeren Widerstreit der Interessen, in dem sich schließlich die Befürworter einer Pflege des Kulturerbes durchsetzen konnten, kam dieses Monument der Bünder Industriegeschichte am 14. Juli 1986 unter Denkmalschutz. Baurechtliche Bestimmungen haben bis heute nur eine Nutzung zugelassen, für die das imposante Bauwerk mit einer Nutzfläche von 1.872 qm beim Architekten H. Hutze aus Porta in Auftrag gegeben worden war: Noch in jüngster Zeit lagerten hier Tabakballen, aber auch Maschinen und Maschinenteile aus dem Inventar stillgelegter Zigarrenfabriken. Ob sie jemals in dieser Stadt wieder aufgestellt werden, muss die Zukunft zeigen.

Die 1857 in Bremen gegründete Zigarrenfabrik der Kaufleute Leopold Engelhardt und Friedrich Ludwig Biermann errichtete zehn Jahre später Filialen in Spenge und in Bünde. Die Filialgründung war das Ergebnis der Südwanderung der hanseatischen Herstellungsbetriebe, die aus Kostengründen die Produktion der preisgünstigen Zigarren von Bremen und Hamburg nach Westfalen und Lippe, ins Eichsfeld, nach Sachsen und nach Baden verlagerten. Vor dem Ersten Weltkrieg nahm die Firma Engelhardt & Biermann die Spitzenposition

Im Tabakspeicher

Im Zustand des Verfalls: Die Fabrikgebäude vor dem Abriß

unter den deutschen Zigarrenherstellern ein: Im Jahr 1907 stellten 5.321 Arbeitskräfte in 76 Betriebsstätten 251.047.000 Zigarren her. Hinsichtlich der Zahl ihrer Beschäftigten gehörte die Firma, die ihr Tabakimperium in verschiedene Fabrikationsbezirke eingeteilt hatte, damals zu den einhundert größten Unternehmen im Deutschen Reich.

Der Versand der gesamten westfälischen Produktion ging von Bünde aus. Als langjähriger Geschäftsführer des Bünder Fabrikbezirks wirkte Carl Wulkow, der einer der ersten Automobilbesitzer in der Stadt war und auch der Stadtverordnetenversammlung angehörte. Wulkow verstarb im Jahr 1930. Im gleichen Jahr stellte das Bremer Unternehmen, das in den Inflationsjahren nach dem Ersten Weltkrieg schwere Verluste eingefahren hatte, auch die Produktion am Standort Bünde ein. Verschiedene andere Betriebe zogen danach in die Zigarrenfabrik ein, vor allem während des Zweiten Weltkrieges und in der Nachkriegszeit, als zahlreiche Firmen aus den Ostgebieten ausgelagert wurden. So wurden Teile des Firmengeländes, das in den Besitz der Bahn gelangte, unter anderem von einer Schirmfabrik genutzt, später auch von der Bundesbahn und der Firma Blomeyer, die in einem Teil der Fabrik Puddingpulver herstellte, dessen intensives Aroma noch einige Tage nach dem Abriss im Jahr 1976 zu riechen war.

Anfang der 1970er-Jahre stand der verkehrsgünstig am Bahnhof gelegene Gebäudekomplex leer und war zusehends dem Verfall ausgesetzt. Das schließlich zum Abriss freigegebene Bauwerk auf dem 3.400 qm umfassenden Gelände bestand aus zwei in Nord-Süd-Richtung verlaufenden, mit zwei Etagen und einem Satteldach ausgestatteten Langhäusern, die durch Zwischenbauten derart verbunden waren, dass drei Innenhöfe entstanden, die über Durchfahrten erreicht werden konnten. Die letzten Aufnahmen dokumentieren den verwahrlosten Zustand der Fabrikanlage, in der einstmals Millionen von Zigarren gerollt, sortiert und verpackt und unzählige Zigarrenkisten von fleißigen Händen gefertigt worden waren.

Das Prunkstück war und ist der als Transitlager erbaute Tabakspeicher mit dem Sichtmauerwerk aus rotem Backstein, einer Innenkonstruktion aus Holz, vier Etagen und zwei Dachgeschossen. In den Jahren 1990-92 ist das Wahrzeichen der Stadt vollständig renoviert worden: Ein hanseatischer Hafenspeicher im westfälischen Binnenland, der nicht nur an die große Zeit des Tabaks in der Stadt, sondern auch an den Ursprung der Zigarrenfabrikation in den norddeutschen Hafenstädten erinnert, die wie Bünde eine lange Tradition im Tabakhandel und in der Tabakverarbeitung vorzuweisen haben. *Martin Fiedler*

Nur der Tabakspeicher ist geblieben: Das Betriebsgelände nach dem Abriß im Jahr 1976

Steinmeister & Wellensiek

Kaiser-Wilhelm Straße 1 (heute „Bünder Kaufhaus")

Nachfolger von Steinmeister & Wellensiek: Das Bünder Kaufhaus in den 1960er-Jahren

Das Bünder Tabakmuseum bewahrt das handgeschriebene Original über die Geburtsstunde dieses Unternehmens auf, das bis zu seinem Ende im Jahr 1956, genau einhundert Jahre nach dem Gründungsakt, zu den größten Zigarrenfabriken in der Stadt gehörte. In der am 1. Januar 1856 verfassten Geschäftsanzeige teilte der Fabrikant Tönnies Wellensiek mit, „dass mein Freund Herr August Steinmeister, bisher Teilhaber der Firma Steinmeister & Grauhan in Hagen, mit heutigem Tage als Associé in mein seit dreizehn Jahren mit gutem Erfolge geführtes Cigarren-Fabrick-Geschäft eintritt und wir dasselbe von jetzt an für gemeinschaftliche Rechnung unter der Firma Steinmeister & Wellensiek mit doppelten Kräften fortsetzen werden."

Auf den Briefbögen führte die Zigarrenfabrik der beiden Unternehmensgründer ihren Ursprung auf das Jahr 1843 zurück, als der aus Bremen zurückgekehrte Wellensiek in seinem Elternhaus auf dem „Halloh" in Ennigloh mit der Zigarrenherstellung auf eigene Rechnung angefangen hatte. Während Wellensiek die praktische Seite des Handwerks in Bremen von der Pike auf gelernt hatte, brachte Steinmeister die kaufmännische Erfahrung und das Gründungskapital von 8.000 preußischen Talern in bar ein. Die auch in privater Freundschaft verbundenen Unternehmensgründer, die 1856 schon auf einige Jahre gemeinsamer Geschäftsbeziehungen zurückblicken konnten, verstanden sich als gleichberechtigte Partner, zumal Tönnies Wellensiek Sachmittel in gleicher Höhe in die Gemeinschaftsgründung einbrachte.

Das 1862 als erste Zigarrenfabrik in der Stadt in das Handelsregister eingetragene Unternehmen florierte prächtig, wie die überlieferten Zahlen der Umsatzentwicklung zeigen: Der Umsatz des ersten Geschäftsjahres in Höhe von 70.660 Talern konnte schon im Folgenden verdoppelt, im fünften Geschäftsjahr vervierfacht und 1871, im Jahr der Reichsgründung, mit 710.718 Talern verzehnfacht werden. Im Jahr 1890 zählte Steinmeister & Wellensiek 1.382 Beschäftigte in dreißig Filialen, von denen elf im heutigen Stadtgebiet lagen, die am weitesten entfernten in Lügde und in Holzhausen bei Bad Pyrmont. Die Firmenzentrale an der Kaiser-Wilhelm-Straße 1 entwickelte sich zu einem Kontor- und Versandhaus. Zwölf Handelsvertreter sorgten 1890 für den Absatz, wobei mit eigenen Handelsvertretungen in Berlin, in Barmen, in Breslau, Hannover, Köln, Stettin, München, Potsdam, Magdeburg, Leipzig und Hamburg eine flächendeckende Präsenz im Reichsgebiet gegeben war.

Im April desselben Jahres erfolgte die Grundsteinlegung für das neue Fabrikgebäude, in das Anfang der 1960er-Jahre das „Bünder Kaufhaus" eingezogen ist. Beim Umbau des Kaufhauses im Jahr 1978, der dem Gebäude von außen wie von innen ein völlig anderes Gesicht gegeben hat, legten Bauarbeiter am 26. September den Grundstein frei. Dort fanden sie eine Kiste unversehrt erhaltener Zigarren vor, von denen leider nicht überliefert ist, ob sie einer Geschmacksprobe unterzogen wurden, außerdem zwei Bauzeichnungen und zwei Urkunden. Auf einer der beiden Urkunden hatten Tönnies Heinrich Wellensiek, sein Bruder Hans-Heinrich, Ottilie Steinmeister, die Witwe des im Jahr 1874 verstorbenen August Steinmeis-

Die Funde aus dem Grundstein bei Umbauarbeiten am 26.9.1974

ter, sowie die in die Teilhaberschaft und Geschäftsführung aufgerückten Söhne der beiden Unternehmensgründer, Fritz und August Wellensiek, Carl Steinmeister und August Steinmeister jr. das Motiv für den Neubau für die Nachwelt festgehalten: „Seit mehreren Jahren schon bestand das Bedürfnis nach einer Vergrößerung der Räume, welche zu Comptirzwecken, sowie zum Sortieren und zum Verpacken der Cigarren dienen, da infolge der steten Ausdehnung des Geschäftes und der gesteigerten Anforderungen, welche von seiten der Kundschaft an die Sortirung und Ausstattung der Cigarren gestellt werden, die vorhandenen Lokalitäten trotz Hinzunehmen provisorischer Räume nicht mehr ausreichten …“ Im Herbst 1889 erhielt der Bielefelder Baumeister Alexander Trappen den Auftrag für den Neubau des imposanten Fabrikgebäudes, das an die erste Firmenzentrale der Zigarrenfabrik *Arnold André* angrenzte, die im Jahr 1905 an die Moltkestraße verlegt wurde.

Am 1. Januar 1899 wurde das Unternehmen in eine Familien-GmbH umgewandelt, deren Satzung bestimmte, dass nur Angehörigen beider Familien der Geschäftsführung angehören durften. Die Mitglieder und Erben aus den verzweigten „Zigarrendynastien“ der Stadt waren darüber hinaus an verschiedenen anderen Zigarrenfabriken beteiligt, die die Namen „Steinmeister“ oder „Wellensiek“ in ihrem Briefkopf führten. Bereits 1876 waren im Handelsregister des Kreisgerichtes die Firmennamen von *Steinmeister Witwe & Grüter*, *Steinmeister & Rentsch* sowie *Steinmeister & Fehr* eingetragen. Den Namen „Wellensiek“ führten die Zigarrenfabriken *Wellensiek & Heimsoth* an der Brunnenallee und *Carl Wellensiek & Cie.* in Ennigloh fort.

Der tief greifende gewerbliche Strukturwandel, der die Wirtschaft nach dem Zweiten Weltkrieg im Allgemeinen und die Wirtschaft der „Zigarrenstadt“ – parallel zum Niedergang der Tabakindustrie – im Besonderen erfasst hat, wird gerade an einem solchen Ort besonders deutlich, an dem ein Kaufhaus an die Stelle einer traditionsreichen Zigarrenfabrik getreten ist. Mitte der 1950er-Jahre stand kein Nachfolger aus den Gründerfamilien bereit, die Geschäfte der Familien-GmbH weiterzuführen. So nahm das Traditionsunternehmen der Bünder Zigarrenindustrie im Jahr 1956 das Angebot des Bundeswirtschaftsministeriums zur Liquidation an und stellte die Produktion gegen die Zahlung einer Beihilfe von 110.000 DM ein. Dieser Schritt musste vor Ort als ein klares Signal für den Rückzug eines Gewerbes verstanden werden, das die Entwicklung der Stadt während der einhundertjährigen Existenz von Steinmeister & Wellensiek so nachhaltig geprägt hatte.

Martin Fiedler

Doppmann & Buck

Brunnenallee 6

Bis 1979 Zigarrenfabrik: Das Betriebsgebäude von Doppmann & Buck

Die Fabrik für Zigarren und Zigarillos trug den Namen der beiden Fabrikanten Heinrich Buck und Heinrich Doppmann, die das Unternehmen im Jahr 1886 gründeten. Zehn Jahre später bezog die Zigarrenfabrik einen Neubau an der Brunnenallee. Das Betriebsgelände grenzte an die Rückfront der Wohnsitze beider Fabrikanten in der Sedanstraße und lag zwischen der früheren Zigarrenfabrik Carl Peetz & Cie. (später Roelofs & Weber) und dem Grundstück von Luise Heitmann am „Brunnen". Im Jahr 1928 übernahm Friedrich („Fritz") Buck, der Sohn des Firmengründers, die Unternehmensleitung. Der Teilhaber Doppmann war im Ersten Weltkrieg gefallen.

Auch die Firma Doppmann & Buck machte nach dem Krieg den Versuch, das Unternehmen schnell zu vergrößern. Im Jahr 1926 war eine erste Erweiterung des Fabrikgebäudes beantragt worden. Der in dieser Zeit angeschaffte Maschinenpark mußte allerdings 1933 wieder abgebaut werden, so dass die Handarbeit weiter bestimmend blieb. Zu einem Großkunden avancierte bis 1945 die Wehrmacht, an die die Hausmarke „Jano" geliefert wurde. In Schwetzingen bei Mannheim unterhielt Doppmann & Buck einen Zweigbetrieb. Im Jahr 1935 erwarb Fritz Buck aus dem Besitz des jüdischen Fabrikanten Süß die an der unteren Eschstraße (Nr. 60) gelegene Zigarrenfabrik Süß & Söhne (heute: Möbelhaus Werner Bock).

Die Übertragung soll nach Ansicht der Nachfahren unter korrekten Umständen und im beiderseitigen Einvernehmen zustande gekommen sein, zumal Süß damals die Produktion ohnehin aufgeben wollte. In der Fabrik von Süß befand sich ein freies Zolllager. Zur Lagerung ihrer edelsten Tabaksorten nutzte Doppmann & Buck ständig eine ganze Etage im Tabakspeicher am Bahnhof. Die Auftragslage entwickelte sich während der 1930er Jahren so blendend, dass auch der Hauptbetrieb an der Brunnenalle vergrößert werden mußte. Nach Plänen des Bünder Architekten Peter Erping erhielt das Fabrikgebäude im Jahr 1937 ein drittes Stockwerk.

Die bekannteste Zigarrenmarke des Unternehmens war „Ständewappen“, die an die alten Handwerkszünfte erinnern sollte und in verschiedenen Preislagen hergestellt wurde. Die Brasil-Zigarre „Schwarzer Bock“ symbolisierte das Wappen der Fabrikantenfamilie, während der Markenname der Sumatra-Zigarre „Industriekurier“ an die maschinelle Herstellung anknüpfte, die im Verlauf der 1950er Jahre wieder möglich wurde. Als handsortierte Zigarre mit bestem Qualitätsstandard wurde die Marke „Nordlicht“ in Zedernholzkisten verpackt. Zum Schutz vor Austrocknung war jede Lage dieser Luxuszigarre mit Molton bedeckt.

Die 1950er-Jahre brachten dem Unternehmen eine zweite Aufschwungphase. Im Jahr 1956, als viele Hersteller dichtmachten, erweiterte sich die Firma um eine weitere Achse zur Straße „Am Brunnen“. Der langjährige Firmenchef Fritz Buck verstarb im Jahr 1976. Bereits einige Jahre zuvor hatte ein Prokurist die Geschäftsführung übernommen. Zum Ende der 1970er-Jahre kam das „Aus“: Am 1. Februar 1979 wurde das Konkursverfahren über die Zigarren- und Zigarillosfabriken Doppmann & Buck eröffnet. Die Hausmarken sollten fortan bei der Zigarrenfabrik Neuhaus in Schwetzingen produziert werden, während die neu gegründete Doppmann & Buck GmbH (Sitz in Schwetzingen) als Träger der Lizenzrechte fungierte. An der Neugründung in Schwetzingen waren die Zigarrenfabriken Neuhaus und Engelhardt & Co. sowie Gundula und Ursula Buck beteiligt, die bis 1979 Kommandantistinnen der Bünder Zigarrenfabrik waren. Das Firmengrundstück ist im Jahr 1990 in den Besitz einer Bünder Werkzeug-Maschinenfabrik übergegangen.

Christel Tiemann

Zigarren- und Zigarillos-Spezialfabrik Heinrich Hurlbrink KG

Herforder Straße 18

Heute ein Wohnhaus: Die ehemalige Zigarrenfabrik Heinrich Hurlbrink

Vorläufer der Zigarren- und Zigarillos-Spezialfabrik Heinrich Hurlbrink KG war die im Jahr 1909 von den Brüdern Heinrich und Konrad Hurlbrink gegründete Zigarrenfabrik Gebrüder Hurlbrink. Die Fabrikationsräume dieses Unternehmens waren zunächst in der Eschstraße 33, später in der Fünfhausenstraße untergebracht. Nach dem Ersten Weltkrieg gingen die Brüder Hurlbrink geschäftlich getrennte Wege. Während sich Konrad Hurlbrink an der Fa. Ringwald, Holtkampstraße, beteiligte, gründete Heinrich Hurlbrink die Zigarren- und Zigarillos-Spezialfabrik Heinrich Hurlbrink KG. Dazu wurde im Jahr 1920 auf dem Grundstück an der Herforder Straße 18 ein Fabrikgebäude errichtet, das noch im gleichen Jahr nach Plänen des Bünder Architekten Wedegärtner durch eine große eingeschossige Remise auf dem Hofgelände ergänzt wurde. Wedegärtner zeichnete auch für den Erweiterungsbau des Haupthauses im Jahr 1925 verantwortlich. Im Jahr 1929 wurde die Remise im Hof noch durch ein Papierlager vergrößert.

Da der Firmengründer Heinrich Hurlbrink im Jahr 1930 an den Folgen einer Fischvergiftung starb, übernahm August Hurlbrink, der Bruder des Gründers, die Geschäftsführung des Unternehmens. August Hurlbrink hatte zuvor als Reisender für die Zigarrenfabrik gearbeitet.

Das Tabaklager der Zigarrenfabrik befand sich in dem am Bahnhof gelegenen Tabakspeicher. Während des Zweiten Weltkrieges waren die hochwertigen indonesischen Tabake aus Sicherheitsgründen – Geschäftsführer August Hurlbrink befürchtete Bombenangriffe auf den Bahnhof – in dem angemieteten Saalanbau des „Waldschlößchens“ in Hunnebrock eingelagert. Doch gerade dieser „sichere“ Lagerplatz wurde durch eine englische Bombe völlig zerstört. Im Jahre 1945 wurde auch die Zigarrenfabrik an der Herforder Straße von der englischen Besatzungsmacht beschlagnahmt, die einen Teil ihrer „Control Commission for Germany“ in diesem Stadtteil unterbrachte. Der Zutritt zu diesem Sperrbezirk war nur noch mit von den Briten ausgestellten Ausweisen möglich. Von dieser Maßnahme war unter anderem auch die Firma André betroffen. In die Fabrik zog die Kontrollkommission für Film, Theater und Musik ein, die dort Büros einrichtete. In der zweiten Etage war zu diesem Zweck eigens ein Kino in Betrieb genommen worden.

Die Zigarrenproduktion der Firma Heinrich Hurlbrink musste unter diesen widrigen Umständen auf mehrere Standorte verteilt werden. Am Weseler Weg wurde deshalb eine alte Möbelfabrik angemietet. Da sich über die Zeit ein freundschaftliches Verhältnis zu der Besatzungsmacht entwickelte, konnte der Zigarrenhersteller schon bald das eingeschossige Hofgebäude in der Herforder Straße wieder als Büro und die Remise als Maschinenraum nutzen. Nach Kriegsende stieg auch der Sohn des Firmengründers, Wolfgang Hurlbrink, der 1945 aus russischer Kriegsgefangenschaft zurückgekehrt war, in den Betrieb ein. Sein Berufswunsch zielte zwar auf eine technische Ausbildung, weil aber dringend eine Führungskraft gebraucht wurde, musste er den kaufmännischen Weg beschreiten. Ein Privatlehrer unterrichtete ihn in den kaufmännischen Fächern, in der Filiale Börninghausen machte er eine praktische Lehre als Zigarrenmacher.

In den 1950er-Jahren unterhielt die Zigarrenfabrik sieben Filialen, unter anderem in Löhne, Dünne, Oberbauerschaft, Schnathorst, Ahlsen und Börninghausen. In der Gemeinde Börninghausen waren mit Heimarbeitern über hundert Personen bei Hurlbrink beschäftigt. In dieser Zeit wurde in der Börninghauser Filiale die erste elektrische Wickelmaschine vom Typ „Universelle“ aufgestellt. Die bekanntesten Zigarren- und Zigarillomarken waren „Naturkrone“ und „Rotkrone“ sowie die „Schäfchen“-Zigarillos. Zur Förderung des Absatzes schloss sich das Unternehmen dem ERMURI-Verband an.

Das Hauptgebäude der Zigarrenfabrik Heinrich Hurlbrink blieb über zehn Jahre von der britischen Besatzungsmacht beschlagnahmt, erst am 30. Juni 1956 wurde die Fabrik vollständig freigegeben. Die Verfügungsgewalt über das Betriebsgelände gab der Firma nunmehr die Gelgenheit, die betriebliche Rationalisierung voranzutreiben. In einer zweiten Betriebsstätte an der Holtkampstraße, die 1949 errichtet worden war, um während der Besatzungszeit die Verwaltung, die Sortiererei und den Versand aufzunehmen, konnten nun Maschinen aufgestellt werden. Im Jahr 1975 wurde das Fabrikgebäude an der Herforder Straße als Wohnheim für Gastarbeiter an die Firma Bünder Glas vermietet. Anfang der 1990er Jahre stellte die Zigarrenfabrik Hurlbrink ihre Produktion ein. Inzwischen ist das ehemalige Firmengebäude an der Herforder Straße grundlegend renoviert worden. Eine Steintafel an der Hausfront erinnert an die frühere Funktion als Zigarrenfabrik, in der sich heute Wohnungen und Anwaltskanzleien befinden.

Christel Tiemann

Rauchtabakfabrik Otto Beckmann & Co.

Borriesstraße 61

Das Fabrikgebäude der größten Bünder Rauchtabakfabrik im Jahr 1969

Das an der Borriesstraße gelegene Fabrikgebäude mit dem typischen, funktionellen Baustil der 1950er-Jahre steht für eine Unternehmensgeschichte, die sehr untypisch verlaufen ist. Am Anfang befand sich an dieser Stelle ein kleiner Holzschuppen. Otto Beckmann, der mit seinem Betrieb an der Holser Straße im Jahr 1930 Konkurs gemacht hatte, und Ludwig Will, der sich in Japan und Südostasien während seiner Tätigkeit als Exportkaufmann für ein Hamburger Handelshaus ein Startkapital erworben hatte, gründeten 1932 – auf der Höhe der Weltwirtschaftskrise – die neue Rauchtabakfabrik Otto Beckmann & Co. Da Otto Beckmann als hervorragender Tabakfachmann galt, wollte man seinen guten Ruf marktstrategisch nutzen. Ludwig Will war als Kapitalgeber mit dem „& Co.“ zufrieden.

In der Fabrik wurden zunächst nur Zigarrenabfälle der heimischen Hersteller verarbeitet. Im Jahr 1936 wurde die Marke „Türkenkost“ entwickelt, da man anfing, sich auf Feinschnitte zu konzentrieren, die damals in der Shag-Pfeife (auch „Mutz“ genannt) geraucht wurden und die sich zum Drehen von Zigaretten eigneten. Damals war der Orient als Motiv sehr beliebt, er hatte etwas Abenteuerliches. Schliemanns Ausgrabungen waren immer noch in aller Munde. Auch die Rohtabake kamen häufig aus der Türkei, aus Mazedonien, aus Griechenland und Bulgarien.

Der große Aufschwung der Firma kam nach 1945. Die Absatzsteigerung nach dem Zweiten Weltkrieg war durch mehrere Faktoren bedingt: In den harten Jahren des Wiederaufbaus wurde mehr als sonst geraucht. Aber viele drehte ihre Zigaretten selbst, denn die Fabrikzigaretten waren sehr teuer. Für die große Nachfrage sorgte sicherlich auch die Tatsache, dass die Firma während des Krieges ihre Wehrmachtslieferungen unter voller Marke und in bestmöglicher Qualität gemacht hatte. Der Name „Türkenkost“ war also den zurückkehrenden

Nach einer Marke benannt: Die „Türkenkost"-Siedlung in Ennigloh

Soldaten bestens bekannt. Darüber hinaus war es für die Rauchtabakfabrik vorteilhaft, dass man viele Produktionsvorgänge automatisiert hatte, denn das Maschinenverbot bezog sich nur auf die Zigarrenproduktion. Dank der weitgehenden Mechanisierung konnte die Firma Otto Beckmann & Co. daher mit der gleichen Anzahl von Arbeitskräften einen deutlich größeren Umsatz als die Zigarrenhersteller erzielen.

Eine besonders starke Expansion erlebte die Firma in den Jahren zwischen 1946 und 1951. Dass es dem Unternehmen damals besonders gut ging, zeigt die betriebliche Sozialpolitik. Die Firma unterstützte ihre Mitarbeiter beim Hausbau. So entstand ein Neubauviertel in Ennigloh, das noch heute unter dem Namen „Türkenkost-Siedlung" bekannt ist, weil die Baustoffe in der Nachkriegszeit meist mit den Tabakerzeugnissen des Unternehmens bezahlt wurden.

Das Fabrikgebäude an der Borriesstraße wurde in dieser Zeit mehrmals erweitert und umgebaut. Im Jahr 1935 war der Holzschuppen abgerissen, ein Generalbauplan für das Gelände erstellt und das Erdgeschoss errichtet worden. 1948/49 kamen das erste Stockwerk und 1955 das Bürogebäude hinzu. Mit der Aufnahme der Zigarrenfertigung im Jahre 1956/57 wurde das Fabrikgebäude um ein zweites Stockwerk erweitert.

Mitte der 1950er-Jahre lag die Firma mit einem Marktanteil von etwa 18 Prozent im Ruhrgebiet an zweiter, in Westdeutschland insgesamt an dritter Stelle. Im Jahr 1957 kaufte Beckmann & Co. die Firma Hempelmann (Marke „Mexico Post") und die Markenrechte der Rauchtabakfabrik Fahrtmann & Kühne und fasste sie in der Firma „Hanseata" zusammen. Außerdem wurden die Mischungen der „ältesten Tabakfabrik der Welt", der Firma Crüwell in Bielefeld, in Bünde hergestellt. Zum Sortiment gehörten auch Krüllschnitte, die unter den Namen „Westfalenkrone" und „Jägerkost" vertrieben wurden.

Seit den 1960er-Jahren verlief die Entwicklung des Unternehmens etwas verhaltener. Die Firma hatte dem Wandel des Geschmacks Rechnung getragen, der sich nach dem Krieg rapide geändert hatte, und brachte unter dem etablierten Markennamen „Türkenkost" helle Feinschnitte amerikanischer Prägung auf den Markt, die sich bereits Ende der 1940er-Jahre besser verkaufen ließen als die verschiedenen Orientqualitäten. Mitte der 1950er-Jahre kam eine neue Geschmacksentwicklung, man gab sich international und rauchte „English Blends". Auch bei der Firma Beckmann & Co. wurde ein solche Tabakmischung kreiert. Für das Markenbild konnte man den damals populären „Seeteufel" Felix Graf Luckner gewinnen, der die Mischung mit seinem Abbild und seiner Signatur persönlich aus der Taufe hob.

Im Jahr 1962 traten die Söhne von Ludwig Will und Otto Beckmann in die Firma ein. Otto Beckmann jr. beschäftigte sich hauptsächlich mit der Zigarrenfertigung. Rüdiger L. Will hatte eine umfangreiche Ausbildung in Rohtabak und Fabrikation in Europa und den USA erhalten. Er beobachtete mit Sorge den rückläufigen Absatz des Feinschnitts – viele Raucher konnten sich inzwischen Fabrikzigaretten leisten – und des Krüllschnitts, der beiden Standbeine des Unternehmens. Als die Entwicklung neuer Mixturen nicht den großen Erfolg brachte, fuhr er 1967 nach Stockholm zur Svenska Tobaks AB und erreichte zunächst eine Zusammenarbeit auf dem Importsektor. Bei einer erneuten Reise ins Svenska-Hauptquartier verhandelte Will um die Übernahme einer Lizenzproduktion, die es gestatten würde, die Mitarbeiter in Bünde auch in Zukunft zu beschäftigen. Hierzu boten die Schweden Marken an, die nach seiner Ansicht nicht „griffig" genug waren, um sich auf dem deutschen Markt durchzusetzen. Erst als man ihm zögerlich – die Marke hatte sich bei einer Einführungskampagne im Jahr 1966 als großer Flop herausgestellt – den Markennamen „Borkum Riff" anbot, griff Will sofort zu. Die Tabakmischungen mussten ohnehin neu entwickelt werden, um den lebensmittelrechtlichen Bestimmungen in Deutschland zu genügen. Der Name und die Aufmachung waren attraktiv. Zusammen mit dem schwedischen Hersteller entwickelte man innerhalb eines halben Jahres vier neue Tabakmischungen. Die Entwicklung der Saussierungen und Flavours geschah in Bünde. Der schnelle Kraftakt mit vereinten Kräften sollte sich lohnen: Der Pfeifentabak „Borkum Riff" wurde ein Riesenerfolg. Svenska Tobaks suchte daraufhin eine Beteiligung und kaufte am 1. April 1969 die Anteile der Familie Beckmann auf. Ende 1970 wurde schließlich die ganze Firma Beckmann & Co. GmbH vom früheren schwedischen Tabakmonopol übernommen. Der neue Eigentümer verkaufte das Fabrikgebäude an der Borriesstraße an die Firma *Kessing & Thiele*, die dort bis 1990 Zigarren und Zigarillos produzierte. Die Herstellung der eingeführten Marken „Türkenkost", „Graf Luckner" und „Borkum Riff" wurde nach Trier verlagert. Im Jahr 1996 ist der Vertrieb von „Borkum Riff" wieder nach Bünde – zur Firma *Arnold André* – zurückgekehrt. Auch Rüdiger L. Will vermarktet seit 1989 wieder eigene Tabakprodukte in Europa und Übersee und stützt so international den Namen Bünde als Tabakstadt.

Alicja Karyn

Gerhardt & Dustmann

Holser Straße 8

Die erste Fabrikationsstätte in der Bahnhofstraße

Die Firma Gerhardt & Dustmann gehörte zu den kleinen Mittelbetrieben der Bünder Zigarrenindustrie. In seiner Blütezeit beschäftigte das Unternehmen etwas mehr als 40 Arbeiter und Angestellte. Von den kleinen Herstellern ist kaum etwas erhalten geblieben. Für den vorliegenden Fall gilt das nicht, denn der Eigentümer hat viele Dokumente zur Firmengeschichte gesammelt und aufbewahrt.

Das Unternehmen wurde im Jahre 1886 gegründet. Ursprünglich in der heutigen Bahnhofstraße beheimatet, suchte die Firma Gerhardt & Dustmann in den 1920er-Jahren nach einem Gebäude zur Erweiterung ihrer Produktion. Der Kauf einer um 1904 erbauten Filiale des Mindener Zigarrenfabrikanten Fritz Leonhardi erfüllte die räumlichen Ansprüche. Im Laufe des Jahres 1926 bezogen Unternehmensleitung und Angestellte das Fabrikgebäude am heutigen Standort an der Holser Straße in Ennigloh. Firmeninhaber Otto Dustmann berichtete, dass die Fabrik viele Menschen ernährte. Wie in der Tabakindustrie üblich, wurden Aufträge an Heimarbeiter vergeben. An der Warenausgabe liegt noch das Entgeltbuch. Die Überschrift mahnte zur Bescheidenheit: „Nimm nicht mehr Arbeit an, als du bei normaler Arbeitszeit bewältigen kannst; dein Arbeitskamerad will auch leben!" Bis in die Nachkriegszeit stellte das Unternehmen Zigarren und Rauchtabak her.

Parallel zum Rückgang der Zigarrenproduktion richtete Otto Dustmann sein Unternehmen auf die Holzverarbeitung aus. Mit Ideenreichtum, Hartnäckigkeit und Glück konnte die schwierige Zeit in den 1950er-Jahren überbrückt werden. In einem Gebäudeteil beherbergte die Fabrik kurzfristig sogar eine kleine Backstube. Die vom Bundesfinanzministerium gezahlte Liquidationsbeihilfe investierte der Firmeninhaber in die Tischlerei. Später arbeitete die Firma Gerhardt & Dustmann mit Bertelsmann zusammen und stellte Regale und Schränke her. Am Ende hatten sich die Bünder eine Marktnische in der ostwestfälischen Möbelindustrie erobert. Inzwischen ist das große Geschäft abgewickelt, trotzdem existiert in der Fabrik noch eine kleine Werkstatt.

Liebevoll konserviert: Eine Tabakröste aus dem Jahr 1913

Das Bauwerk mit dem Rauputz an der Holser Straße offenbart sich als eine historische Fundgrube. Im Keller der Fabrik steht zum Beispiel eine fast hundert Jahre alte Tabakschneidemaschine. Sie ist eine interessante Konstruktion aus mehreren Zahnrädern und Laufbändern. Zu diesem technischen „Schätzchen" gesellt sich eine Tabakröste aus dem Jahre 1913 und eine Tabakreißmaschine von 1936. Nicht zu vergessen ist die Wickelformpresse, die in unterschiedlichen Variationen in jedem Zigarrenunternehmen ihren Platz hatte. Alle Maschinen sind betriebsbereit. Neben der Tabakreißmaschine erinnert eine gerahmte Fotografie an Helmut und Günter Dustmann. Sie arbeiteten im Familienbetrieb und manchmal bedienten sie die Tabakreißmaschine. Die beiden Brüder kehrten aus dem letzten Weltkrieg nicht zurück. An die Kriegsjahre erinnert auch ein kleiner Schutzschrank mit Gasmasken. Auf einigen Masken ist noch der Name des Besitzers zu lesen. Der Anblick vermittelt dem Betrachter die Gefahren für die Zivilbevölkerung, selbst wenn die Front tausend Kilometer entfernt war. In einer Nische hinter einem Glasfenster steht ein kleiner Kohleofen. Heute könnte er als Kinderspielzeug identifiziert werden. Umso ernüchternder ist die Erkenntnis, dass der Ofen als Kochstelle diente. In der Nachkriegszeit verteilten Behörden solche Kohleöfen an Flüchtlingsfamilien.

Das Gebäude der ehemaligen Zigarrenfabrik an der Holser Straße

Die Zigarrenfabrikanten in der Bahnhofstraße (um 1920)

Fotografien schmücken die Wände. In einem Stockwerk hängt ein Bild von einem Ehepaar beim Zigarrenwickeln. Sie lernten sich als junge Menschen an ihrem Arbeitsplatz bei Gerhardt & Dustmann kennen. Interessante Aufnahmen finden sich auch im kaufmännischen Kontor, dem die räumliche Leere durch große dunkle Schreibtische genommen wird. Zwischen den Tischen steht eine Buchungsmaschine. Unwillkürlich zieht sie die Neugier des Betrachters an. Auf dem ersten Blick könnte man das Gerät mit einer überdimensionalen Schreibmaschine verwechseln. Im Jahre 1936 revolutionierte diese schwarze Maschine mit der runden Scheibe oberhalb der Tastatur die Buchhaltung. Seitdem gehören bei Gerhardt & Dustmann mühselige handschriftliche Buchungen der Vergangenheit an. Im Nebenzimmer steht inmitten einer stilvollen Umgebung ein Sekretär mit Briefschlitz. Das Möbelstück war bei Abwesenheit des Fabrikbesitzers verschlossen. Trotzdem gelangten mittels Briefschlitz wichtige Dokumente direkt auf seinen Schreibtisch.

Das heutige Fabrikgebäude ist eng mit dem inzwischen 78-jährigen Firmeninhaber verknüpft. Die Liebe zum Detail machte Otto Dustmann über die Stadtgrenzen Bündes hinaus bekannt. Seine Fabrik beherbergt eine Sammlung von interessanten und einmaligen Objekten. Hoffentlich bleiben diese Räume und die dort befindlichen historischen Details der Nachwelt erhalten.

Alexander Kröger

Büro und Verwaltung in alten Zeiten: Das Kontor der Zigarrenfabrik

Brockfeld & Meyer

Gerhart-Hauptmann-Straße 14

Betrieb im Grünen: Eine Firmenansicht aus den 1950er-Jahren

Nach dem Ersten Weltkrieg bemühte sich die Gemeinde Spradow um die Ansiedlung von Industrie. Erste Gewerbebetriebe ließen sich aber erst in den 1930er-Jahren nieder, was auch daran gelegen haben soll, dass die meisten Landwirte nur sehr ungern ihre Grundstücke zum Verkauf freigaben. Die Metallgießerei und Maschinenfabrik Brockfeld & Meyer gehört zu den ersten Firmen, die sich im Jahr 1936 an der Westgrenze der Gemeinde ansiedelten. Wie aus dem Firmennamen hervorgeht, beruhte die Firmengründung auf der Partnerschaft zwischen den beiden Fabrikanten Wilhelm Brockfeld, der bis dahin eine kleine Metallgießerei betrieben hatte, und Erich Meyer. Der Firmenteilhaber Erich Meyer wurde später durch sein Engagement im Gemeinde- und Kirchenrat bekannt. Er wirkte unter anderem auch als Vorsitzender der Meisterprüfungskommission der Handwerkskammer, als Sachverständiger des Landgerichts Bielefeld und als Finanzrichter am Finanzgericht Münster.

In der Metallgießerei auf dem Betriebsgelände an der Gerhart-Hauptmann-Straße sind unter anderem zahlreiche Kirchenglocken gegossen worden. So fertigte Brockfeld & Meyer kurz nach dem Zweiten Weltkrieg eine Kirchenglocke für die Spradower Christuskirche an. Sie trug das Christus-Monogramm, das Wappen der Gemeinde und die Inschrift: O LAND, LAND, LAND HÖRE DES HERRN WORT! Jes.22/29 GEGOSSEN IN DEUTSCHLANDS SCHWERSTER ZEIT BEI BROCKFELD & MEYER, SPRADOW ANNO DOMINI 1947. Auch danach hat die Gießerei noch manche Kirchenglocke ausgeliefert, darunter 15 Stück für die Karo-Batak-Kirche in Indonesien, die vom Missionar Grothaus aus Dünne betreut wurde, der während seines Heimaturlaubs um Unterstützung geworben hatte.

Zum ertragreicheren Standbein des Unternehmens entwickelte sich der Bau von Maschinen und Apparaten für die Tabakindustrie. Angefangen hatte man bereits vor dem Krieg mit der Herstellung hydraulischer Wickelpressen. Die allmähliche Lockerung des Maschinenverbotes in der Zigarrenherstellung brachte in den 1950er-Jahren zahlreiche neue Aufträge, wobei ein großer Vorteil für die Firma darin bestand, dass die meisten Kunden aus der Tabakindustrie vor Ort waren. Man kannte sich persönlich und konnte auf den Bedarf des führenden Industriezweiges in der Stadt reagieren, der nach dem Krieg zu einer fortschreitenden Rationalisierung gezwungen wurde. Die Maschinenfabrik brachte in kurzen Abständen neue Produkte auf den Markt: Im Jahr 1954 die erste Päckchenpackmaschine für Schnitttabak und Teeprodukte, danach Mattier- und Feuchtpudermaschinen (1957), elektrische Wickelmaschinen (1958), Überrollmaschinen für Formatzigarren (1964) und Deckblattaufsetzmaschinen (1968). Für bestimmte Funktionsbereiche hat die Firma Patente erworben.

Von der Tabakindustrie allein wollte das mittelständische Familienunternehmen nie abhängig sein. Während in den 1950er-Jahren auch Futterzerkleinerungsmaschinen für die Landwirtschaft hergestellt wurden, hat Brockfeld & Meyer das besondere Know-How in der Konstruktion von Maschinen, die zylindrische Produkte verarbeiten, später dazu nutzen können, in der Schreibwarenindustrie neue Kunden zu gewinnen. Doch bescherte die große Nachfrage der Zigarrenfabriken dem Unternehmen ab Mitte der 1950er-Jahre den größten Boom in der Firmengeschichte. Bis 1960 wuchs die Belegschaft auf rund 250 Mitarbeiter. Der Betrieb wurde erweitert und modernisiert. Im Jahr 1955 wurde die Eisengießerei in Betrieb genommen. Im September 1957 wurde ein neuer Schmelzofen für die Metallgießerei ange-

In der Gießerei

schafft, der gemäß der Tradition im Hüttenwesen auf den Namen „Marga-Hütte" getauft wurde, weil Marga Lindemann, eine Angestellte der Firma, im Beisein der ganzen Belegschaft den ersten Abstich am Ofen vornahm. Über einen langen Zeitraum konnte die Firma auch die höchsten Ausbildungszahlen im Kreis Herford vorweisen. Dabei scheute sich das Unternehmen Anfang der 1980er-Jahre nicht, auch Mädchen im Gießereiberuf auszubilden. Die lokale Presse berichtete hierzu: „Das Wagnis ist geglückt: Im Betrieb harmoniert alles vorzüglich, und die Männer zeigen sich von der allerbesten Seite; auch Karin, die nicht „zimperlich" ist, hat sich ausgezeichnet eingeführt." Das überdurchschnittliche Engagement in der Berufsausbildung zeigte sich auch darin, dass Brockfeld & Meyer regelmäßig mehrtägige Ausbildungsreisen für den beruflichen Nachwuchs organisierte. Eine dieser Reisen führte die 37 Lehrlinge 1972 nach Hamburg, wo die Zigarettenfabrik von Reemtsma, die Firma Hauni – der größte Hersteller von Hochleistungsmaschinen für die Tabakindustrie – aber auch eine Theatervorführung und der Hafen besichtigt wurden.

Auch heutzutage behauptet die Firma Brockfeld & Meyer GmbH & Co. KG Maschinenbau und Gießerei einen guten Ruf als hochspezialisierter Zulieferer für die Tabakindustrie. Die Maschinen und Maschinenteile gehen in alle Welt, der Auslandsanteil beträgt fünfzig Prozent des Absatzes. Hergestellt werden unter anderem Schnellüberroll-, Bobinen-, Schneide- und Verpackungsmaschinen. Spezialmaschinen von Brockfeld & Meyer besorgen das Ausstanzen und Bobinieren von Deckblattzuschnitten: Ein großer Teil der teuren Deckblätter aus Sumatra-, Java- und Brasil-Tabak wird mittlerweile in den Anbauregionen vor Ort ausgestanzt, auf Trägerbobinen gelegt und aufgewickelt. Anschließend werden die Bobinen tiefgefroren und an die Fabriken der Zigarrenhersteller in Europa und in den Vereinigten Staaten ausgeliefert. Dort sorgen dann Überrollmaschinen von Brockfeld & Meyer dafür, dass die Wickel der Zigarren und Zigarillos ihr Deckblatt erhalten. *Oliver Nickel*

Maschinenfertigung für die Tabakindustrie

W. Cordes – Zigarrenkisten- und Kartonagenfabrik

Wasserbreite 71

Die Kartonagenfabrik an der Wasserbreite (um 1930)

Im Zuge des Zigarrenbooms entstand in der Stadt eine ansehnliche Industrie von Zulieferern, die sich auf die Verpackung der Ware spezialisierten. Unter den verschiedenen Unternehmen der so genannten „Hilfsindustrie“, die den hiesigen Zigarrenfabriken die hölzernen Zigarrenkisten, die bunten Aufdrucke und Einlagen sowie Taschenschachteln aus Karton und Pappe in allen Größen lieferte, ist die Zigarrenkisten- und Kartonagenfabrik W. Cordes bei weitem das bedeutendste geworden. Zwar hat der an der Wasserbreite ansässige Herstellungsbetrieb im Jahr 1990 seinen früheren Namen abgelegt, doch dient das vierstöckige Fabrikgebäude auch heute noch dem gleichen Zweck, zu dem es nach dem Ersten Weltkrieg als Hauptwerk der Firma Cordes errichtet wurde: der Herstellung von Verpackung aller Art aus Karton, Papier und Pappe.

Bereits vor dem Zweiten Weltkrieg war die einheimische Tabakindustrie nicht mehr der einzige Kunde von Cordes gewesen. Die in Bünde hergestellten Schachteln und Etiketten sorgten für ein ansprechendes „Warenkleid“ von Nahrungsmitteln aller Art, von Schokolade, Pralinen und Margarine, von Arzneimitteln und Spirituosen, von Taschentüchern und Seifen, von Konserven, Filmen, Fotoapparaten und Textilien. Wahrscheinlich war die im Jahr 1953 in einem kurzen Porträt des Unternehmens geäußerte Feststellung nicht einmal übertrieben, es sei kaum noch vorstellbar, in der Bundesrepublik ein Geschäft zu betreten, in dem nicht mindestens eine Ware geführt werde, die sich in einer Verpackung der Firma Cordes befunden hätte.

Die ehemalige Zigarrenkistenfabrik an der Holtkampstraße

Die Gründung des Unternehmens geht auf das Jahr 1881 zurück, als Wilhelm Cordes auf einem zwischen der Holtkampstraße und der Moltkestraße gelegenen Betriebsgelände mit der Herstellung von Zigarrenkisten begann. Die Nachfrage der Zigarrenfabriken, von denen meist nur die größeren eine eigene Kistenfertigung unterhielten, war hoch genug, dass sich in der Stadt gleich mehrere Betriebe auf die Fertigung von Zigarrenkisten spezialisiert hatten. Das keineswegs vollständige Tabak-Adressbuch von 1914 führte neben Cordes noch vier weitere „Cigarrenkistenfabriken“ in Bünde auf: Das bereits im Jahr 1862 gegründete Unternehmen von *H. Stickdorn*, die 1871 gegründete Fabrik von *Althage & Herbrechtsmeyer* am Bahnhof, die 1874 gegründete Kistenfabrik der jüdischen Unternehmer *Rodenberg & Rosenbaum* und die seit 1901 in Ennigloh ansässige Fabrik von *Brockfeld & Schäfer*. Wo Holzlager mit Hebekränen, ein Schälwerk und ein dampfbetriebenes Sägewerk mit einem hohen Schornstein die Ausstattung einer größeren Kistenfabrik bestimmten, konnten zugleich auch Furniere hergestellt werden, die wiederum von der rasch wachsenden Möbelindustrie gebraucht wurden.

Doch die Zigarrenhersteller verlangten nicht nur Zigarrenkisten, deren hochwertige Ausführungen aus Zedernholz gefertigt wurden, sondern auch Papiereinlagen und mit phantasievollen exotischen Motiven verzierte Aufdrucke. Frühzeitig hatte die Tabakindustrie das Motto sehr ernst genommen, dass gut verpackt bereits halb verkauft sei. So konnte das städtische Branchenverzeichnis schon zur Jahrhundertwende auf die Existenz einiger „Lithographischer Kunstanstalten“ verweisen, die den Bedarf an Druckerzeugnissen aller Art befriedigten. Ernst Cordes, der Sohn des Firmengründers, erweiterte den Betrieb an der Holtkampstraße im Jahr 1908 um eine kleine Kartonagenfabrik und Druckerei. Damit konnte die

Der Rohbau des Fabrikgebäudes nach dem Ersten Weltkrieg

Firma Cordes fortan alle Verpackungswünsche der örtlichen wie der auswärtigen Zigarrenhersteller aus einer Hand bedienen. Die blendende Auftragslage machte nach dem Ersten Weltkrieg einen weiteren Ausbau des Unternehmens erforderlich, das nach dem Ableben des Firmengründers im Jahr 1918 unter der alleinigen Leitung von Ernst Cordes stand. Er gab den Neubau der Kartonagenfabrik an der Wasserbreite in Auftrag, die fortan als Hauptwerk des Unternehmens fungierte. Für die gute Auftragslage hatte vor allem die im Jahr 1920 eingeführte „Banderolensteuer“ gesorgt, die allen Zigarrenherstellern im Deutschen Reich einen Verpackungszwang auferlegte. Die preisgünstigeren Sorten, vor allem aber die Zigarillos, die seit den 1920er-Jahren steigende Absatzzahlen verbuchen konnten, gelangten zunehmend in Faltschachteln aus Papier und Karton in den Handel, während die „gute“ und teure Zigarre nach wie vor in einer Zigarrenkiste auf den Markt kam.

Die Kistenfabrikation der Firma Cordes an der Holtkampstraße wurde bereits im Jahr 1950 eingestellt. Die dortigen Betriebsgebäude sind inzwischen längst abgerissen. Das Fabrikgelände an der Wasserbreite hat die Firma dagegen wenig später erweitert, um eine neue Offsetdruckerei in Betrieb zu nehmen. Von der mittlerweile damals kriselnden Zigarrenindustrie, die einer großen Zahl von Zulieferbetrieben und ihren Beschäftigten in der Stadt eine gesicherte Existenz verschafft hatte, war das größte Unternehmen der heimischen „Hilfsindustrie“ nicht mehr abhängig: Die immer bunter werdende Warenwelt des Wirtschaftswunders brachte zahlreiche neue Aufträge und Kunden. *Martin Fiedler*

Wickelformenfabrik Otto Holzapfel

Holser Straße 7

Das Betriebsgelände (Ende der 1930er-Jahre)

Der Bünder Richard Thiele staunte nicht schlecht, als er auf den Philippinen sah, wie dort die Zigarren die richtige Gestalt annahmen. Deutlich erkennbar trugen die Wickelformen, die da 1997 im Hafen von Manila lagen, einen vertrauten Aufdruck: „Otto Holzapfel – Bünde i./ Westf." Der ehemalige Zigarrenfabrikant dokumentierte den Zufallsfund und brachte das Foto von der Kreuzfahrt seinem Freund, dem Sohn des Firmengründers Holzapfel, mit. Auch dreißig Jahre nach dem Ende der Produktion war diese Überraschung in tropischen Gefilden der beste Beweis für die Haltbarkeit der Holzformen. Dass sie so weit in die Welt gelangt waren, stellte indes die Ausnahme dar: 90 Prozent der Formen aus Bünder Produktion wurden im ostwestfälischen Tabakgebiet abgesetzt.

Die Wickelformen waren aber nicht das erste Metier des Otto Holzapfel senior. Im Jahr 1887 in Hameln geboren, kam er nach einer in Hildesheim absolvierten Lehre als Einzelhandelskaufmann 1907 nach Bünde. Holzapfel arbeitete zunächst im Glas-, Porzellan- und Lebensmittelgeschäft von August Meyer an der Eschstraße, ehe er 1909 in der Eschstraße 5 einen Delikatessenladen aufmachte. Das Geschäft in zentraler Lage machte den jungen Mann in Bünde bekannt. Nach dem Ersten Weltkrieg fing er an, mit seinem Schwiegervater Julius Tiemann am Doberg Zigarren herzustellen. Julius Tiemann war zuvor Werkmeister einer Musterfiliale von *Steinmeister & Wellensiek* gewesen. In ihrer Kindheit hatte seine Tochter Alwine, die Holzapfel dann heiratete, die Höhere Töchterschule in Bünde besucht und auf dem Weg zur Schule die Zigarren bei der Fabrik abgegeben.

Otto Holzapfel bewies auch als Hersteller sein unternehmerisches Talent: Als einziger der Produzenten soll er es geschafft haben, durch das besetzte Rheinland hindurch mit Holland zu handeln, um statt der instabilen Reichsmark Gulden zu erhalten. Schon bald kam die nächste Geschäftsidee, denn 1923 begann er Wickelformen herzustellen. Die Gründung fiel in eine Zeit, in der die Branche schon im Rückzug begriffen war. Hatte es 1900 im Reich noch um die 70 Wickelformenfabriken gegeben, waren es 1923 wohl nur noch zwischen zwölf und 15. Holzapfels erste Maschinen kamen am Bahnhof gleichzeitig mit den ersten Zigarrenmaschinen für die Firma *Kessing & Thiele* an – ein Zeichen dafür, dass das Ende der Holzformen für die Handarbeit schon abzusehen war.

Der Firmengründer an der Musterwand (1950)

Die Produktion fand zunächst auf dem Doberg statt. Im Jahr 1930 kaufte Holzapfel dann aus der Konkursmasse der *Rauchtabakfabrik Otto Beckmann* das Gebäude an der Ecke Holser Straße / Wollfeldstraße. Beckmann gelang es noch, gemeinsam mit einem neuen Kompagnon die darin befindlichen Maschinen zurückzukaufen. Im Jahr 1937 ließ Holzapfel neben seiner Fabrik ein Wohnhaus errichten.

Vor 1923 hatten die Bünder Zigarrenhersteller ihre Formen vor allem von den Firmen Intelmann aus Bad Zwischenahn und Hart & Häsel aus Süddeutschland bezogen, die einen ständigen Vertreter in Bünde hatten. Für Geschäftsabschlüsse war damals nicht allein der Preis ausschlaggebend, denn Beziehungen spielten eine ebenso große Rolle. In kleinen Firmen kaufte der Chef persönlich ein, in größeren ein Prokurist. Otto Holzapfel kannte die wichtigen Leute und musste so keine Vertreter anstellen. Meist meldeten sich die Einkäufer selber, wenn die Firmen Bedarf hatten. Bei einigen Unternehmen hatten jedoch die Vertreter der Konkurrenz den Fuß in der Tür und so wurden deren Produkte ungesehen gekauft. Besonders gut lief das Geschäft, wenn eine Tabaksteuererhöhung die Firmen dazu veranlasste, die Zigarrengrößen zu reduzieren, um den Preis halten zu können. Dazu waren dann näm-

Das Holz für die Wickelformen wurde einige Zeit im Freien gelagert

lich auch neue Wickelformen notwendig. Holzapfels Mitarbeiterzahl schwankte zwischen 15 und 25. Zwei Schlosser stellten Fräsköpfe her und bauten auch die meisten Maschinen auf vorhandener Basis in Eigenkonstruktion. Auch ein Tischler, eine Verwaltungsangestellte und ein Chauffeur für Auto und Pferd gehörten zur Firma. Die übrigen Mitarbeiter waren Hilfskräfte.

Eine Wickelform, die 20 Mulden für Zigarren hatte, bestand aus verschiedenen Holzsorten: Die Muldenreihe wurde aus Rotbuche, das Oberteil („Schiffchen") aus Weiß- oder Hainbuche gefertigt. Fichtenholz wurde als Träger benutzt. Die Seiten waren wiederum mit härterem Buchenholz verstärkt, weil am Holz entlang der überstehende Tabak abgeschnitten wurde, nachdem die Zigarren zwischen den beiden Teilen der Wickelform in ihre Fasson gepreßt worden waren. Damit das Holz seine Formung behielt, musste es vor der Verarbeitung getrocknet werden. Auf dem Freigelände wusch der Regen in Verbindung mit den Temperaturschwankungen den Saft aus dem Holz. Als Trockenlager baute Holzapfel schon 1930 einen Schuppen mit Wellblechdach an.

Bis zum Krieg wurde das Holz für die Wickelformen geschnitten angeliefert. Das Fichtenholz kam zunächst aus Thüringen, dann aus dem Schwarzwald, während das Buchenholz meist aus Nordhessen stammte. Der Jahresverbrauch betrug in den besten Zeiten etwa 300 Kubikmeter. Die halbe Menge konnte Holzapfel bei einer Gelegenheit günstig erwerben, als nach 1930 einige Klavierfabriken in Konkurs gegangen waren und ihre Lager aufgelöst wurden. Die Hälfte des Holzes wurde bei der Produktion zu Abfall. Späne und Restholz gingen an Kleinbauern, die vor allem das trockene Buchenholz gerne zum Räuchern verwandten.

In das Fabrikgebäude ist ein Innenausstatter eingezogen, in das frühere Trockenlager ein Supermarkt

Nach dem Krieg war zwei Jahre lang kein getrocknetes Holz zu bekommen. Holzapfel und seine Mitarbeiter begannen selbst zu schlagen und mit einem Horizontalgatter auf dem Doberg zu schneiden, doch als die Lohnkosten stiegen, lohnte sich dieser Aufwand nicht mehr. Seit 1960 kam das Holz wieder geschnitten zum Betrieb.

Der Firmengründer wurde nach dem Zweiten Weltkrieg krank, so dass sein Sohn unmittelbar nach seiner Rückkehr aus russischer Kriegsgefangenschaft die Nachfolge antreten musste. Für eine Ausbildung hatte der im Jahr 1923 geborene Otto Holzapfel junior weder vor noch nach dem Krieg Zeit. Schon nach wenigen Jahren sah er sich in einer schwierigen Lage. Die Aufhebung des Maschinenverbots leitete auch das Ende der Wickelformenfabrik ein. Zum Verhängnis wurde den Herstellern letztlich auch die hohe Haltbarkeit der Formen. Wo viele Zigarrenfabriken ihre Produktion einstellten, kauften die anderen Firmen die erhaltenen Wickelformen oftmals auf, neue wurden kaum noch benötigt.

Im Jahr 1964 wurde die letzte Wickelform hergestellt. Lange hatte der Sohn des Gründers überlegt etwas anderes zu produzieren. Es war allerdings zu aufwendig die Maschinen auf die jetzt benötigten Kunststoffformen umzustellen. Die Möbelindustrie hatte in Ostwestfalen schon überall Fuß gefaßt und der Umstieg auf andere Produkte erschien zu riskant. Bis zur Schließung der Firma wurde keinem Mitarbeiter gekündigt – darauf ist Otto Holzapfel jun. noch heute stolz. Die jüngeren Kräfte waren, als um 1963 das Geschäft nachließ, rechtzeitig gegangen. Das Fabrikgebäude konnte schließlich verkauft werden. Heute ist ein Supermarkt an die Stelle des Holzschuppens getreten, im Produktionsgebäude hat sich ein Innenausstatter niedergelassen. Otto Holzapfel fing in einer Zukunftsbranche noch einmal neu an und begann mit 43 Jahren eine Ausbildung in der Datenverarbeitung, wo er bis 1984 tätig war.

Sven Sokoll

Haus Tönnies Wellensiek

Eschstraße 35

Das Wohnhaus von Tönnies Wellensiek in der Eschstraße (ca. 1880), rechts daneben das ehemalige Haus Rentsch

Jedes Bünder Schulkind lernt noch die Legende von „Töns" Wellensiek, der als Pionier der heimischen Zigarrenindustrie einen Ehrenplatz in der Geschichte der Stadt erhalten hat. Der in Ennigloh als Sohn eines Kleinbauern aufgewachsene Tönnies Heinrich Wellensiek (1821-1903) war im Alter von 15 Jahren nach Bremen gegangen, wo er das Zigarrenmacherhandwerk gelernt hatte. Nach einer Gehilfenzeit beim Mindener Fabrikanten Theodor Rocholl kehrte Wellensiek im Jahr 1843 nach Bünde zurück, um aus kleinen Anfängen eine erfolgreiche Zigarrenfabrikation aufzubauen. Der vor allem mit seinem Namen verbundene Aufstieg der Zigarrenherstellung hat sich in der schönen, wenn auch frei erfundenen Legende verewigt, nach der Wellensiek den Tabak zunächst zu Fuß in einer Kiepe auf dem Rücken aus Bremen geholt habe, beim nächsten Mal mit Hilfe einer Handkarre, beim dritten Mal bereits mit einem Pferdefuhrwerk. Künstlerisch ist die Legende in einer Skulptur in der Bahnhofsstraße neben der Stadtbücherei dargestellt, die Wellensiek mit der Handkarre neben seinem Teilhaber August Steinmeister zeigt. Belegt ist, dass der junge Unternehmer ab 1846 mit 8 Gehilfen im Haus des Klempnermeisters Heine (Eschstraße Nr. 24) Zigarren herstellte. Sein erster Großkunde war Rocholl, für den auch Wellensieks zukünftiger Partner, der aus dem märkischen Sauerland stammende August Steinmeister (1820-1874) als Reisender arbeitete. Aus den geschäftlichen Kontakten zu Steinmeister entwickelte sich eine Freundschaft und der Entschluss zu einem gemeinsamen unternehmerischen Projekt. Im Juni 1855 konnte Steinmeister „seinem lieben Freund" die Mitteilung machen, dass er nach längerer Suche ein

Heute ein Geschäftshaus mit Ladenzeilen: Haus Tönnies Wellensiek um 1980

Wohnhaus in der Nachbarschaft Wellensieks gefunden hatte: „Dies Haus wird nun Ihrer lieben Frau hoffentlich gut gefallen ... zumal es die schönste Lage in Bünde mit ist, und wir Dr. Krönig nur zwischen uns haben, also nahe zusammen wohnen werden." Das Gebäude, für das sich Wellensiek als Wohnhaus entschieden hatte, war ein damals wie auch heute eher schlicht wirkender Winkelbau mit den zwei zur Eschstraße zeigenden Giebeln, der Anfang des 19. Jahrhunderts errichtet worden war.

Seit dem in den 1950er-Jahren durchgeführten Umbau in ein Wohn- und Geschäftshaus mit einer Ladenzeile im Erdgeschoss erinnert heute nicht mehr viel an die historische Bausubstanz, wie sie in älteren Ansichten des Gebäudes zum Teil noch zum Vorschein kommt. Einen gewissen Charme hat das 1986 in die Denkmalliste aufgenommenen Gebäude in der Hofansicht an der Rückfront bewahrt, die einige Buntglasfenster im Jugendstil aufweist. Zwischen 1816 und 1832, als Bünde für einige Jahre den Status einer Kreisstadt erhalten hatte, war in diesem Haus die damalige Kreisverwaltung mit dem landrätlichen Büro untergebracht. Tönnies Wellensiek, der es mit der Zigarrenherstellung schon zu einem gewissen Wohlstand gebracht hatte, zog 1856 mit seiner Familie in dieses Haus ein, das er von der Witwe des Kreissekretärs Ernst Dietrich Consbruch zum Preis von 1.850 Talern erworben hatte. Wahrscheinlich sind hier in den ersten Jahren auch Zigarren gefertigt worden. Die hohen Kellerräume eigneten sich in jedem Fall für die Lagerung von Tabakballen. Die Nähe zum Fabrikgebäude der Firma *Steinmeister & Wellensiek* das schräg gegenüber auf dem Platz des heutigen Bünder Kaufhauses lag, spricht dafür, dass die Eschstraße 35 vorwiegend als Wohn-

und Privathaus genutzt wurde. Dass der aus einfachen Verhältnissen stammende Unternehmer dieses Haus einem repräsentativen Villengebäude vorzog, das er sich angesichts der florierenden Geschäfte des Unternehmens jederzeit hätte leisten können, unterstreicht das in der Legende und in anderen Anekdoten gezeichnete Bild eines an einer bescheidenen Lebensführung festhaltenden Menschen. So soll Wellensiek die Gewohnheit nicht abgelegt haben, in den frühesten Morgenstunden zu Fuß zur Inspektion der auf dem Lande gelegenen Filialen aufzubrechen. Der gesellschaftliche Aufstieg des Pioniers der Bünder Zigarrenindustrie, der 1882 den Titel des preußischen Kommerzienrates erhalten hatte, welcher an vermögende Staatsbürger mit herausragenden unternehmerischen Verdiensten verliehen wurde, ist in der Nachwelt wohl gerade deshalb auf so großen Respekt gestoßen.

Martin Fiedler

Der Zigarrenfabrikant mit seiner zweiten Ehefrau Paula geb. Kley

Die Rückfront mit einer 1900 errichteten Holzveranda, die bei einem Umbau in den 1960er Jahren abgerissen wurde

Die Steinmeister Villen

Eschstraße 43 und 45

Die Villa „August Steinmeister jr.", Eschstraße 43

Mehr als andere Gebäude in der Stadt sind die beiden Steinmeister Villen an der unteren Eschstraße als bauliche Zeugen des Reichtums anzusehen, den erfolgreiche Fabrikanten in der Blütezeit der Bünder Zigarrenindustrie erwerben konnten. Zu den großen Namen unter den westfälischen Zigarrenfabrikanten gehörte die Familie Steinmeister, nach der die beiden repräsentativen Wohnhäuser benannt sind.

Die „Villa Steinmeister" an der Eschstraße 45 ist das ältere Bauwerk, das der Tabakkaufmann Friedrich August Steinmeister (1820-1874) um 1860 als Wohnhaus errichten ließ. August Steinmeister stammte aus dem sauerländischen Eslohe, war in den Tabakhandel eingestiegen und in den ersten Jahren unter anderem als Reisender und Korrespondent für den Mindener Fabrikanten Theodor Rocholl tätig gewesen, ehe er 1847 in Hagen ein eigenes Unternehmen aufgemacht hatte. Im Jahr 1856 zog Steinmeister mit seiner Ehefrau Ottilie und drei Kindern nach Bünde. Bereits zu diesem Zeitpunkt hatte der Zigarrenfabrikant den Grundstock zu einem ansehnlichen Vermögen gelegt, von dem er 8.000 Taler zur Gründung der Zigarrenfabrik *Steinmeister & Wellensiek* beisteuerte. Das Wohnhaus der Fabrikantenfamilie war ursprünglich im neoklassizistischen Stil errichtet worden. Es lag auf einem Grundstück, das von der Eschstraße bis an das Elseufer reichte. Auf seinem Terrain legte Steinmeis-

Die Eschstraße 45 während ihrer Renovierung (1975)

ter mehrere Teiche zur Fischzucht an, an die heute noch der kleine See in der Mitte des nach ihm benannten Parks zwischen dem Freibad und dem Nordring erinnert. Welchen Anteil der zu großem Wohlstand gelangte Unternehmer an der städtischen Entwicklung nahm, zeigt beispielsweise der von ihm finanzierte Bau der Bismarckstraße, die eine direkte Verbindung zwischen der Zigarrenfabrik und der Bahnlinie an der Wasserbreite herstellte. Nach Plänen des Herforder Architekten Wilhelm Köster ließ Carl Steinmeister, einer der Söhne des Fabrikanten und einer seiner Nachfolger in der Geschäftsführung von Steinmeister & Wellensiek, das Haus im Jahr 1906 zu einer neobarocken Villa mit Elementen aus dem Jugendstil umbauen. Hierbei wurde der Haupteingang von der Straßenseite zur Längsseite verlegt.

Den Bau der angrenzenden Villa „August Steinmeister jun." gab Carls älterer Bruder August Steinmeister zur Jahrhundertwende in Auftrag. Das im neoklassizistischen Stil errichtete Wohnhaus gilt als das wuchtigste Bauwerk der Bünder Zigarrenfabrikanten. Zusammen mit den repräsentativen Wohnhäusern und Villen in der Nachbarschaft trägt dieses Gebäude noch heute dazu bei, dass Passanten unweigerlich das Gefühl haben, sich auf der „Schlossallee" Bündes zu befinden. Die Straßenansicht der Eschstraße 43 wird von zwei vorspringenden Anbauten beherrscht, wobei der kleinere Vorbau auf der linken Seite nicht bis zur Traufe hochgezogen worden ist.

Stilvolle Inneneinrichtung: Ein Buntglasfenster mit einer Tabakpflanze als Motiv (Villa Steinmeister)

Beide Villen stehen seit Mitte der 1980er-Jahre unter Denkmalschutz. Sie haben nach dem Zweiten Weltkrieg eine wechselhafte Nutzung erfahren. Während die Villa Steinmeister bis 1958 von der alliierten Militärverwaltung genutzt wurde und nach ihrem Abzug unter anderem die Barmer Ersatzkasse und das Deutsche Rote Kreuz als Mieter aufnahm, boten die Erben der Villa Steinmeister jr. das Haus im August 1950 dem Kreis Herford zum Kauf an, der hier zunächst das Katasteramt unterbrachte. Die Villa Steinmeister ist Mitte der 1980er-Jahre vom heutigen Besitzer grundlegend renoviert worden. Dieser hat auch die aufwendige Renovierung des Nachbargebäudes übernommen, die zurzeit zum Abschluss kommt. Dank dieses privaten Engagements werden die steinernen Zeugen des Wohlstands in der Stadt nicht nur erhalten bleiben, sondern auch in der Zukunft an die für manche Fabrikanten überaus „goldenen Jahre" der Bünder Zigarrenindustrie erinnern.

Martin Fiedler

Villa Grüter

Eschstraße 54

Die Villa Grüter an der Eschstraße

Mit ihren gotischen Stilelementen prägt die Villa Grüter auch heute noch entscheidend das Stadtbild. Der Zigarrenfabrikant Adalbert Grüter (1845-1913) liess die Villa 1880 von dem Architekten Christoph Hehl – gebürtig aus Kassel – als überwiegend zweigeschossiges Wohnhaus errichten. Dieser renommierte Architekt, der an die Königlich-Technische Hochschule Berlin-Charlottenburg zum Professor für mittelalterliche Baukunst berufen wurde, entwarf überwiegend Bauten im neogotischen Stil.

Der in Bremen geborene Jurist Adalbert Grüter heiratete die Witwe Ottilie Steinmeister, Eigentümerin der gleichnamigen Zigarrenfabrik. Mit ihr zusammen gründete er 1871 die Zigarrenfabrik *Steinmeister Wwe. & Grüter* in dem alten Firmengebäude.

Architektonisch hat die Villa Grüter viel zu bieten. Vom Grundriss her unregelmäßig L-förmig angelegt, ist der Sockel aus Sandsteinquader-Mauerwerk. Für das Mauerwerk wurde roter

Klinker verwendet, das Ober- und Dachgeschoss ist zusätzlich mit Fachwerk versehen. Durch die unterschiedlich gestalteten und mit Kreuzblumen versehenen Giebel und durch den in der Mitte angelegten Turm zählt die Villa Grüter zu den interessantesten Gebäuden der Stadt.

Der Wintergarten wurde zum Eingangsbereich umgebaut, während durch Dachausbauten oberhalb des Firstes eine Plattform entstanden ist. Ein zusätzlich angebauter Erker (1929) vergrößerte das Esszimmer. Das im Laufe der Jahre unansehnlich gewordene Mauerwerk des Anbaues wurde verputzt und weiß gestrichen, das Schieferdach durch schwarze Pfanneneindeckung ersetzt, Rundbogenfenster mit einem geraden Sturz versehen.

Bis zum Kriegsende 1945 wurde die Villa Grüter bewohnt. Anschließend belegte zuerst die amerikanische, danach die englische Militärverwaltung das Gebäude bis zum Jahre 1960. Zu diesem Zeitpunkt war die Villa in einem sehr schlechten baulichen Zustand. Das Gebäude wurde noch im selben Jahr an die Familie Schumacher verkauft, da der Erbengemeinschaft die Renovierungskosten zu hoch waren. Es entstand das „Hotel Stadt Bünde". Nach dem Tod Fritz Schumachers (1981) führte dessen Frau das Hotel weiter; es wurde aber bereits 1982 geschlossen.

Die Grütersche Villa ist am 12. Februar 1985 in die Denkmalliste der Stadt eingetragen worden. Derzeit soll das schöne Gebäude wieder neu „belebt" werden. Geplant sind Wohnungen, die durch ein Bauherrenmodell gefördert werden. *Renate Radzwill*

Links das frühere Gebäude der Zigarrenfabrik „Steinmeister & Wwe. Grüter" in der Hangbaumstraße

Villa Rehling

Hindenburgstraße 3

„Meinem Großvater lag eigentlich nicht viel an dem Türmchen und den beiden Ziergiebeln", erinnert sich die Enkelin des Bauherrns der Villa Rehling an Erzählungen ihrer Mutter. Doch gerade durch diese Besonderheiten fällt das 1903/4 von der Familie des Zigarrenfabrikanten Carl-Heinrich Rehling (1850-1914) an der ehemaligen Gartenstraße erbaute Haus auf. Die

Das „kleine Haus" Rehling stand neben der Zigarrenfabrik in der Kaiser-Wilhelm-Straße

zwei Ziergiebel mit den gotischen Kreuzblumen zu den Straßenseiten schließen den Turm an der Südostecke ein. Ein mit Fachwerk geschmückter Giebel an der Nordseite bildet dazu zusammen mit dem eher schlichten Giebel der Westseite des Hauses einen baulichen Kontrast. Wie die anderen Bünder Villen vereint auch die Rehling'sche Villa verschiedene Stilrichtungen: Neben Elementen der Renaissance und des Barock finden sich gotische Bauteile, aber auch Fachwerkkonstruktionen im Schweizer Stil. An dem Haus wurden, nicht zuletzt durch die englische Besatzungsmacht, die es nach 1945 für einige Jahre nutzte, Veränderungen vorgenommen. Dabei ist unter anderem die ursprüngliche Holzkonstruktion des Wintergartens durch eine massive Ausführung ersetzt worden. Die Familie Rehling hatte bereits in den 1930er-Jahren einen Teil der Gauben durch den Ausbau des Dachgeschosses beseitigen und das Gitter am Dachplateau abbauen lassen.

Der Besitz der Familie Rehling erstreckte sich in exklusiver Lage von der ehemaligen Gartenstraße (heute: Hindenburgstraße) entlang der Kaiser-Wilhelm-Straße bis zur Pauluskirche. In unmittelbarer Nachbarschaft an der Gartenstraße wohnten beispielsweise die Zigarrenfabrikanten André, Levison und die Familie des ersten Bünder Zigarrenfabrikanten Meyer.

Bemerkenswert ist die räumliche Verbindung von Arbeits- und Lebenswelt der Familie Rehling. Dort, wo heute der so genannte Postwürfel steht, verwehrte am Nordende des Grundstücks das mächtige und fast ebenso hohe Gebäude der Zigarrenfabrik *Rehling & Blanck* den Blick von der Villa auf das Schiff der Pauluskirche. Zwischen dem Fabrikgebäude und der Villa lag an der Kaiser-Wilhelm-Straße 4 das – von der Familie gern als „kleines Haus" bezeichnete – ältere Wohnhaus der Rehlings. Carl-Heinrich Rehling, ein Bauernsohn aus Petershagen, hatte es samt dem Grundstück gekauft, nachdem die Wohn- und Produktionsstätte an der Klinkstraße zu klein geworden war. Dieses wesentlich ältere Backsteingebäude besaß zwei symmetrische mit Kreuzblumen verzierte Giebel und einen von zwei Säulen getragenen Eingangsbereich. Nach dem Umzug in die Villa, in der die Familie bis Anfang der 1980er-Jahre wohnte, ist das „kleine Haus" ebenso vermietet worden, wie seit den 1920er-Jahren einige Räume der Villa Rehling. Diese wurde im Jahre 1985, mittlerweile stark renovierungsbedürftig, an die Bünder Bau- und Siedlungsgenossenschaft verkauft. Das Innere ist so umgestaltet worden, dass hier zurzeit neben einigen Wohnungen eine Rechtsanwaltskanzlei ihren Platz findet. Das äußere Erscheinungsbild ist wieder instand gesetzt, aber nicht verändert worden.

Auf dem Teil des Grundstücks, das 1974 an die Post verkauft worden ist, befanden sich neben dem Fabrikgebäude und dem „kleinen Haus" zudem ein Kutscherhaus und ein Pferdestall. Die Gebäude sind unmittelbar nach dem Verkauf abgerissen worden. Ihr Verkauf zeugt ebenso wie die Veräußerung der Villa von der längst vergangenen Blütezeit der Bünder Zigarrenindustrie und der Firma Rehling & Blanck. Das traditionsreiche Bünder Unternehmen war 1876 von Carl-Heinrich Rehling gegründet worden. Während das Unternehmen unter der Leitung ihres Gründers florierte, blieb es nach dem Ersten Weltkrieg von wirtschaftlichen Abschwüngen nicht verschont. Nach 1945 war die Lage so schwierig, dass die Firma vorübergehend einen Teil ihrer Kapazitäten für die Herstellung von Rad- und Bundbolzen sowie von Tierarzneimitteln nutzte. Das Unternehmen, das zuletzt von Helene und Hans-Walter Rehling, den zwei verbliebenen von insgesamt sieben Kindern des Firmengründers, geleitet worden war, stellte die Zigarrenproduktion im Jahr 1957 endgültig ein.

Betriebsausflug zum Hermannsdenkmal: Die Belegschaft der Zigarrenfabrik Rehling & Blank in den 1930er-Jahren

Carl-Heinrich Rehling, der von 1906 bis zu seinem Tod im Jahr 1914 die *Vereinigung der Zigarrenfabrikanten* anführte, zählte zu den herausragenden Persönlichkeiten nicht nur der Bünder Zigarrenindustrie, sondern auch des gesellschaftlichen Lebens der Stadt. So engagierte er sich im Jahre 1888 für die Gründung der „Evangelischen Höheren Knabenschule", des späteren Freiherr-vom-Stein-Gymnasiums. Seinen Einfluss machte er weiterhin bis 1899 im Schulkuratorium geltend. Um die Jahrhundertwende war er zudem einige Jahre Mitglied der Bünder Stadtverordnetenversammlung. *Kirsten Bönker*

Villa André

Hindenburgstraße 11

Eine vornehme Adresse: Die Villa André in der Hindenburgstraße

Die Gartenstraße bzw. heutige Hindenburgstraße galt früher als vornehmste Straße der Stadt. Hier residierten die Zigarrenfabrikanten in prunkvollen Villen. Ein eindrucksvolles Zeugnis vom Wohlstand und dem Repräsentationsanspruch der Unternehmer dieser Branche liefert vor allem die Villa André in der Hindenburgstraße 11. Bauherr war der Fabrikant Georg André, der den Entwurf des zweieinhalbgeschossigen Wohnhauses bei Johann Georg Jungpoppe (1837-1915), einem führenden Baumeister Bremens, in Auftrag gab. Die Villa wurde 1891 erbaut.

Betrachtet man das Gebäude, beeindruckt zunächst die baukünstlerisch gestaltete Straßenansicht, mit Ornamenten über den Fenstern und der Haustür im Erdgeschoss. Das über dem Haupteingang angebrachte Familienwappen und die beiden zum Eingang führenden

Freitreppen nach dem Vorbild adliger Herrensitze zeugen vom Selbstbewusstsein und Erfolg des bürgerlichen Unternehmers, dessen Wohnstil feudale Züge aufwies. Auch im städtischen Leben bekleideten die Mitglieder der Fabrikantenfamilie wichtige Ämter und Funktionen. Georg und Richard André gehörten um die Jahrhundertwende der Bünder Stadtverordnetenversammlung an. Walter André, der Sohn Georgs, war in den 1930er-Jahren Vorsitzender des Tennisvereins und vertrat während des Zweiten Weltkriegs den Bürgermeister. Ebenso wie in anderen exklusiven bürgerlichen Vereinen wie der Abendgesellschaft oder dem Reit- und Fahrverein nahmen auch im Tennisverein häufig Angehörige der alteingesessener Bünder Familien führende Positionen ein.

Die Villa André, im Grundriss mit vielen Vorsprüngen und Ecken gebaut, ist ein reiner Putzbau, ein Gebäude des Historismus mit neu-barocken Elementen. Der rückwärtige Bereich ist im Gegensatz zur Straßenansicht sehr schlicht gehalten. Einziger Blickfang ist eine geschwungene Treppe, die zu einer Terrasse mit einer Balustrade führt. Im Bereich des Mansardendaches fallen noch die mächtigen Erkerausbauten auf, wobei ein besonderes Zierstück eine in Rosettenform ausgearbeitete Öffnung an der Straßenseite ist. Ebenfalls zur Straßenseite hin besteht noch die ursprüngliche Garteneinfriedung mit einem schmiedeeisernen Gitterzaun und verzierten Eingangstoren. Das Innere der Villa André zeugt nicht weniger vom Wohlstand des Bauherrn: Ein bis zur Geländerhöhe mit Marmor verkleidetes Treppenhaus, ein achteckiges turmähnliches Zimmer mit Gewölbedecke sowie Stuckdecken im Erdgeschoss. Bis auf die Natursteinplatten in der Diele sind alle Räume mit Parkettfußböden ausgestattet. Seit dem Bau hat sich die Villa André äußerlich kaum verändert.

Walter André bewohnte nach dem Tode seines Vaters die Villa, die bis 1945 in Familienbesitz blieb. Danach wurde sie von der englischen Besatzungsmacht belegt, die hier unter anderem einen Kindergarten einrichtete. Das Gebäude ging später an die Bundesvermögensstelle über, die das Haus 1979 an einen Geschäftsmann aus Hannover verkaufte. Dieser veräußerte die Villa 1984 an die derzeitigen Besitzer, die das Gebäude restaurierten und seitdem die ersten beiden Geschosse zu gewerblichen, das obere zu Wohnzwecken nutzen. Baulich ist die Villa André in einem sehr guten Zustand. Als Zeugnis der wirtschaftlichen und städtebaulichen Entwicklung der Stadt Bünde wurde sie im Jahr 1984 in die Denkmalliste eingetragen.

Laura Hottenrott

Villa Levison

Hindenburgstraße 1

Die Villa Levison am Markt (1961)

Das schöne, im Jugendstil erbaute Haus ist eng mit der tragischen Geschichte der Bünder Juden verbunden, von denen mehrere in den letzten Jahren vor ihrer Deportation hier untergebracht waren. Einer von ihnen war Carl Levison, der Eigentümer der Villa.

Die Familie Levison war schon seit Anfang des 19. Jahrhunderts Mitglied der jüdischen Gemeinde in Bünde. Um die Mitte des Jahrhunderts hatte Carl Levisons Großvater, der Textil- und Manufakturwarenkaufmann Anschel Levison, viele Jahre das Amt des Vorstehers der Synagogengemeinde bekleidet. Dieses Amt sowie auch das „Ellenwaarengeschäft" führte sein Sohn Moses seit 1868 weiter.

Carl Levison wurde 1862 geboren. Wie mehrere andere Juden in der Stadt, u.a. auch Theodor Rosenbaum und Gustav Spanier, betätigte er sich in der Zigarrenindustrie. Im Jahr 1898 gründete er zusammen mit Carl Warmann eine Zigarrenfabrik. Das Geschäft florierte und schon bald konnte die Firma erweitert werden, so dass 1906 ein modernes Fabrikgebäude in der Bachstraße entstand.

Anfang des 20. Jahrhunderts galt Carl Levison als einer der reichsten Männer der Stadt. Als Vorstandsmitglied der *Sparkasse* und als Schöffe beim Bünder Amtsgericht bekleidete er mehrere städtische Ehrenämter. Im Jahr 1891 wurde er Schützenkönig, was als Indiz dafür angesehen werden kann, dass er in die gehobene Gesellschaft Bündes integriert war. Neben zahlreichen Spenden für das Lazarett während des Ersten Weltkrieges stiftete er dem Bünder Krankenhaus unter anderem die gesamte Röntgeneinrichtung.

Carl Levison

Carl und Auguste Levison hatten drei Kinder: Ihr Sohn Alfred trat in den 1920er-Jahren als Prokurist in die Firma ein, der zweite Sohn Paul ging als Kinderarzt nach Hamburg. Tochter Johanna heiratete den Fabrikanten Albert Schiff und zog zu ihm nach Herford.

Seit 1937 wurde der Druck, den die Nationalsozialisten auf die Juden ausübten, immer stärker. Ab 1938 erfolgte die vollständige Erfassung und „Arisierung“ des jüdischen Eigentums. Die Zwangsmaßnahmen der Behörden veranlassten viele Bünder Juden ihr Eigentum unter Wert zu verkaufen und auszuwandern. Im Februar 1938 drohte der Zigarrenfabrik *Carl Warmann & Co.* der Entzug ihres Verarbeitungskontingentes und die Stilllegung des Betriebes durch die Überwachungsstelle für Tabak in Bremen. So sah sich Carl Levison gezwungen, als Teilhaber der Firma auszuscheiden, um dieselbe nicht zu gefährden. Sein Austritt aus der Geschäftsführung des Unternehmens ist im Handelsregister des Amtsgerichts Bünde mit dem Datum vom 7. Juli 1938 eingetragen.

Während des Novemberpogroms 1938 verwüsteten Mitglieder der Bünder SA und SS die Inneneinrichtung der Villa Levison. Trotzdem diente das Haus noch als Unterkunft für mehrere jüdische Familien, die bereits aus ihren Wohnungen vertrieben worden waren. Im Jahre 1942 wurde jedoch auch das Grundstück mit Wohnhaus in der Hindenburgstraße vom Deutschen Reich eingezogen. Die Nationalsozialisten verschleppten die Levisons zusammen mit 14 weiteren Juden in ein Auffanglager nach Bielefeld, von wo aus sie am 31. Juli 1942 in das Konzentrationslager Theresienstadt verbracht wurden. Dort starb das Ehepaar Levison im März bzw. im April 1944 an Unterernährung. Ihr Sohn Alfred wurde kurz darauf ebenfalls ermordet. Johanna Schiff, ihre Tochter, erlitt dasselbe Schicksal in Warschau. Von der Familie Levison überlebten nur zwei Mitglieder das Ende der nationalsozialistischen Diktatur: Paul Levison war mit dem letzten Schiff von Lissabon aus die Ausreise nach Amerika gelungen, während Thekla, die Tochter von Johanna Schiff, frühzeitig zu einer schwedischen Familie gegeben worden war und dort vom Holocaust verschont wurde. *Kirstin Büttner*

Vereinigungen der Zigarrenfabrikanten

Am Brunnen 11, zuletzt: Hangbaumstraße 16-18.

Nach dem Zweiten Weltkrieg residierte der Verband der Zigarrenfabrikanten im Gebäude der ehemaligen Zigarrenfabrik Wellensiek & Heimsoth (vorne links)

„Gemeinsam sind wir stark" – diese Erkenntnis bewog in der zweiten Hälfte des 19. Jahrhunderts Arbeiter wie Unternehmer dazu sich zusammenzuschließen. Doch obwohl die Tabakarbeiter unter den Ersten waren, die sich zu Gewerkschaften vereinigten, war es weniger die Angst vor dem streikenden Proletariat als der Wille zur Abwehr gegen den Staat, der die Verbandsgründungen der Zigarrenfabrikanten beförderte.

Nach der Reichsgründung hatte der Fiskus die gewachsene Tabakindustrie als lohnende Einnahmequelle entdeckt. Die Auseinandersetzungen über Steuerfragen berührten die Zigarrenhersteller direkt, hing doch der Preis ihrer Produkte und damit ihre Wettbewerbsfähigkeit in hohem Maße hiervon ab. Dass sie sich der Zollerhöhung von 1879 mit ihren einschneidenden Auswirkungen nicht entschiedener entgegengestellt hatten, wurde dabei zu einem Schlüsselerlebnis für die Industriellen. Die 1885 gegründete Berufsgenossenschaft des Tabakgewerbes war die erste Keimzelle eines überregionalen Zusammenschlusses der Fabrikanten. Als die Diskussion über weitere Belastungen des Tabaks nicht abebbte, gründete sich 1892 der „Deutsche Tabakverein" (DTV) als Zusammenschluss bestehender regionaler Verbände.

Korporatives Mitglied wurde auch der bereits 1877 ins Leben gerufene Verein der Tabakinteressen des westfälischen Industriebezirkes mit Sitz in Bünde. Dass Wilhelm Böckelmann aus Herford, der Bünder Fritz Wellensiek und Friedrich Schöning aus Vlotho, der schon seit längerem als Sprecher der westfälischen Fabrikanten galt, noch 1893 eine Eingabe an den preußischen Finanzminister „im Auftrage westfälischer Cigarren-Industrieller" unterzeichneten, lässt indes darauf schließen, dass der Verein eher ein loser Zusammenschluss war. Erst 1900 taten die Mitglieder sich wieder enger zusammen und wählten Carl-Heinrich Rehling zum Vorsitzenden. Mit Carl Steinmeister, Rudolf Lenhartz, Eduard Reinboldt, Fritz Schreyer und Franz Kessing besetzten Bünder Fabrikanten auch die weiteren Vorstandsposten. Im Jahr 1903 vertrat der Verein 108 Mitglieder. Bis 1905 ging aus ihm der „Westfälische Tabak-Verein" (WTV) im DTV hervor, an dessen Spitze wiederum Rehling und Steinmeister standen.

Um die aus ihrer Sicht unberechtigten Forderungen der Arbeiterschaft abzuwehren und im Notfall gemeinsame Aussperrungen organisieren zu können, schlossen sich 109 Fabrikanten im Juli 1906 zum „Westfälischen Cigarrenfabrikanten-Verband" (WCV) zusammen. Wilhelm Böckelmann und der Mindener Fritz Heinrich Leonhardi standen zunächst an der Spitze dieses Verbandes, der neben den WTV trat. Viele Fabrikanten gehörten allerdings beiden Vereinigungen an. Die Assoziationen agierten meist zusammen und hatten mit Karl August Hindenberg, der in seiner Funktion als Syndikus der Handelskammer Minden für beide Verbände die Geschäfte führte, auch eine gemeinsame zentrale Figur.

Im Jahr 1905 verstärkten sich im Reichstag die Überlegungen, erneut an der Steuerschraube zu drehen. Handelskammer und WTV veröffentlichten eine Denkschrift, die 10.000 von 27.000 Arbeitsplätzen in der westfälischen Tabakindustrie gefährdet sah. In der größten von zahlreichen Protestversammlungen in Bünde kamen am 7. Januar 1906 über 3.000 Menschen im *Stadtgarten* zusammen. Weitere 1.000 mussten vor der Tür der überfüllten Halle bleiben. Carl-Heinrich Rehling hatte im Auftrag eines Organisationskomitees dazu eingeladen. Der WTV mobilisierte gemeinsam mit dem WCV und der Handelskammer im März 1909 fast 18.000 Menschen in Herford zu einer Protestversammlung gegen die Steuerpläne. Aus Bünde und den anderen Städten fuhren die Teilnehmer mit Sonderzügen in die Kreisstadt. Doch der Widerstand half nicht, das Tabaksteuergesetz trat im Juli in Kraft.

Im Jahr 1911 scheiterte der erste Versuch, mit dem Arbeitgeberverband der deutschen Zigarrenindustrie einen Dachverband der Zigarrenhersteller zu gründen. Im Weltkrieg war es Hindenberg, der an der Spitze der Deutschen Zentrale für Kriegslieferungen von Tabakfabrikaten die Versorgung der Soldaten mit Zigarren, Zigaretten und Tabak organisierte und damit auch das Überleben der Branche sicherte. Aus der Bewegung gegen die geplante Sozialisierung des Tabakgewerbes ging dann 1919 der „Reichsverband der deutschen Zigarrenhersteller" (RdZ) mit Sitz in Berlin hervor. Der RdZ wurde Mitglied des DTV und trat den Dachverbänden der Industrie und der Arbeitgeber bei. Die Gründung des neuen Spitzenverbandes führte auch auf regionaler Ebene zur Bündelung der Kräfte: Die drei westfälischen Verbände – zu WCV und WTV war noch der „Verein Westfälischer Tabakindustrieller" unter der Führung von Georg André hinzugekommen – schlossen sich unter dem Dach des WCV als Bezirksgruppe des Reichsverbandes zusammen, in dessen Vorstand die Namen Georg André und Theodor Bastert erschienen. Der WCV schloss Tarifverträge ab und besetzte Schiedsgerichte. Die enge Verflechtung des Unternehmerverbandes mit der Mindener Handelskammer setzte sich fort: 1930 amtierte Hindenbergs Nachfolger, Oskar Hoffmann, ebenfalls als Geschäftsführer des WCV.

Nach der nationalsozialistischen Machtergreifung verlor der Verband zunächst die Position als Tarifpartei. Im Dezember 1933 wurde der RdZ der Arbeitsgemeinschaft der deutschen Tabakwirtschaft angeschlossen und im Februar 1934 als Fachuntergruppe Zigarrenindustrie in die Zwangsorganisation des deutschen Gewerbes eingegliedert. Der WCV wurde eine Bezirksabteilung.

Wilhelm van Suntum, erster Vorsitzender in den 1950er-Jahren

Bald nach der Kapitulation durften sich die Fabrikanten wieder auf freiwilliger Grundlage zusammenschließen. In der britischen Besatzungszone bestand schon im Dezember 1946 ein Verband, der im 1949 erstmals wieder erscheinenden Tabak-Adressbuch als „Verband der Zigarrenfabrikanten für die britisch besetzte Zone Deutschlands e.V." unter der Anschrift „Am Brunnen 11" in Bünde nachgewiesen war – die Adresse der Zigarrenfabrik Wellensiek & Heimsoth. Die Vereinigung wurde Mitglied des 1950 gegründeten Bundesverbandes mit Sitz in Heidelberg und änderte ihren Namen in „Verband der Zigarrenfabrikanten Nordwest-Deutschland". Wilhelm van Suntum aus der Firma *Kessing & Thiele* stand dem Verband vor, Heinrich Windmann führte die Geschäfte. Später gab van Suntum den Vorsitz an Harald Tintelnot aus Vlotho ab und wurde Ehrenvorsitzender. So war Wilhelm Landwehrmann nach den Wahlen von 1958 einziger Bünder Fabrikant im Vorstand. Ein Jahr später zog das Büro des Verbandes in das Gebäude der Zigarrenfabrik Steinmeister Wwe. & Grüter in der Hangbaumstraße um.

In den Rundschreiben des Verbandes ging es um Fragen von Steuer, Lohntarifen und Sozialversicherung, sie fungierten aber auch als Börse für Maschinenverkäufe und Stellenangebote. 1958 schaltete der Bundesverband Gemeinschaftswerbung im „Stern", in der „Hör zu" und weiteren Illustrierten, um mit prominenten Zigarrenrauchern wie den Schauspielern Heinz Rühmann und Walter Giller den Absatz anzukurbeln. Bei einem Preisausschreiben, das in der „Bild-Zeitung" und in der „Welt am Sonntag" annonciert wurde, gingen in wenigen Wochen 30.000 Geschichten zum Thema Zigarre ein.

Mit der Schließung vieler Betriebe verringerte sich die Zahl der Mitglieder der Verbandsorganisation, so dass die Landesverbände 1967 aufgelöst wurden. Heute hat der Bundesverband, der in Bad Godesberg residiert, nur noch 15 Mitglieder, darunter als einziges Unternehmen aus Bünde die Firma *Arnold André*, aus deren Reihen der langjährige Geschäftsführer Hans van den Berg stellvertretender Verbandsvorsitzender geworden ist. *Sven Sokoll*

Die Erste Tankstelle

Fünfhausenstraße 2-6

Die Tankstelle Hurlbrink an der Fünfhausenstraße

Bereits in den 1920er-Jahren beklagte der Bünder Oberschullehrer Prof. Friedrich Langewiesche in der Berliner Zeitschrift „Europa auf Reisen" in einem Artikel über das „tausendjährige Bünde" die verkehrsreichen, lärmenden Straßen und die „brandende Flut modernen Verkehrs" in seiner Heimatstadt. Dabei äußerte er die Befürchtung, dass besonders malerische Winkel in der Stadt bald den Straßen und Autos weichen müssten.

Um die Jahrhundertwende hingegen war der Verkehr noch von Pferdefuhrwerken und Droschken bestimmt. Das Amt Enger meldete zunächst nur sehr vereinzelte Motorwagen, die aus Bielefeld und dem Kreis Lübbecke stammten. Im Jahr 1901 wurden die ersten Autos von Einwohnern des Kreises Herford gekauft. Von Beginn an präsentierte sich das Auto als Fahrzeug des wohlhabenden Bürgertums. Als Beförderungsmittel der Luxusklasse war es lediglich für einen verschwindend geringen Teil der Bevölkerung erschwinglich. Schon 1906 beklagte die Berliner „Automobil-Welt" die geplante Einführung einer Haftpflicht. So seien die breiten Massen von Autosteuer und Haftpflicht bereits als potentielle Autokäufer „vergrämt" worden. Es blieben hauptsächlich die Ärzte und Unternehmer, in Bünde vor allem die Inhaber von Zigarrenfabriken, die sich ein Auto leisten konnten. Sie hatten ein großes Bedürfnis an Mobilität und verfügten darüber hinaus über die finanziellen Mittel zum Erwerb und Unterhalt eines Kraftfahrzeugs. Bezeichnenderweise besaß neben dem praktischen Arzt Heinrich Kammann der Zigarrenfabrikant August Wellensiek als Erster ein eigenes Auto.

Auch Carl Wulkow, Geschäftsführer von *Engelhardt & Biermann*, fuhr mit seinem Ford bereits über Lande und besuchte die Heimarbeiter. In Ennigloh stammte der erste Autobesitzer ebenfalls aus der Tabakbranche: Es war der Tabakagent Ulrich Hof. So knatterten zunächst vor allem Automobile aus den wohlhabenden Kreisen Bündes über die Straßen und erschreckten die ländliche Bevölkerung. Im September 1903 meldete die Stadt Bünde dem Herforder Landrat, dass das „Selbstfahrwesen“ in der „hiesigen Stadt einen verhältnismäßig bedeutenden Umfang angenommen“ habe. Diese Einschätzung wurde im selben Jahr auch von der „Automobil-Welt“ geteilt, in der es hieß: „Bravo, Bünde! Die westfälische Cigarrenstadt Bünde hat nicht viel mehr als 5.000 Einwohner, zählt aber nicht weniger als 7 Autos und etwa ein Dutzend Motorräder.“ Im Jahr 1904 erwarben auch der Agent Fritz Knoll und der Katasterkontrolleur Karl Wegener ein eigenes Auto, konnten aber mit nur drei und dreieinhalb PS nicht ernsthaft mit den sieben und neun PS von Kammann, Herbrechtsmeyer und Wellensiek konkurrieren. Für die Fabrikanten war das Auto vor allem auch als Transportmittel interessant, so in Bünde für die Versorgung der Filialen und Heimarbeiter. Firmen und Fabriken meldeten ihre Autos explizit zu Geschäftszwecken an, wobei es meistens Personenfahrzeuge waren, die mit einem Anhänger versehen wurden. Natürlich war die private Nutzung in der Freizeit gängig, weshalb es während und nach dem Ersten Weltkrieg jede Menge Klagen über die „Nutzung von Firmenwagen zu Vergnügungszwecken“ gab. Im Jahr 1910 fuhren in Bünde bereits 14 Autos, 1914 schon fast doppelt so viele. Im fünfmal größeren Herford gab es 1910 lediglich ein Auto mehr als in Bünde. Motorräder waren zum Teil die Zweitfahrzeuge der Automobilisten. Die meisten waren aber im Besitz von Handwerkern, Freiberuflern und Ärzten und damit in den Händen der Besserverdienenden. Die Arbeiter waren allerdings vom Auto- bzw. Motorradbesitz ausgeschlossen: Diese Fahrzeuge blieben für sie unerschwinglich.

Die Automobilisierung der Kleinstadt schreitet voran: Parkende Autos nahe der Laurentiuskirche

In Bünde schritt die Automobilisierung aufgrund des Wohlstands vieler Leute schnell voran. Das erkannte auch Fritz Hurlbrink, der Sohn des Pferdehändlers August Hurlbrink. Nachdem er in den 1930er-Jahren in der Fünfhausenstrasse einen alten Kotten geerbt hatte, gab er seine Anstellung als Schlosser auf und gründete hier die erste Tankstelle Bündes. Diese Tankstelle – anfangs „Gasolin Leuna“, später „Aral“ angeschlossen – bestand zunächst nur aus einer Zapfsäule neben dem alten Hurlbrink'schen Bauernhaus. Von Beginn an war sie ein lohnendes Geschäft. Vor allem mit den vielen Firmen und Lieferwagen der Tabakfabrikanten, die zuvor in Herford getankt hatten, konnte sich Fritz Hurlbrink schnell einen lukrativen Kundenstamm aufbauen. Die Firmen tankten alle auf Rechnung, so dass am Ende des Monats ein gutes Einkommen garantiert war. Bereits 1937 wurde das baufällige Fachwerkhaus abgetragen, um die Tankstelle zu vergrößern. Die Zapfsäule wurde durch ein Tankstellenhaus ergänzt, später kam auch eine Waschanlage hinzu. Da sie anfangs die einzige Einrichtung am Orte war, konnte der Hurlbrink'schen Tankstelle auch die Konkurrenz nicht schaden, die nach und nach aufkam: 1954 gab es bereits zwölf Tankstellen in Bünde. Fritz Hurlbrink verlor nie einen Stammkunden. Im Jahr 1972 ist er verstorben. Die Tankstelle blieb im Besitz seiner Ehefrau und seiner beiden Kinder. Sie musste 1976 im Zuge der städtischen Sanierungsmassnahmen weichen. Auch die erst 1956 über der Waschhalle der Tankstelle gebaute Wohnung der Familie Hurlbrink wurde mit abgerissen. Das dazugehörige Fachwerkhaus, ein Ackerbürgerhaus aus dem Jahre 1688, ist etwa 50 Meter weiter wieder aufgebaut worden und bildet als „Hurlbrink'sches Haus“ seit 1979 einen Teil der Museumsanlage.

Laura Hottenrott

Tankstelle und Hurlbrink'sches Haus aus der Vogelperspektive

Postamt Bünde

Eschstraße 42

In diesem Amtsgebäude residierte die Bünder Post von 1895 bis 1973

Auch die Post bekam den Aufstieg der Zigarrenindustrie zu spüren. Denn schon zur Mitte des 19. Jahrhunderts reichte der Amtsraum nicht mehr aus, der seit dem 1. März 1801 in dem Gebäude „Auf'm Tie 5" untergebracht war. So zog die Post im Jahr 1854 zunächst in die Eschstraße 30, dann 1862 in ein neues Domizil in der Eschstraße 1 um, wo die Geschäftsvorgänge bis 1877 in zwei Räumen abgewickelt wurden. Inzwischen war Bünde eine wirtschaftlich prosperierende Stadt geworden. Im Jahr 1878 befanden sich 20 Zigarrenfabriken und vier Zigarrenkistenfabriken in der Stadt. Zusammen beschäftigten sie etwa 4.000 Arbeiterinnen und Arbeiter. Die Anforderungen an den Dienstleistungsbereich wuchsen. Der Postverkehr nahm stark zu. Die Zahl der Postbediensteten war von sechs (1863) auf 23 (1878) gestiegen.

Die Unternehmen der Zigarrenindustrie erhielten viele Tabakproben, die verzollt werden mussten. Es war ein mühevolles und zeitraubendes Unterfangen, die Proben immer zum Zollamt Herford zu bringen. Deshalb beschlossen der Provinzial-Steuer-Direktor und die Kaiserliche Ober-Post-Direktion, die beide in Münster ansässig waren, in Bünde das Pilotprojekt eines gemeinsamen Post- und Zollamts zu starten. Man handelte für den damaligen

Nur der „Adler" ist erhalten geblieben: Der alte Ziergiebel neben dem Haupteingang der Post an der Bismarckstraße

Amtsleiter Stier eine zusätzliche Vergütung von 150 Mark aus. Stier selbst hielt nicht viel von der Angelegenheit: „Ich habe dieselbe nach längerer Unterhandlung nur übernommen, weil die Kaiserliche Oberpost Direktion in Münster dies wünschte und, im Falle meiner Weigerung, die fraglichen Geschäfte einem der hier beschäftigten nachgeordneten Beamten übertragen haben würde." Nach Stiers Pensionierung wurde der Zolldienst im Rahmen der Post zum 1. Dezember 1892 wieder aufgehoben.

Um der Bünder Post mehr Platz für ihren wachsenden Geschäftsverkehr zu bieten, entschloss sich der Zigarrenfabrikant Tönnies Wellensiek im Jahr 1877, auf eigene Kosten ein Haus im Hack'schen Garten zu errichten, das er der Post als Mieter zur Verfügung stellte. In dem zweigeschossigen Gebäude an der Poststraße 3 (später: Auf'm Rott), in dem sich heute das „Zentrum für aktuelle Kultur" (ZAK) befindet, erlebte die Bünder Post bis 1895 den weiteren Aufschwung der Zigarrenindustrie mit. Großen Anteil an der Entwicklung der Bünder Post nahmen auch die Fabrikantenfamilien Steinmeister und Wellensiek: Als die Amtsräume Auf'm Rott nach 17 Jahren bereits wieder zu klein geworden waren, gründeten August und Carl Steinmeister und Fritz Wellensiek die „Bünder Postbaugesellschaft m.b.H.", die 1895 an der Eschstraße 42 / Ecke Kaiser-Wilhelm-Straße ein neues Haus errichtete. In diesem repräsentativen Amtsgebäude mit einer Backsteinfassade und einer zierenden Giebelspitze über dem Haupteingang an der Straßenecke verbrachte die Bünder Post ihre längste Zeit: Erst als Mieter, dann ab dem 1. März 1920 als Eigentümer, nachdem die Postverwaltung das Gebäude für 250.000 Reichsmark gekauft hatte. Zweimal, 1922/23 und 1953/55, erweiterte sich die Post durch Anbauten in der Kaiser-Wilhelm-Straße. Eine weitere Ausdehnung war nicht möglich, so dass die Postverwaltung 1962 das Grundstück an der Bismarckstraße / Ecke Nordring erwarb, wo das neue Postamt am 28. Mai 1973 in Betrieb genommen wurde. Das Amtsgebäude an der Eschstraße ist danach abgerissen und durch einen „zeitgemäßen" Funktionalbau aus schmucklosen Beton ersetzt worden. Die vor dem heutigen Postamtsgebäude aufgestellte Giebelspitze mit dem Hoheitsadler aus Sandstein erinnert gleichermaßsen an die Bausünden städtischer Modernisierung wie an die Blütezeit der Zigarrenindustrie. Diese hatte dafür gesorgt, dass Bünde in der zweiten Hälfte des 19. Jahrhunderts im Bereich der Porto- und Telegrafieeinnahmen gleichauf mit der Kreisstadt Herford lag. Vor 1900 konnte der Zuwachs des Geschäftsverkehrs vor Ort – bezogen auf die Zahl der Einwohner – mit dem Wachstum der Post in weitaus größeren Städten der Region mithalten. *Horst Jeromin*

Porto- und Telegrafieeinnahmen ausgesuchter Postämter in OWL pro Tausend Einwohner

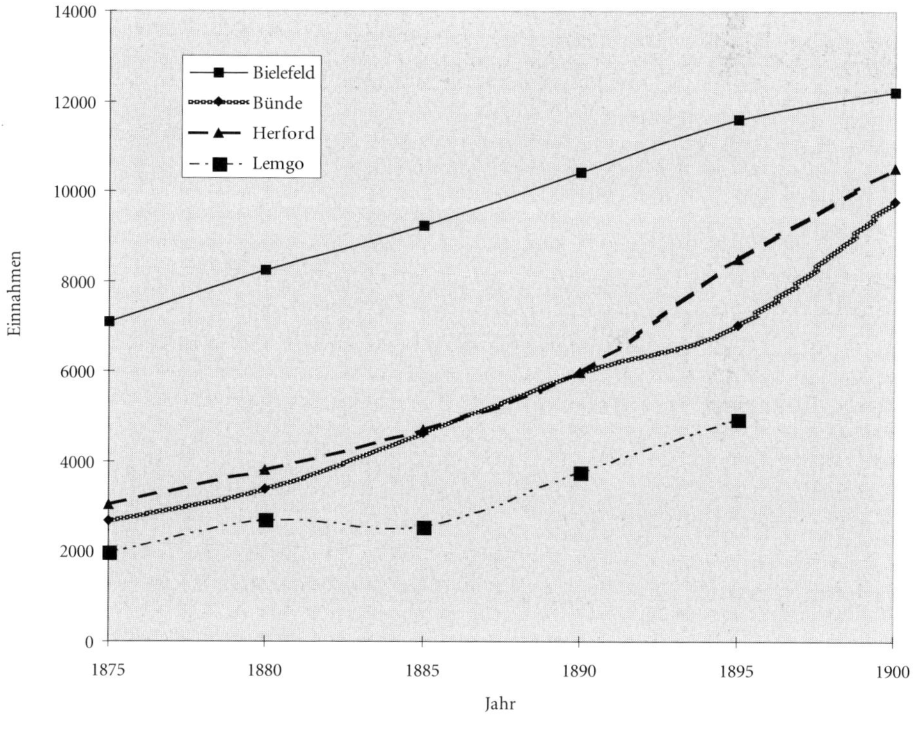

Der Bünder Bahnhof

Der Bünder Bahnhof im Jahr 1903

„Bünde (Westf.) – Die Zigarrenstadt" – mit diesem Schild, das auf Initiative der Stadt und der Bünder Zigarrenindustrie im Dezember 1968 auf dem Bahnhof angebracht worden ist, werden die Fahrgäste begrüßt. Hinter dem Schild ist der Backstein des alten Bahnhofsgebäudes zu sehen, in dem sich heute ein modernes Reisezentrum befindet. Daneben ist vor kurzem die „Radstation" errichtet worden, in der die Bahnreisenden ihre Fahrräder unterbringen können. Ein Stellwerk sorgt für das Umstellen von Weichen und Signalen und die Unterführung von der Bahnhof- zur Hauptstraße gewährleistet das sichere Unterqueren des Bahnübergangs. Doch damals, als der Bahnhof gebaut wurde, war alles anders ...

Den Bau des Bahnhofs verdankt Bünde der Initiative des Königreichs Hannover, das nach der Eröffnung der Köln-Mindener Eisenbahn (1847) an dem Bau einer Eisenbahnstrecke von Leer nach Löhne (über Osnabrück und Bünde) interessiert war, um seine Häfen Emden und Leer an die Landeshauptstadt Hannover anschließen zu können.

Am 21. November 1855 wurde die Teilstrecke Löhne-Osnabrück eingeweiht und der Betrieb aufgenommen. Besondere Vorteile brachte diese Strecke den Bünder Zigarrenunternehmern, die jetzt den Rohtabak auf dem schnellsten und billigsten Wege aus Holland einführen konnten.

Damals war der Weg zum Bahnhof, der in Ennigloh liegt, für die Bewohner Bündes sehr lang und beschwerlich, da es noch keine gepflasterten Wege zwischen den beiden Ortschaften gab. Doch schon bald war es nicht mehr nötig die ganze Strecke zu Fuß zu laufen, da der Fuhrunternehmer Schweppe mit seinem Gefährt, das allgemein „Pingelwagen“ genannt wurde, die Strecke zwischen Bahnhof und Brunnen abfuhr und die Reisenden gegen geringes Entgelt mitnahm. Und wenn gerade kein Zug fuhr und man am Sonntag einen Ausflug machen wollte, konnte man vom Stationsvorsteher einen Waggon leihen, Pferde anspannen und – wie in einer Chronik berichtet wird – eine Reise nach Melle machen.

Die Pferde wurden damals auch für andere Arbeiten am Bahnhof benötigt, z. B. beim Rangieren der Güterwagen. Sie wurden zu diesem Zweck von den Bauern aus der Umgebung geliehen. Dafür musste aber das dienstfreie Eisenbahnpersonal als Gegenleistung diesen Bauern bei der Ernte und anderen Arbeiten auf dem Hof helfen.

Noch war der Bahnhof klein, die Bahnübergänge nicht durch Schranken gesichert und die einzelnen Weichen mussten per Hand umgestellt werden, aber die Einwohner von Bünde mussten nicht mehr lange auf die Veränderungen warten. Durch die Eröffnung der Eisenbahnstrecke Bünde-Bassum am 1. August 1901 (die Teilstrecke Bünde-Rahden wurde bereits 1899 in Betrieb genommen) bekam Bünde einen Anschluss nach Bremen, was für die Tabakunternehmer sehr wichtig war, weil sie dort ihre Tabaksendungen in Empfang nehmen und weitertransportieren mussten. Mit der Inbetriebnahme der Strecke nach Bassum erhielt Bünde auch einen Lokomotivbahnhof. Im Juli 1904 wurde darüber hinaus die Strecke Bünde-Herford eröffnet und in den Jahren 1906/7 die Strecke Löhne-Osnabrück zur zweigleisigen Strecke ausgebaut.

Der Bahnhof mit der 1913 errichteten Postannahmestelle

Der Anschluss an die Bahnstrecken führte zum wirtschaftlichen Wachstum der Stadt Bünde und dieses machte eine Erweiterung der Eisenbahnanlagen am Bahnhof notwendig. Seit 1904 ging der Ausbau voran: Das Empfangsgebäude und der Güterschuppen wurden erweitert, zwei überdachte Inselbahnsteige und drei mechanische Stellwerke angelegt und eine Fußgängerunterführung an der Bahnhofstraße gebaut.

Während der beiden Weltkriege war es nicht leicht den Bahnbetrieb aufrechtzuerhalten. Besonders schwierig war diese Aufgabe während des Zweiten Weltkrieges, da die Eisenbahnanlagen und die Züge mehrfach durch feindliche Bomber angegriffen wurden. In den 1950er- und 1960er-Jahren wurden die Dampflokomotiven, die mit dem immer schnelleren „Lebenstempo" nicht mehr Schritt halten konnten, allmählich durch Dieselloks und Dieseltriebfahrzeuge ersetzt. Doch manch einer, der Zeuge des „Rennens" zwischen dem Osnabrücker und dem Rahdener Zug gewesen ist, kann bezeugen, dass die Dampfloks gar nicht so langsam waren, und dass die Lokführer bei dem „Wetteifern" sogar mehrmals die zulässige Höchstgeschwindigkeit überschritten. Zu dem Wettrennen kam es meistens gegen 18 Uhr auf einer 600m langen Strecke, auf der das Osnabrücker und das Rahdener Gleis nebeneinander verliefen.

Die guten alten Dampfloks verschwanden im Mai 1976 endgültig aus der Region, als auf der Strecke Osnabrück-Löhne die elektrische Zugförderung aufgenommen wurde. Im Jahr 1982 kam noch eine technische Neuerung hinzu: Bünde erhielt ein neues Stellwerk, von dem aus täglich rund 200 Zugfahrten gesteuert und mehrere Bahnübergänge überwacht werden konnten. In den 1970er- und 1980er-Jahren verringerte sich der Zugverkehr erheblich, vor allem auf den Nebenstrecken. Auch die Güterabfertigung verlor an Bedeutung. Der Güterbahnhof wurde Ende 1989 geschlossen. Mit dem Fahrplanwechsel im Mai 1994 wurde auch die Strecke von Rahden nach Bassum eingestellt.

Doch in den letzten drei Jahren hat sich die Lage verändert: Der vor etlicher Zeit eingestellte Sonntagsverkehr nach Rahden wurde mit dem Fahrplanwechsel im Mai 1998 wieder aufgenommen und gleichzeitig wurde für diese Strecke der Stunden-Takt eingeführt. Dass die Entscheidung zu diesem Schritt richtig war, zeigen die jährlich steigenden Fahrgastzahlen. Die positive Entwicklung ging weiter: Seit Ende Mai 2000 verkehren auf dem Bünder Bahnhof die Züge der „Eurobahn GmbH". Diese wurde durch den Verkehrsverbund OWL beauftragt den Fahrbetrieb auf der Strecke Bielefeld-Rahden zu übernehmen. Die Eurobahn GmbH will auf dieser Strecke dann moderne Züge einsetzen und den Service verbessern.

Alicja Karyn

Die Bahnhofsbediensteten um die Jahrhundertwende

Zollamt Bünde

Wasserbreite 59

Seit 1930 Sitz des Zollamtes: Das ehemalige Restaurant zum Grossen Kurfürsten

Der Backsteinbau mit dem auffälligen, über Eck gebauten Türmchen über dem Eingang, dessen äußeres Erscheinungsbild kaum auf die Nutzung und eigentliche Bedeutung des Gebäudes schließen lässt, ist Sitz der Zentrale der deutschen Tabaksteuer. Spätestens seit August 1993, als das Zollamt die Funktion der bundesweit einzigen Ausgabestelle für Steuerzeichen erhielt, arbeitet hier das einträglichste „Unternehmen" im Stadtgebiet. Die Steuerzeichen oder „Banderolen" erbringen dem Bund nach der Mineralölsteuer die zweitgrößte direkte Einnahmequelle (im Jahr 1997: über 21 Milliarden DM). Schon lange sind es nicht mehr Zigarren und Zigarillos, sondern Zigaretten, die den Löwenanteil der Einnahmen ausmachen. Dennoch ist das Zollamtsgebäude, das 1987 unter Denkmalschutz gestellt wurde, eng mit der Geschichte der Zigarrenherstellung in dieser Stadt verbunden, wie auch die Entscheidung für Bünde als Standort der zentralen Steuerzeichenstelle des Bundes eine Referenz an die Geschichte der Zigarrenindustrie und an die hier in Jahrzehnten gesammelte Erfahrung mit der Einfuhr von Rohtabak und seiner Verarbeitung darstellte.

Das heutige Zollamtsgebäude ist 1901 erbaut worden. Erst wurde hier das Hotel und Restaurant „Zum großen Kurfürsten" betrieben. Im September 1928, in einer Zeit des Niedergangs des Bünder Hotelgewerbes, verkaufte der damalige Besitzer Karl Kreibohm das Haus an die Reichsfinanzverwaltung. Diese ließ das repräsentative Gebäude zum neuen Amtssitz des Zollamtes herrichten, der am 1. April 1930 bezogen wurde. Beim Umbau blieb das äußere Erscheinungsbild des Hauses vollständig gewahrt. Auch der Innenbereich erinnerte bis zur Modernisierung im Jahr 1962 an die frühere Nutzung, nur an der Theke wurden jetzt nicht mehr „kühle Blonde", sondern Steuerzeichen ausgegeben. Es soll eines Tages vorgekommen sein, dass ein Besucher, der vom Einzug des Zollamtes nichts mitbekommen hatte, in alter Gewohnheit und auf Plattdeutsch ein Glas Bier bestellte, worauf der Verwaltungsbeamte schlagfertig geantwortet habe: „Jäo Vadder, wenn wui eine Pull´n hier hedden, könn ick jin ein´t inschütt´n, oawers hier gift nur Banderolen !"

In den 1890er-Jahren hatte Bünde ein eigenes Zollamt erhalten, das zum Bezirk des Hauptzollamtes Minden gehörte. Bis 1925 waren die beiden Zollinspektionen Bünde-Stadt und Bünde-Land in der Fünfhausenstraße 34 untergebracht. Der anschließende Umzug in das ehemalige *Rathaus* an der Hangbaumstraße war nur vorübergehend, denn die mittlerweile auf drei Zollinspektionen angewachsene Behörde (Bünde-Stadt, Bünde-Land-West und Bünde-Land-Ost) brauchte ebenso mehr Platz wie die städtische Verwaltung. In der Nachbarschaft der Bahngeleise und gegenüber der heutigen Bismarckstraße als einer direkten Verbindung zu einigen größeren Zigarrenfabriken und zum Postamt bot das ehemalige Hotel an der Wasserbreite einen perfekten Standort für den Zoll.

Die Hauptaufgabe der Zollinspektion im Bünder Raum bestand zunächst lange Zeit in der Erhebung des Einfuhrzolls für den angelieferten Rohtabak, den die größeren Hersteller oft im Umfang einer Jahresproduktion in ihren Betrieben lagerten. Der Finanzbedarf des Staates, auch das Motiv, den inländischen Tabakanbau gegenüber der ausländischen Einfuhr zu schützen, haben immer wieder Anlass zu einer Veränderung der Zolltarife gegeben, welche die Rentabilität der Zigarrenherstellung beeinträchtigten. Auf die Anhebung des Zollsat-

Zollabfertigung am 1963 erbauten Lagerschuppen

zes für Rohtabak von 24 auf 85 Mark je Doppelzentner im Jahr 1879, auf die Einführung eines Wertzollzuschlags von 40 % im Jahr 1909 sowie auf die nächsten Zollerhöhungen in den Jahren 1925 und 1931 folgten jeweils größere Entlassungswellen unter der heimischen Arbeiterschaft.

Mit der Einführung einer Fertigfabrikatsteuer („Banderolensteuer"), die ab 1920 für alle Tabakerzeugnisse durch den Verkauf der Steuerzeichen an die Produzenten erhoben wurde, erhielt das Zollamt eine zusätzliche Aufgabe. Vorreiter für die Banderolensteuer war die Zigarette gewesen, auf deren Verpackungen die Steuerzeichen seit 1906 klebten. Für die Zigarrenhersteller bedeutete die Umstellung auf eine Fabrikatsteuer, dass nun beim zuständigen Zollamt eine der Menge, der Art und dem Verkaufswert des Produkts entprechende Anzahl von Steuerzeichen bestellt werden musste. Kleinere Betriebe orderten aus Kostengründen täglich ihre Verbrauchsmengen. Die Vielfalt der Tabakprodukte erfordert auch heute noch die Ausgabe unterschiedlicher Banderolen: Im Keller des Zollamtes lagern 3.000 Sorten von Steuerzeichen aller Preislagen.

Das Bünder Zollamt hat nach 1945 schrittweise die Funktion einer räumlich übergeordneten Verwaltungsstelle für Steuerzeichen erhalten. Ein erfolgreicher Probelauf für die Zentralisierung ergab sich in den Wirren der ersten Nachkriegsjahre, als die Reichsdruckerei in Berlin keine Tabaksteuerzeichen liefern konnte. Die in der Nachbarschaft des Zollamtes arbeitende Druckerei der Firma *Wilhelm Cordes* und das Angebot, aus der Fabrik der Feldmühle in Hillegossen geeignetes Papier zu beziehen, machten Bünde vorübergehend zur zentralen Ausgabestelle für die Banderolen in der britisch-amerikanischen Zone. Um eine diebstahlsichere Lagerung der wertvollen Druckbögen im Zollamt zu gewährleisten, wurde dort ein großer Tresorbunker errichtet, während die Zollbeamten der Bünder Diensstelle die Druckerei in Tag- und Nachtschichten überwachten. Der Transport zum Postamt erfolgte mit einem Bollerwagen, der wegen des leichten Anstiegs der Bismarckstraße mit vereinten Kräften gezogen werden musste.

Die Konzentration der heimischen Zigarrenfabrikation auf immer weniger Betriebe hat dazu beigetragen, dass sich die Ausgabe und Verwaltung der Banderolen auf den Zollstandort Bünde verlagerte. 1960 war die Ausgabe der Steuerzeichen im Herforder Zollamt eingestellt worden, 1962 wurde das Zollamt in Enger aufgelöst. Seit dem Jahr 1976 war Bünde für ganz Norddeutschland zuständig und übernahm außerdem die Betreuung aller ausländischen Importeure und Hersteller. Nach der Wiedervereinigung kam der Bezirk Erfurt hinzu, und seit 1993 werden von hier aus die Steuerzeichen für die gesamte Bundesrepublik ausgegeben. Volkswirte nennen die geringe Elastizität der Nachfrage nach Tabakwaren in Bezug auf deren Preis als Ursache für die große Ergiebigkeit der Tabaksteuer. Mit anderen Worten: Geraucht wurde immer, sogar bei steigenden Preisen, und der Fiskus hat dabei stets die Hand aufgehalten.

Als die Zigarrenherstellung das dominierende Gewerbe im Bezirk war, nahm die Inspektion des angelieferten Tabaks viel Zeit in Anspruch. Zahlen für den Verwaltungsaufwand sind aber nur für die Nachkriegszeit überliefert. Im Jahr 1953 wurden im Amtsbezirk 99 Zollager in den Betrieben gezählt, im Jahr 1960 waren bei den größeren Herstellern noch 57, darunter 45 Lager für ausländischen Rohtabak vorhanden. Allein im Rechnungsjahr 1959 verarbeiteten die Produzenten von Zigarren und Rauchtabak im Raum Bünde 3.885,5 Tonnen Tabak ausländischer Herkunft, und die 19 Beamten und 4 Angestellten des Zollamtes nahmen 2.586 Zollabfertigungen außerhalb der Dienststelle vor. Der 1963 in Betrieb genommene Schuppen hinter dem Amtsgebäude erinnert noch an die Zeiten, als die Abfertigung von Rohtabak zu einem alltäglichen Ereignis in der Stadt gehörte.

Heute ist die Zukunft des Bünder Zollamtes ungewiß. Seit einiger Zeit wird über eine Schließung des Standortes nachgedacht, womit ein weiteres Kapitel der Bünder Tabakgeschichte der Vergangenheit angehören würde.

Martin Fiedler

Das Bünder Rathaus

Hangbaumstraße 1-3

Das Bünder Rathaus in der Vorkriegszeit

Erst 18 Jahre, nachdem die Stadt Bünde auf eigenen Antrag durch „Allerhöchsten Erlaß" des preußischen Königs aus dem Verband des Amtes Bünde ausgeschieden war, erhielten die Bürger ein neues Rathaus. Hierzu wurde im Jahre 1920 das in der Hangbaumstraße 1-3 (heute: Möbel Lange) gelegene Hotel „Deutscher Kaiser" für 903.000 Mark erworben und umgebaut. Zuvor waren die Amtsstuben der Bünder Verwaltung in der Bürgerschule und in dem Gebäude der alten Post (Auf'm Rott) untergebracht worden. Die Fassade des neuen Rathauses war durch einen strengen Klassizismus geprägt, die Reminiszenz an alte Renaissancepaläste ist deutlich erkennbar. Im unteren Stockwerk wurde die waagerechte Linienführung der Fassade durch das für die Renaissance typische Rustikaprofil betont, das Fenstergesims und die Ornamentik des Dachgesimses waren durch neugriechische Stilelemente bestimmt.

Das Ausscheiden der Stadt Bünde aus dem alten Amtsverband war vor allem vom Bünder Wirtschaftsbürgertum betrieben worden, da man befürchtete, dass die wirtschaftlich prosperierende Stadt von den übrigen, eher ländlich strukturierten Mitgliedsgemeinden des Amtes majorisiert werden könnte. Die Stadt Bünde war zudem – nach Auffassung ihrer politischen Meinungsführer – über Gebühr zur Deckung des Amtshaushaltes herangezogen worden.

Der bisherige Amtmann des Amtes Bünde, Ferdinand von Schütz, der zugleich auch Bürgermeister der Stadt Bünde gewesen war, übernahm die Leitung des neu geschaffenen, als

„Amt Ennigloh“ bezeichneten Kommunalverbandes. Zum Bürgermeister der nunmehr nach der Städteordnung verwalteten Stadt Bünde wurde am 4. Dezember 1902 Karl Straubel gewählt. Neben der Stadtverordnetenversammlung bestand jetzt ein Magistrat, dessen Mitglieder von den Stadtverordneten aus der Bürgerschaft gewählt wurden. Vorsitzender des Magistrats war der Bürgermeister. Unabhängig von Stadtverordneten und Bürgerschaft fungierte der Magistrat als ein staatliches Organ in allen ihm übertragenen Landesangelegenheiten.

Bis zum Jahre 1919 wurden die Bünder Stadtverordneten nach dem Dreiklassenwahlrecht gewählt. In der Stadt Bünde brachten z.B. im Jahre 1902 die 15 Wahlberechtigten der ersten Klasse genauso viel Steuern auf wie die etwa 600 Wahlberechtigten der dritten Klasse. Beide Klassen schickten jeweils sechs Abgeordnete in die Stadtvertretung. Die zweite Klasse umfasste 70 Wahlberechtigte, die ebenfalls sechs Abgeordnete für die Stadtvertretung wählten. Das Stimmengewicht eines Wählers aus der elitären ersten Klasse war damit wesentlich höher als das eines Wählers aus der zweiten oder dritten Klasse. Aufgrund des Dreiklassenwahlrechts dominierten die wohlhabenden Zigarrenfabrikanten in der Stadtverordnetenversammlung. Im Jahre 1902 gehörten diesem 18-köpfigen Gremium acht Zigarrenfabrikanten (Georg André, Adalbert Grüter, Wilhelm Krüger, Carl-Heinrich Rehling, Wilhelm Rentsch, Ludwig Spengemann, August Steinmeister und August Wellensiek), ein weiterer Unternehmer, vier Kaufleute, ein Händler, ein Handwerksmeister, ein Arzt sowie zwei Beamte an. Frauen besaßen zu diesem Zeitpunkt weder ein aktives noch ein passives Wahlrecht.

Mit der Einführung des allgemeinen und gleichen Wahlrechts in der Weimarer Republik gingen Anzahl und Bedeutung der Zigarrenfabrikanten in der Stadtverordnetenversammlung zurück. Das Bürgertum, nun in einer „Berufsstandsliste“ organisiert, die alle bürgerlichen Parteirichtungen umfasste, behielt in Bünde während der Zeit der Weimarer Republik aber eine klare politische Mehrheit. Das mittlere Bürgertum konnte seinen Einfluss steigern, da sich die führenden Fabrikantenfamilien nach der Revolution 1918/19 in starkem Maße aus der offiziellen Kommunalpolitik zurückzogen. Jetzt erhielt auch die SPD Zutritt zur Stadtverordnetenversammlung. Die sozialdemokratischen Mandatsträger, in der überwiegenden Mehrzahl bei der Konsumgenossenschaft beschäftigt, blieben aber während der gesamten Zeit der Weimarer Republik deutlich in der Minderheit.

Auch wenn die politischen Meinungsführer nicht mehr aus den reichen Fabrikantenfamilien kamen, so bestanden aber zwischen den Industriellen und den neuen politischen Eliten, den Bildungsbürgern, den Freiberuflern und den selbstständigen Handwerkern, durch gemeinsame Mitgliedschaften in den Bünder Vereinen oder durch Heiraten vielfältige gesellschaftliche Kontakte. Besonders die bereits seit dem Jahre 1845 bestehende elitäre „Abendgesellschaft“, die im alten Bürgermeisterhaus in der Klinkstraße ihr Domizil hatte, bot innerhalb des gehobenen Bürgertums hinreichend Gelegenheit auch politische Themen zu diskutieren.

Bis zum Jahre 1933 gehörten unter anderem der Vorsitzende der DNVP, Sanitätsrat Dr. Otto Fix, der Vorsitzende der DVP, Rektor Rumbke, sowie Gerichtsrat Dr. Carl Sielermann, der zwischen 1929 und 1933 als Mitglied des Magistrats bzw. der Stadtverordnetenversammlung fungierte, zu den wichtigsten Meinungsführern des Bünder Bürgertums. Eine zentrale Stellung nahm auch Gerichtsrat Dr. Ernst Crüwell ein, der zwar nicht Mitglied der Stadtverordnetenversammlung war, als Vorsitzender der „Abendgesellschaft“, der „Kameradschaft ehemaliger Kavalleristen“ sowie des Ortsverbandes der Militärvereine aber – wie andere Vereinsvorsitzende auch – große politische Einflussmöglichkeiten besaß. Fast alle bürgerlichen

Gruppenbild mit Stadtbediensteten (um 1930). In der Mitte (sitzend) der damals amtierende Bürgermeister Dr. Richard Moes

Stadtverordneten gehörten der „Schützengesellschaft“, dem Turnverein „Westfalia“ und/ oder dem „Stahlhelm“ an. Schützengesellschaft und Turnverein „Westfalia“ bildeten in besonderem Maße die Eckpfeiler des gesellschaftlichen Lebens des Bünder Bürgertums.

Nach der nationalsozialistischen „Machtergreifung“ konnte der liberale Bürgermeister Dr. Moes zwar noch bis zum Ende seiner Wahlperiode im Amt bleiben, wurde aber dann im Jahre 1937 durch den Nationalsozialisten Dr. Dr. Rattay ersetzt. Die Stadtverordnetenversammlung, in der die NSDAP seit März 1933 eine Mehrheit hatte, war zum Jahresende aufgelöst und durch ernannte Gemeinderäte, die die Aufgabe hatten den Bürgermeister zu beraten, ersetzt worden.

Nach dem Zweiten Weltkrieg legte die SPD bei den ersten Kommunalwahlen im Jahre 1946 weiter zu. Sie erhielt acht der 18 Sitze in der Stadtverordnetenversammlung, die CDU zehn. Die Ablösung der bürgerlichen Rathausparteien CDU und FDP durch die SPD erfolgte allerdings erst nach der kommunalen Gebietsreform.

Im Zuge dieser Gebietsreform wurden die Stadt Bünde und die Gemeinden des Amtes Ennigloh zum 1. Januar 1969 wieder miteinander vereinigt. Die neue Stadt Bünde, die nunmehr fast 44.500 Einwohner zählte, benötigte ein größeres Rathaus, das am Ufer der Else errichtet wurde. Für den Neubau mussten Teile der Altstadt weichen. Am 15. Januar 1982 konnte das neue Rathaus offiziell in Nutzung genommen werden. Nach dem Umzug wurde das alte Bünder Rathaus abgerissen und an seinem Standort das Möbelgeschäft Lange errichtet.

Norbert Sahrhage

Das Amtshaus Ennigloh

Amtshausplatz 1

Verwaltungssitz von 1902 bis 1968: Das Ennigloher Amtshaus

Das Amtshaus Ennigloh symbolisiert die zwischen dem 1. Juni 1902 und dem 31. Dezember 1968 existierende verwaltungsmäßige Trennung zwischen dem Amt Ennigloh und der Stadt Bünde. Als am 24. Dezember 1901 die „Bünder Zeitung“ verkündete: „Die Würfel sind gefallen“, war damit die Entscheidung über das lange diskutierte Aussscheiden der Stadt Bünde aus dem Verband des Amtes Bünde gemeint, das dann in „Amt Ennigloh“ umbenannt wurde. Eine wichtige Ursache für das Ausscheiden Bündes aus dem Amtsverband war der von der Mehrheit der Amtsversammlung gewollte Neubau eines Amtshauses mit Dienstwohnung in der Gemeinde Ennigloh gewesen, dem die neun Vertreter aus der Stadt Bünde nicht zugestimmt hatten.

In den Gemeinden des neuen Amtes Ennigloh reagierte man auf die bevorstehende Trennung relativ rasch. Nachdem man bereits Ende des Jahres 1901 ein Grundstück gegenüber dem Bahnhof zur Errichtung des Amtshauses erworben hatte, wurde der Herforder Architekt Wilhelm Köster mit der Planung des Verwaltungsgebäudes beauftragt. Schon am 12. Juli 1902 konnte in Anwesenheit des Amtmanns Ferdinand von Schütz sowie vieler Einwohner des Amtes Ennigloh der Grundstein für das neue Amtshaus gelegt werden. Am 17. Juli 1903 fand dann die Einweihung des Hauses statt.

„Ein stolzes Bauwerk im Stile der deutschen Renaissance“ lobte die Presse das im historisierenden Stil gebaute Haus, das besonders durch seinen imposanten Giebel geprägt ist, der durch Schmuckornamente mit Sonnen- und Muschelmotiven und eine große Uhr auffällt. Die Aussenmauern sind mit einer Rohputzfassade versehen, der Sockel des Amtshauses besteht aus Sandstein. Die prächtigen Fenster, ganz in Bleiverglasung, zeigen die Wappen der Provinz Westfalen, der Herforder Landratsfamilie von Borries und des Amtmanns von Schütz, der im Obergeschoss des Hauses seine Dienstwohnung bezog. Als typische Architektur der Wilhelminischen Ära wurde durch das Amtshaus die herausgehobene Stellung der Obrigkeit gegenüber der Bürgerschaft betont. Zugleich sollte der stattliche Bau auch das Selbstverständnis der Bevölkerung des Amtes Ennigloh gegenüber der Stadt Bünde demonstrieren.

Neben der Wohnung des Amtmanns befand sich im Obergeschoss ein großzügig ausgestatteter Sitzungssaal. Die „Bureauräume“ für den Publikumsverkehr waren im Erdgeschoss, im Kellergeschoss waren die Wohnung des Amtsdieners, zwei Gefängniszellen sowie die Zentralheizung untergebracht.

Während der Zeit des Kaiserreiches war die Amtsvertretung konservativ ausgerichtet. Die überwiegende Mehrheit der Amtsvertreter kam aus der Gruppe der größeren Bauern (Kolone). In der Zeit der Weimarer Republik blieb die konservative Vorherrschaft in der Amtsvertetung ungebrochen. Aus den durch die Zigarrenindustrie geprägten Gemeinden, wie zum Beispiel Ennigloh oder Südlengern, gehörten aber auch einige Arbeiter der Amtsvertretung an. Nach 1945 gelang es der SPD dann jedoch eine Mehrheit in der Amtsvertretung zu erhalten und den Amtsbürgermeister zu stellen.

Als zum 1. Januar 1969 im Zuge der kommunalen Neuordnung die Stadt und das Amt Ennigloh nach mehr als 65 Jahren der Trennung wieder zusammengelegt wurden, fand die Unterzeichnung der entsprechenden Verträge im Sitzungssaal des Ennigloher Amtshauses statt. Bis zur Einweihung des neuen Bünder Rathauses im Januar 1982 beherbergte das Ennigloher Amtshaus Teile der Bünder Verwaltung. Seit dem Jahr 1983 ist das alte Amtshaus Domizil der Musikschule der Stadt Bünde. *Norbert Sahrhage*

Das Bünder Realgymnasium (heute: Gymnasium am Markt)

Marktstraße 12

Das Schulgebäude des Realgymnasiums am Markt

Der Auf- und Ausbau des höheren Bildungswesens in der Stadt Bünde stand in direktem Zusammenhang mit der expandierenden Zigarrenindustrie. Es waren Vertreter des zahlenmäßig stark angewachsenen Wirtschafts- und Bildungsbürgertums, die seit den 1880er-Jahren massiv auf die Schulpolitik Einfluss nahmen. Die Bemühungen um die Einrichtung einer höheren Schule in der Stadt Bünde gipfelten im Jahre 1906/7 im Bau eines neuen repräsentativen Schulgebäudes am Marktplatz. Das durch seinen Turm weithin sichtbare Gebäude wurde nach den Plänen des Bad Oeynhausener Architekten Schrammen von dem einheimischen Bauunternehmer Strunk erstellt. Die Fassade des einzügigen historisierenden Putzbaues, zum Pausenhof hin im Winkel angeordnet, war mit Jugendstilelementen verziert. Das Schulgebäude stellte das neue Domizil des Realprogymnasiums für Jungen dar, dessen Anfänge allerdings bereits im Jahre 1888 liegen.

Von den nicht dauerhaften und sehr bescheidenen Ansätzen um die Mitte des 19. Jahrhunderts einmal abgesehen, gehen die Anfänge eines höheren Schulwesens in der Stadt Bünde auf das Jahr 1882 zurück, als die Evangelische höhere Privattöchterschule ins Leben gerufen wurde. Die Initiative zu dieser Gründung war ebenfalls von Mitgliedern des Bünder Bildungs- und Wirtschaftsbürgertums ergriffen worden, die sich zu einem Verein zusammengeschlossen hatten, um eine exklusive Ausbildung für ihre Töchter durchzusetzen. Sehr rasch nach Einrichtung der Privattöchterschule sahen namhafte Mitglieder des Bünder Bürgertums die Notwendigkeit, auch die schulische Ausbildung für die Jungen zu verbessern. Da eine Reformierung der Bürgerschule nicht durchsetzbar erschien, konstituierte sich im Oktober 1887 ein Schulverein mit der selbstgestellten Aufgabe, eine private höhere Knabenschule zu gründen. Langfristig ging es den Vereinsmitgliedern darum, in Bünde ein Progymnasium zu errichten, da der in den Selekten der Bürgerschule erteilte Fremdsprachenunterricht – so argumentierte man – qualitativ nicht mehr ausreiche.

Ostern 1888 nahm die private Höhere Knabenschule mit den beiden Klassen Sexta und Quinta ihre Tätigkeit auf. Der Unterricht fand in der vom Zigarrenfabrikanten Fritz Wellensiek erworbenen und der Schule zur Verfügung gestellten Kapelle der aufgelösten Zionsgemeinde „Auf'm Rott" statt. Verwaltung und Beaufsichtigung der Höheren Knabenschule wurden von einem Kuratorium aus städtischen Honoratioren, darunter einige Zigarrenfabrikanten, und einem Schulverein, dem die Eltern der Kinder angehörten, wahrgenommen.

Im Jahre 1891 war der volle Ausbau der Schule, die bis zur Obertertia führte, erreicht. Entsprechend den unterschiedlichen Interessen der Eltern war die Schule ab der Untertertia in einen gymnasialen und einen realgymnasialen Zweig aufgeteilt worden. Einerseits sollte die Schule ihren Absolventen den Übergang zum Gymnasium und damit zu einem Universitätsstudium ermöglichen – hierzu war neben dem Erlernen der lateinischen Sprache auch griechischer Sprachunterricht notwendig. Andererseits bestanden viele Eltern auf „einer mehr realistischen Ausbildung" ihrer Söhne, insbesondere auf der Erteilung des Faches Englisch und eines erweiterten Mathematik- und Französischunterrichts. Ab der Untersekunda mussten die Bünder Schüler dann auswärtige höhere Schulen besuchen.

Im Jahr 1895 wurde die Schule auf Betreiben des Kuratoriums als städtische Schule auf den Kommunaletat übernommen. Drei Jahre später hatte die Schule etwa 80 Schüler, die als einmaliges „Einkaufsgeld" 30 Mark und als jährliches Schulgeld für den Besuch der Sexta und Quinta je 150 Mark, für den Besuch der übrigen Klassen jährlich je 200 Mark zahlen mussten. Bis dahin lehrten an der Schule vier wissenschaftliche Lehrer, unter anderem Friedrich Langewiesche, sowie ein Elementarlehrer. Mit der Erteilung des evangelischen Religionsunterrichts war ein Pfarrer nebenamtlich betraut.

Bereits wenige Monate nach Anerkennung der Ev. Höheren Stadtschule als öffentliche Schule beantragte das Kuratorium, diese durch die Einrichtung einer Sekunda weiter auszubauen, da die Schüler mit dem Versetzungszeugnis zur Obersekunda das sogenannte „Einjährige" erhielten, das ihnen im Unterschied zum regulären zweijährigen Wehrdienst die Möglichkeit einer verkürzten „einjährig-freiwilligen" Militärzeit geboten hätte.

Diese Ausbaupläne wurden wegen der finanziellen Bedenken des Mindener Regierungspräsidenten und des Herforder Landrates erst am 8. Juni 1904 genehmigt. Die Stadt musste sich allerdings verpflichten, keine Staatsmittel zu beanspruchen, in absehbarer Zeit ein neues Schulgebäude zu errichten und das Realprogymnasium hinsichtlich der Rekrutierung der Lehrkräfte und der Beschaffung der Lehrmittel den Anordnungen des Provinzialschulkollegiums zu unterstellen. Nachdem sich die Stadtverordnetenversammlung mit diesen Bedingungen einverstanden erklärt hatte, wurde zum Schuljahr 1905/6 die seit mehr als acht Jahren angestrebte Untersekunda eingerichtet und die Schule zudem als „militärberechtigte Anstalt“ anerkannt. Die weitere Entwicklung bestätigte die Bünder Schulpolitik. Parallel zur stetigen Bevölkerungszunahme sowohl in der Stadt Bünde als auch im Amt Ennigloh stieg die Zahl der Schüler des Realprogymnasiums von etwa 80 im Jahre 1898 auf 136 im Jahr 1906 und bis zum Jahre 1912 auf 194.

Von 1906 bis 1907 hatte die Stadt Bünde für das Realprogymnasium ein neues Schulgebäude am Markt errichten lassen, und da dieses moderne Gebäude bereits Raum für 360 Schüler bot, war der Ausbau der Schule zum Realgymnasium vorprogrammiert. So forderten die Festredner bereits anlässlich der Einweihungsfeier des neuen Schulgebäudes am 8. Januar 1908 die Weiterentwicklung der Schule zu einer Vollanstalt.

Das im Jahre 1909 verabschiedete neue Tabaksteuergesetz hatte im Vorfeld für Unruhe gesorgt, weil man erhebliche Absatzschwierigkeiten der heimischen Zigarrenindustrie befürchtete. Da der Bünder Magistrat die finanzielle Leistungsfähigkeit der Stadt in diesen Jahren sehr zurückhaltend beurteilte, wurde von den Ausbauplänen des Progymnasiums vorübergehend Abstand genommen. Nachdem der Höhepunkt der Krise jedoch überwunden war, stellte die Stadt Bünde im Jahre 1913 einen Antrag auf Erweiterung der Schule zum Realgymnasium.

Der „Bünder General-Anzeiger“ hatte am 19. März 1914 in einem Artikel noch einmal auf die Bedeutung des künftigen Realgymnasiums hingewiesen: „Bei dem heutigen Konkurrenzkampfe und den Ansprüchen, die an die geistige Bildung eines Menschen gestellet werden, ist es von Wichtigkeit, daß gerade auch den Bewohnern der mittleren und kleineren Städte die Möglichkeit gegeben wird, ihren Söhnen an Ort und Stelle eine Bildung zu geben, die ihnen zum Fortkommen durch das Leben hilft. ... Darin liegt auch ein gutes Stück Mittelstandspolitik.“

Nachdem der Bünder Magistrat den von der Aufsichtsbehörde geforderten Neubau einer in unmittelbarer Nähe der Schule gelegenen Turnhalle beschlossen hatte, wurde am 13. April 1914 vom zuständigen preußischen Minister die Genehmigung erteilt, das Realprogymnasium zu einem Realgymnasium auszubauen und Ostern 1914 die Obersekunda zu eröffnen. Die ersten Abiturprüfungen fanden dann während des Ersten Weltkriegs im November 1916 statt. Sofort nach Erhalt des Reifezeugnisses wurden die Schüler zum Militär einberufen.

Nach dem Zweiten Weltkrieg wurde die Oberschule für Jungen, wie das Realgymnasium seit 1938 hieß, in Neusprachliches Gymnasium umbenannt. Hatte bislang Latein im Mittelpunkt der Unterrichtspläne gestanden, so wurde nun Englisch Eingangssprache. Die stark ansteigenden Schülerzahlen machten im Jahre 1960 den Umzug der Schule vom alten Gebäude am Marktplatz in die neuerbaute Schule am Strotweg notwendig. Mit dem Wechsel ihres Domizils erhielt die Schule den Namen Freiherr-vom-Stein-Gymnasium. Sehr bald erwies sich auch das neue Schulgebäude am Strotweg als zu klein, sodass im Jahre 1976 ein erneuter Umzug in das Schulzentrum Bünde-Nord erfolgen musste.

Nachdem für das Jungengymnasium das neue Schulgebäude am Strotweg errichtet worden war, zog das Mädchengymnasium, das sich aus der Höheren Privattöchterschule entwickelt hatte, zu Beginn des Schuljahres 1961/62 in das Gebäude des alten Jungengymnasiums am Marktplatz ein. Seit dem Schuljahr 1973/74 wird im früheren Mädchengymnasium, das seit dieser Zeit Gymnasium am Markt heißt, koedukativer Unterricht erteilt.

Norbert Sahrhage

Die Hotels der „Tabaker“

Erst ein Hotel, später Rathaus: Das „Hotel Deutscher Kaiser“

Als Bünde durch die Zigarrenindustrie zum Anziehungsort für Tabakhändler aus ganz Deutschland und Holland wurde, erlebte auch das örtliche Hotelwesen einen starken Aufschwung. Teilweise konnte der Bedarf an Übernachtungsmöglichkeiten gar nicht gedeckt werden, so dass sich namhafte Zigarrenfabrikanten wie Tönnies Wellensiek für Erweiterungen und Erneuerungen in dieser Branche einsetzten.

Um die Jahrhundertwende gab es sieben gute Adressen, welche hauptsächlich in der Eschstraße oder in der Nähe des Bahnhofs lagen. An das „Central-Hotel“ und an den „Deutschen Kaiser“ in der Eschstraße können sich heute wohl nur noch ganz wenige Bünder erinnern, denn in diese beiden Gebäude zogen in den 1920er-Jahren das Finanzamt und das Rathaus ein. Das „Central-Hotel“ wurde später ganz abgerissen. Am Standort des früheren Hotels „Deutscher Kaiser“ steht heute das Möbelhaus Lange.

Das „Hotel Schierholz“ in der Eschstraße 10 wurde zum berühmtesten Treffpunkt der „Tabaker“. Es wurde in den 1890er-Jahren im Jugendstil erbaut und war danach 80 Jahre im Besitz der Familie Horst. Das „Schierholz“ war das einzige unter den älteren Hotels, das bis in die 1970er-Jahre betrieben wurde. Im Jahr 1976 fiel es Maßnahmen zur Bausanierung zum Opfer. Das Haus befand sich auf einem 2.000 qm großen Grundstück und hatte 30 Zimmer, die fast immer ausgebucht waren. Viele kannten es auch unter dem Namen „Tabakhaus“. Wenn sich drei oder mehr Rohtabaker, die in der einheimischen Bevölkerung auch „Fürsten“ genannt wurden, im Haus befanden, wurde eine Flagge ihrer Heimatregion, meistens

Zentrale der „Tabaker": Das Hotel Schierholz (1920er-Jahre)

Bremen oder Holland, gehisst. Die Tabakhändler wurden in der Regel vom Hausmeister per Kutsche vom Bahnhof abgeholt. Die häusliche Atmosphäre der Zimmer, die luftig, modern und mit eigenen Waschtischen ausgestattet waren, ermöglichten den „Tabakern" einen angenehmen Aufenthalt. Im großen Clubzimmer mit eingebauter Bühne war es für sie möglich Verhandlungen zu führen oder auch Feste zu veranstalten. Zudem war es für die Tabakhändler von großem Vorteil, dass das Hotel Schierholz einen eigens für sie angelegten Keller besaß. Eine Ecke von 1½ qm war mit rohen Ziegelsteinen verlegt, die regelmäßig vom Hausmeister mit Wasser übergossen wurden, so dass jeder Tabaker sein „Geheimnis" in einem der zehn Spinde einschließen konnte. Die Tabakblätter konnten von den Fabrikanten so geprüft werden, wenn sie noch ganz frisch waren. Jeder Bünder wusste nach einiger Zeit, dass die edel gekleideten Herren, die den Hoteleingang verließen, Rohtabak gekauft oder verkauft hatten.

Nach dem Zweiten Weltkrieg beschlagnahmte die britische Besatzungsmacht das Hotel Schierholz. Daraufhin wurde der „Lindenhof" am Bahnhof in der Hauptstraße 2 zum Stammhotel der „Tabaker". Dieses etwas kleinere Hotel mit acht Doppel- und Einzelzimmern war 1900 von Hermann Meyer erbaut worden und diente seitdem den Tabakern aus Bremen, Hamburg, Heidelberg und Holland als Unterkunft. Nach dem Tod ihres Mannes wurde es von Dora Meyer verpachtet, bis 1967 auch dort der Hotelbetrieb eingestellt wurde. Seit 1977 befindet sich dort ein italienisches Restaurant.

Weitere Hotels in der Nähe des Bahnhofs waren der „Großen Kurfürst", der „Westfälische Hof" und der „Gasthof zur Krone". Für die Tabakhändler waren diese Unterkünfte am

Das Hotel Schierholz in den frühen 1970er-Jahren
Der Eingang des „Central-Hotels" in der Eschstraße

Rohtabakhändler unter sich: Ein „Tabaker"-Treffen in Bremen

Bahnhof praktisch gelegen, denn sie besuchten von Bünde aus auch die umliegenden Ortschaften, wo die Tabakindustrie ebenso florierte. Bünde blieb aber stets der Mittelpunkt des Geschehens.

Doch bereits nach dem Ersten Weltkrieg, als Bad Oeynhausen für die meisten Tabaker zum attraktiveren Übernachtungsort wurde, hatte das Bünder Hotelwesen einen erheblichen Bedeutungsverlust erfahren. *Kirstin Büttner*

Der Stadtgarten

Steinmeisterstraße 15

Der Stadtgarten nach der Jahrhundertwende (um 1905)

Im Jahr 2000 kann der Bünder Stadtgarten auf ein 110-jähriges Bestehen zurückblicken. Er ist damit so etwas wie eine Bünder Institution. Das heutige Stadtgartengebäude wurde allerdings erst im Jahre 1958 errichtet, nachdem drei Jahre zuvor, am 17. Dezember 1955, das alte Gebäude nach einer Weihnachtsfeier britischer Soldaten in Flammen aufgegangen war.

Der historische Stadtgarten war im Jahre 1890 nach Plänen des Hannoveraner Architekten Christoph Hehl im Auftrag der „Stadtgarten-Bau-Gesellschaft" für insgesamt etwa 64.000 Mark gebaut worden. Diese Aktiengesellschaft hatte sich zwei Jahre zuvor, am 20. Juli 1888, auf Initiative der Schützengesellschaft unter dem Vorsitz des Zigarrenfabrikanten August Steinmeister gegründet. Die Mitglieder, reiche Bünder Bürger aus verschiedenen Vereinen, waren daran interessiert, repräsentative Räumlichkeiten für die zahlreichen Vereinsfeste, die „vaterländischen" Feiern sowie für Theateraufführungen und Konzerte zu schaffen. Zur Finanzierung des Gesellschaftshauses hatten die 53 Aktionäre unter anderem Anteile im Werte von 25.000 Mark gezeichnet. Zu den Aktionären gehörten auch die Zigarrenfabrikanten Richard André, Adalbert Grüter, Wilhelm Rentsch und August Wellensiek.

Die Architektur des alten Stadtgartengebäudes war noch durch den Klassizismus geprägt. Aus der Fassade stachen vornehmlich die Pilaster an den Gebäudeecken und die Lisenen aus rotem Klinker hervor. Die Fenster wiesen zudem die für die Neorenaissance typischen Gesimsformen auf.

Eine der vielen Gesellschaftsfeiern

Als Pächterin des Stadtgartens fungierte eine Bürgergesellschaft, die sich nach Fertigstellung des Gesellschaftshauses konstituiert hatte. Neben den beiden Sälen, die für größere Veranstaltungen genutzt werden konnten, unterhielten die Wirte auch eine ständige Gastronomie. Zu dem Gesellschaftshaus gehörte zudem ein großer parkähnlicher Garten, der vor allem im Sommer genutzt werden konnte. Die Bürgergesellschaft geriet allerdings im Jahre 1914 in finanzielle Schwierigkeiten und musste Konkurs anmelden, das gezeichnete Aktienkapital ging verloren. Das Gebäude wurde schließlich im Jahre 1915 von der Stadt Bünde gekauft und dann nach Kriegsende unterverpachtet. Während der großen Überschwemmung des Jahres 1918 diente der Stadtgarten der Firma Cordes als Trockenraum für die nassgewordenen Pappen.

In der Zeit des Wilhelminischen Reiches und der Weimarer Republik bildete der Stadtgarten mit seinen Sälen den Mittelpunkt der bürgerlichen Festkultur der Stadt Bünde. Die örtlichen Militärvereine, die Schützengesellschaft und die bürgerlichen Sportvereine veranstalteten hier ihre Stiftungsfeste. Auch die „vaterländischen“ Feiern, angefangen bei den Sedansfeiern während der Zeit des Kaiserreiches, aber auch die Feiern anlässlich diverser Jubiläen des preußischen Herrscherhauses fanden zumeist im Stadtgarten statt. So hielten die Bünder Militärvereine und die bürgerlichen Turn- und Gesangvereine sowie die Sanitätskolonne am Abend des 9. März 1913 im Stadtgartensaal eine Feier zur Erinnerung an die 100-jährige Wiederkehr der „Erhebung Preussens“ im Jahre 1813 ab, die aus einer Festrede, Ge-

Englische Clubatmosphäre: Die Gastronomie im Stadtgarten

sangvorträgen sowie turnerischen und theatralischen Darbietungen bestand. Noch imposanter wurde das 25-jährige Regierungsjubiläum Wilhelms II. im Juni 1913 gefeiert, als auf der Stadtgartenwiese Freikonzerte stattfanden und Turnspiele durchgeführt wurden.

In der Endphase der Weimarer Republik war der Stadtgarten Veranstaltungsort großer politischer Versammlungen, teilweise mit mehreren Tausend Besuchern. Es sprachen unter anderem die Nationalsozialisten Gottfried Feder, Gregor Strasser und der Gauleiter Westfalen-Nord, Dr. Meyer, aber auch der Sozialdemokrat Carl Severing und der Deutschnationale Alfred Hugenberg.

Um den Stadtgarten noch besser als Gartenlokal nutzen zu können, wurden zu Beginn der 1930er-Jahre die Veranda renoviert, eine Tanzdiele im Freien errichtet und ein Regendach installiert. In den Jahren 1935/36 erfolgte dann nach Plänen des Bünder Architekten Peter Erping für etwa 75.000 Reichsmark die notwendige Erneuerung der Inneneinrichtung. Im „Dritten Reich" stand der Stadtgarten im Mittelpunkt der örtlichen, nunmehr nationalsozialistischen Festkultur. Hier wurden in großem propagandistischem Rahmen unter anderem die Feiern zum 1. Mai, zum „Heldengedenktag" und zum Geburtstag Adolf Hitlers zelebriert.

Nach dem Ende des Zweiten Weltkriegs beschlagnahmte die englische Besatzungsmacht auch das Stadtgartengebäude, die in Bünde einen Teil ihrer „Control Commission for Germany" unterbrachte.

Norbert Sahrhage

Die Sparkasse der Stadt Bünde

Der „Glass-Palast": Sitz der Sparkasse Bünde von 1933 bis 1972

Schon seit dem Jahre 1847 gab es in Bünde eine Sparkasse, da die im Jahr zuvor gegründete Kreissparkasse Herford hier eine Zweigstelle eröffnet hatte. Doch diese von der Kaufmannsfamilie Höpker nebenamtlich geleitete und in ihren Geschäftsräumen in der Kirchstraße ansässige Spareinrichtung genügte den Bündern offensichtlich nicht. Vielmehr strebten sie seit spätestens 1872 die Gründung eines eigenen Sparinstituts an. Dafür gab es mehrere Gründe. Zum Ersten hatte die Bünder Zweigstelle nur eingeschränkte Kompetenzen, denn sie konnte lediglich Einlagen in Höhe bis zu 20 Talern annehmen. Zum Zweiten war die Kreissparkasse Herford natürlich in erster Linie ihrem Gewährsträger, dem Kreis Herford, und nicht der Stadt Bünde verbunden. Als Ergebnis flossen die in der Bünder Zweigstelle gesammelten Spargelder in erster Linie in den Kreis. Der wichtigste Grund war jedoch vermutlich, dass mit dem Aufschwung der Zigarrenindustrie das Bünder Selbstbewusstsein gestiegen war. Jetzt wollte man sich von Herford emanzipieren und sah sich auch in der Lage der Herforder Kreissparkasse ein Konkurrenzunternehmen gegenüberzustellen.

Doch so sehr man seine Eigenständigkeit gegenüber Herford betonen wollte, es zeigte sich bald, dass gut Ding Weile haben musste: Noch 20 Jahre zogen ins Land, bis die Sparkasse der Stadt Bünde eröffnet werden konnte. Die Gründerkrise sowie Schwierigkeiten bei der Beschaffung eines Tresors standen im Wege und führten zu einer Verzögerung. Erst Anfang der 1890er-Jahre wurde das Projekt einer Bünder Sparkasse wieder aufgenommen. Etwa 120

Bis 1972 auf getrennten Wegen: Ehemalige Hauptzweigstelle der Kreissparkasse an der Bahnhofstraße (heute Stadtbücherei)

Bünder Bürger hatten einen entsprechenden Antrag an die Stadtverordnetenversammlung gestellt. Der Antrag erhielt die tatkräftige Unterstützung des Bürgermeisters wie namhafter Zigarrenfabrikanten, die sich zum Teil sogar in das Kuratorium wählen ließen. Schließlich konnte am 18. Februar 1892 der Kaufmann Adolf Rautenberg zum Rendanten, – zum Leiter der städtischen Sparkasse – verpflichtet und in sein Amt eingeführt werden. Am 31. März 1892 eröffnete dann die Sparkasse der Stadt Bünde ihre Pforten, wobei als Kassenraum vermutlich das Geschäftslokal Rautenberg diente.

Gleich am ersten Tag zeigte sich, wie groß das Bedürfnis der Bünder nach einer Sparkasse war und wie viel Geld hier in den Sparstrümpfen gelegen hatte: Am Eröffnungstage wurden 45 Sparbücher eingerichtet und 12.800,12 Mark eingezahlt. Zum Ende des ersten Geschäftsjahres waren diese Einlagen auf 152.000,– Mark angewachsen. Aber nicht nur der Sparwille der Bünder war außerordentlich, sondern auch ihr Kreditbedürfnis. Wenngleich die Sparkasse in erster Linie gegründet worden war, um die Notgroschen sicher und zu einigen Zinsen anlegen zu können, so vergab sie doch auch erhebliche Kredite. Schon im ersten Jahre wurden rund 2/3 der Einlagen wieder als Kredite ausgelegt, wobei die Sparkasse dabei sogar auf ein Lombarddarlehnen der Reichsbankstelle Minden zurückgreifen musste.

Doch so sehr das Geschäft blühte und die heimische Industrie wie die Stadt von dem neuen Kreditangebot profitieren konnte, so sehr muss man sich auch vor Augen halten, dass die damalige Sparkasse der Stadt Bünde nicht mit einem ausgewachsenen Kreditinstitut von heute verwechselt werden darf. Abgesehen davon, dass den Sparkassen erst im Jahre 1909 die passive Scheckfähigkeit zugestanden wurde und sie somit erst ab diesem Zeitpunkt in den Überweisungs- und Scheckverkehr eingebunden waren, wurde die Bünder Sparkasse anfangs nur nebenamtlich geführt. Auch waren die Geschäftslokale recht klein und zumeist in den Geschäftsräumen des Rendanten untergebracht. Entsprechend residierte die Bünder Sparkasse von 1894 bis 1906 im Hause des Konfektionsgeschäftes Wilhelm Biermann, Eschstraße/ Ecke Wehmstraße. Im Jahre 1906 bezog sie unter dem Rendanten Hermann Uhlenbruch das Hohengarten'sche Haus in der Fünfhausenstraße. Von 1912 bis 1932 befanden sich die Räume der Sparkasse im Hause des Kaufmannes Gustav Meyer in der Eschstraße 27.

Insgesamt war das eine mehr als unbefriedigende Situation. Deshalb wurde schon seit 1919 über Verbesserungsmöglichkeiten nachgedacht. Schließlich war nicht zu bestreiten, dass für Einlagen von 16 Mio. Mark (Ende 1918) ein Kassenraum von 13,5 qm, wie er im Hause des Kaufmanns Meyer zur Verfügung stand, nicht ausreichte – selbst wenn nach und nach alle verfügbaren Räume in diesem Hause von der Sparkasse belegt wurden. Doch bis zur Vergrößerung der Räumlichkeiten sollte noch einige Zeit vergehen. Während der Inflationszeit war an einen Neubau kaum zu denken. Im Anschluss an die Inflation verboten sich solche Gedanken von selbst: Schließlich hatten sich gerade die hart ersparten Groschen der Bünder Bürger in Luft aufgelöst. Erst im Jahre 1930 wurde mit dem Kauf der Rentsch'schen Besitzung in der Eschstraße 37 ein erster Schritt zu einem eigenen Sparkassengebäude getan. Hier wurde ein großzügiger Neubau errichtet, der später im Volksmund nach dem Sparkassendirektor Wilhelm Glass (1920-1952) „Glass-Palast" getauft wurde. Neben dem unbestreitbaren Bedürfnis nach eigenen und größeren Räumlichkeiten wird bei dieser Entscheidung aber auch die damalige Wirtschaftskrise eine Rolle gespielt haben: Bei der hohen Arbeitslosigkeit, die seiner Zeit auch unter den Bünder Zigarrenarbeitern herrschte, war eine Arbeitsbeschaffungsmaßnahme durchaus angebracht.

Der zweistöckige Neubau, der am 10. Juli 1933 für den Kundenverkehr eröffnet wurde, war – vor allem im Vergleich zum Haus Meyer – ein großzügiges und imposantes Gebäude. Der Düsseldorfer Architekt Tietmann, der sich kurz zuvor mit der Oetkerhalle in Bielefeld in der Region einen Namen gemacht hatte, war hierbei den künstlerischen Strömungen der Zeit gefolgt. Schlicht und funktional, sachlich und fast kantig war dieser Neubau dem modernen Zeitgeist verpflichtet. Das hatte zwar anfänglich zu einigem Stirnrunzeln in Bünde geführt, ist aber letztendlich doch als sich dem Stadtbild hervorragend anpassend von der Bünder Bevölkerung akzeptiert worden.

Der „Glass-Palast" steht heute noch. Zwar hat er im Jahr 1955 einen gründlichen Umbau und eine erhebliche Erweiterung erfahren, da die Geschäftslokale zu diesem Zeitpunkt wieder einmal der stetigen Expansion der Bünder Sparkasse angepasst werden mussten. Allerdings ist dort nicht mehr der Sitz der Sparkasse Bünde: Um die Leistungsfähigkeit des Sparkassenwesens im Kreis Herford zu stärken, hatte sich die Sparkasse Bünde im Jahr 1972 mit der Kreissparkasse Herford zur Kreissparkasse Herford-Bünde zusammengeschlossen. Seit der Fusion der Kreissparkasse mit der Stadtsparkasse Herford im Jahre 1995 ist dort eine Zweigstelle der Sparkasse Herford.

Monika Dickhaus

Bünder Bank GmbH – DANAT-Bank Bünde – Dresdner Bank Bünde

Die Filiale der Dresdner Bank, vormals Filiale der Darmstädter- und Nationalbank (1935)

Gegen Ende des 19. Jahrhunderts war Bünde als Bankplatz noch unterentwickelt. Da Bünde bis Mitte des 19. Jahrhunderts klein, ländlich und recht arm war, hatten sich hier große Kapitalien nur im Zusammenhang mit dem Aufstieg der Zigarrenindustrie angesammelt, die jedoch für Finanzoperationen nicht zur Verfügung standen. Entsprechend hatte Bünde, bis auf das kleinere, im Jahr 1891 errichtete Privatbankgeschäft Horstmann & Fehr, kein richtiges Kreditinstitut vorzuweisen. Zwar gab es hier eine Zweigstelle der Kreissparkasse Herford und die *Sparkasse der Stadt Bünde*, doch waren diese beiden Institute noch nicht als Banken anzusprechen. Denn wenn die beiden Sparkassen auch mit Kredit aushelfen konnten, so durften sie doch weder im Scheck- noch im Überweisungsverkehr tätig sein. Erst im Jahr 1909 wurde den Sparkassen die passive Scheckfähigkeit verliehen. Der Zahlungsverkehr, der häufig mit ausländischen Plätzen, etwa dem Handelsplatz für Rohtabak in Amsterdam, abgewickelt werden musste, war entsprechend mühsam.

Um der Bünder Zigarrenindustrie sämtliche Bankdienstleistungen anbieten zu können, wurde im Jahr 1899 eine Geschäftsbank, die „Bünder Bank GmbH", gegründet. Dabei musste man zu einem beträchtlichen Teil auf auswärtiges Finanzkapital zurückgreifen. Das wurde jedoch bereitwillig von Bielefeld (Westfälische Bank), Minden (Mindener Bankverein) und Herford (Herforder Diskonto-Bank) zur Verfügung gestellt, wobei ein größerer Einfluss auf die Geschäftspolitik offensichtlich nicht beansprucht wurde. Diese wurde nämlich den eingesessenen Bünder Kaufleuten Carl Eggersmann und Adolf Rautenberg übertragen, die an dem neuen Bankgeschäft mit einer Einlage beteiligt waren.

Am 29. März 1899 eröffnete die Bünder Bank GmbH ihr Geschäftslokal in der Eschstraße 28 im Haus der Fa. F.W. Eggersmann, die sich schon im Jahr 1840 als Detailgeschäft in Kolonial- und Eisenwaren dort niedergelassen hatte und somit eine der ältesten Firmen in Bünde war. Die Bünder Bank bot der hiesigen Industrie von Anfang an alle „in das Bankfach einschlagenden Geschäfte" an. Doch wenn sie damit auch eine empfindliche Lücke schloss, so waren die ersten Jahre keineswegs einfach. Im gleichen Jahre, in dem die Bünder Bank ihre Schalter öffnete, erwuchs ihr nämlich eine starke Konkurrenz in Form der „Bünder Bank – Filiale der Osnabrücker Bank", die sich in der Eschstraße 27 niedergelassen hatte. Allerdings konnte letztendlich das Bünder Eigengewächs diesen Konkurrenzkampf klar gewinnen und schon 1907 hatte die Osnabrücker Bank ihre Pforten wieder geschlossen.

Auch wenn sich die Bünder Bank erfolgreich gegen die Osnabrücker Bank verteidigt hatte, war ihr dennoch kein langes Leben beschert. Nach dem Ersten Weltkrieg musste sie schließen – unter Umständen, die fast einem kleinen Wirtschaftskrimi gleichkamen. Zunächst eröffnete im Jahr 1918 der „Barmer Bankverein Hinsberg, Fischer & Comp." eine Zweigniederlassung in der Eschstraße 39a. Das Interesse dieser rheinischen Großbank an einer Bünder Zweigstelle rührte wohl daher, dass sie Absichten hatte die Bünder Bank zu übernehmen – in Zeiten großer Geldflüssigkeit ein sehr sinnvolles Geschäft. Dazu kam es auch: Anfang September 1919 konnte der Barmer Bankverein die Bevölkerung informieren, dass er sämtliche Anteile der Bünder Bank GmbH erworben habe, die er jedoch als Bünder Bank weiterführen wolle. Diese Übernahme muss ohne Zweifel als eine „feindliche" bezeichnet werden, denn die Geschäftsführer der Bünder Bank waren damit keineswegs einverstanden. Und wenn sie diese Übernahme auch nicht verhindern konnten, so vermochten sie sich doch auf längere

Sicht gegenüber den Eindringlingen aus dem Rheinland durchsetzen. Zur gleichen Zeit wurde nämlich die Bevölkerung davon in Kenntnis gesetzt, dass die Deutsche Nationalbank in Bremen eine Zweigstelle eröffnen würde, und zwar in der Eschstraße 28a, dem mittlerweile um einen Anbau erweiterten Eggersmann'schen Haus. Nicht genug damit: Als verantwortliche Direktoren zeichneten Adolf Rautenberg und Carl Eggersmann, die ehemaligen Geschäftsführer der Bünder Bank GmbH, die sich von den Barmern nicht hatten einkaufen lassen.

Ihres alten Geschäftslokals beraubt war die Bünder Bank gezwungen in die Eschstraße 39a ziehen. Dort jedoch konnte sie nur noch ein kurzes Dasein fristen. Schließlich tätigte im gleichen Haus der Barmer Bankverein seine Geschäfte und zwei Banken im gleichen Hause waren ökonomisch nicht rentabel, zumal die Bünder es vorzogen, den angestammten Geschäftsräumen und vor allem Rautenberg und Eggersmann treu zu bleiben. Das Ergebnis war, dass die Bünder Bank Anfang 1920 liquidierte. Aber auch die Filiale des Barmer Bankvereins konnte sich langfristig in Bünde nicht durchsetzen und schloss im Jahr 1925 ihre Pforten.

Auf Kundenwerbung: Die Bünder Filiale der Osnabrücker Bank (1900)

Das Bankhaus in der Eschstraße 28a jedoch blieb bestehen und gedieh. Allerdings wurde der Name im Verlauf der Jahre mehrmals geändert. Im Jahr 1921 wurde die Deutsche Nationalbank Bremen von der in Berlin ansässigen Nationalbank für Deutschland übernommen. Im darauf folgenden Jahr ging die Nationalbank für Deutschland in der Bank für Handel und Industrie, Darmstadt, auf. Es entstand die Darmstädter und Nationalbank, auch DANAT-Bank genannt. Die Bünder mussten sich schon wieder an einen neuen Namen gewöhnen. Im Jahr 1932 wurde die DANAT-Bank schließlich mit der Dresdner Bank zusammengelegt, sodass seit diesem Zeitpunkt die Eschstraße 28a als Dresdner Bank Filiale Bünde firmiert.

Monika Dickhaus

Die Reichsbanknebenstelle Bünde

bzw. Zweigstelle Bünde der Landeszentralbank Nordrhein-Westfalen

Eschstraße 50

Das Gebäude der Reichsbanknebenstelle Bünde in der Eschstraße

Im Jahre 1901 wurde in Bünde eine Nebenstelle der Reichsbank errichtet. Damit war das kleine Bünde ein „Bankplatz" geworden und blieb ein solcher bis in die 1990er-Jahre. Dass Bünde ein Bankplatz wurde, war vor allem den wiederholten Eingaben zu verdanken, die die Bünder Zigarrenindustrie seit den 1890er-Jahren an die Reichsbank gerichtet hatte. Die Zigarrenfabrikanten hielten die Errichtung einer Reichsbanknebenstelle für notwendig, denn mit dem schnellen Aufschwung der Bünder Zigarrenindustrie hatte die Entwicklung des Bünder Banksektors zu Anfang nicht mitgehalten. Zwar bestanden in Bünde seit 1847 eine Zweigstelle der Kreissparkasse Herford und seit 1892 die *Sparkasse der Stadt Bünde.* Doch bis zum Jahr 1899 gab es hier kein finanzkräftiges Kreditinstitut, das im Zahlungs-, Scheck- und Wechselverkehr aktiv sein konnte. Entsprechend war der nationale wie internationale Zahlungsverkehr sehr problematisch, während es gleichzeitig unmöglich war, Wechsel auf Bünde zu ziehen.

Die Nebenstelle der Reichsbank war jedoch nicht nur im Zahlungs-, Scheck- und Wechselverkehr aktiv und vergab Kredite, sondern sie beobachtete und begleitete auch das Bünder Bankwesen. Schließlich war dieser Sektor seit dem Ausgang des 19. Jahrhunderts ausgesprochen lebendig. Nach einer langen Zeit der Ruhe ließen sich nun mehrere Banken in der Stadt nieder, die jedoch zum Teil wieder ihre Schalter schließen mussten.

Dem Drängen der Bünder Zigarrenfabrikanten nach einer Zweigstelle hatte die Reichsbank recht schnell stattgegeben: Im Jahre 1901 eröffnete sie in der Eschstraße 39a ihre Pforten. Zwar handelte es sich dabei nur um eine unselbständige Nebenstelle der Reichsbank, die der Mindener Hauptstelle unterstand. Doch war das recht unwichtig. Schließlich war selbst dem sehr viel größeren Herford nur eine Reichsbanknebenstelle zugesprochen worden, die Bielefeld unterstellt war.

Die Bünder Reichsbanknebenstelle war zunächst klein und unbedeutend. In dem angemieteten Gebäude arbeiteten nur ein Bankvorstand und ein Kassendiener, die anfänglich lediglich 18 Konten verwalteten. Im Verlauf der Zeit jedoch expandierte sie erheblich, konnte sogar fast an die Reichsbankhauptstelle Minden heranreichen und Reichsbanknebenstellen in weitaus größeren Städten wie Lemgo, Passau und Aschaffenburg überflügeln. Kurz vor Ausbruch des Ersten Weltkrieges war deshalb eine Vergrößerung des Geschäftslokals erforderlich und dementsprechend ein Umzug notwendig.

Im Jahre 1911 kaufte die Reichsbank von Richard André's Erben das 1878 errichtete Anwesen Eschstraße 50 und baute es für ihre Zwecke um. Geldzähler, Tresore und Aktenkammern wurden eingebaut. Im zweiten Stock wurde eine Wohnung für den Reichsbankdirektor und seine Familie eingerichtet. Das repräsentative Haus Eschstraße 50 kann als die Verkörperung des Bankplatzes Bünde angesehen werden. Schließlich hat dieses Gebäude für über 80 Jahre – erst als Reichsbanknebenstelle, dann als Zweigstelle Bünde der Landeszentralbank Nordrhein-Westfalen bzw. der Deutschen Bundesbank – die Bünder Repräsentanz der deutschen Zentralbank beherbergt.

Das klassizistische Gebäude hat die Entwicklung der Zigarrenstadt Bünde geldwirtschaftlich begleitet und in dieser Funktion einiges erlebt. Im Ersten Weltkrieg wurde hier das für „Verteidigungszwecke" benötigte Gold der Bünder Bürger eingesammelt. In der Inflation mussten hier Unmengen von Geldscheinen bewältigt werden. Auch beobachtete man das Eindringen des Barmer Bankvereins und den Konkurrenzkampf zwischen den Bünder Banken. Schließlich wurden die Turbulenzen der Bankenkrise von 1931, in der über eine Schließung der Bünder Filiale der DANAT-Bank nachgedacht wurde, von hier aus begleitet. Im „Dritten Reich" wurden die Bünder Zigarrenfabrikanten aus der Eschstraße 50 über die immer schärfer werdenden Devisenvorschriften informiert. Nach dem Zweiten Weltkrieg trug man von hier aus dazu bei, der Geldwertstabilität Geltung zu verschaffen und auf diese Weise den Wiederaufbau zu ermöglichen.

Aber von der Eschstraße 50 gingen nicht nur Vorschriften und Regeln über den Geldverkehr aus. Vielmehr war hatte das Gebäude den wohl am besten bewachten Tresor in der Stadt. Es oblag dem Bankdirektor, der mit seiner Familie direkt über den Kassen- und Tresorräumen der Reichsbank wohnte, über die dort verwahrten Reichtümer zu wachen. Zu diesem Zweck war das Schlafzimmer über ein Hörrohr direkt mit dem Tresorraum verbunden. Erst in späteren Jahren sind diese Sicherheitsvorschriften aufgegeben worden und der Filialdirektor konnte ein bankeigenes Wohnhaus beziehen, das in direkter Nachbarschaft lag (Eschstraße 52).

Den Bankplatz Bünde gab es bis in die 1990er-Jahre. Dann wurde die Filiale im Zuge der Rationalisierung des deutschen Zentralbankwesens geschlossen. *Monika Dickhaus*

Konsum-Verein Bünde-Lübbecke und Umgegend

Gasstraße 34

Ein Vorgänger des „Marktkauf": Das Gebäude des Bünder Konsum-Vereins (um 1930)

Das in der Gasstraße gelegene Gebäude des Konsum-Vereins Bünde-Lübbecke und Umgegend stellte einen zentralen Bereich des Bünder Arbeitermilieus dar. Für viele Zigarrenarbeiterfamilien bot der „Konsum" mit seinen zahlreichen Verteilungsstellen nicht nur die Möglichkeit des preisgünstigen Einkaufs vor allem von Lebensmitteln, er war zugleich auch ein Ort, an dem man sich traf und Kontakte pflegte. Der Bünder Einzelhandel hingegen sah den Konsum wegen seiner überlokalen und genossenschaftlichen Organisationsform und den damit verbundenen Wettbewerbsvorteilen als unbequeme Konkurrenz.

Der am 13. Mai 1899 mit zunächst 60 Mitgliedern gegründete „Konsum-Verein Bünde und Umgegend" war eine Genossenschaft mit beschränkter Haftpflicht. Der Zweck des Vereins bestand darin, Waren in großen Mengen preisgünstig einzukaufen und sie in kleineren Mengen an die eingeschriebenen Mitglieder, die zumeist aus der Arbeiterschaft stammten, zu möglichst niedrigen Preisen weiterzuverkaufen. Wer Mitglied werden wollte, musste einen Anteilschein des Konsumvereins erwerben. Die Geschäftsanteile wurden verzinst, die Gewinne des Konsumvereins jährlich an die Mitglieder entsprechend des Wertes der von ihnen im betreffenden Jahr gekauften Waren ausgeschüttet. Nachdem der Bünder Konsum-Verein zunächst in der Feldstraße beheimatet gewesen war, hatte der Verein im Jahre 1908 in der Gasstraße im Stil der Backsteingotik ein eigenes Gebäude errichtet, das in den folgenden Jahren durch mehrere Anbauten erweitert wurde.

Der Konsum-Verein hatte großen Zulauf, die Anzahl der Mitglieder nahm stetig zu. Im Jahr 1915 zählte die Genossenschaft bereits 1.770 Mitglieder. Seit 1901 unterhielt der Verein für seine Mitglieder auch eine Sparkasse, später wurde dem Verein noch eine Sterbekasse angegliedert. Bereits vor dem Beginn des Ersten Weltkriegs stellte die Konsumgenossenschaft damit in der Bünder Region ein Unternehmen beachtlicher Größe dar. Hauptamtlicher Geschäftsführer des Bünder Konsum-Vereins war Heinrich Kruse. Die Geschäftsführung wurde von einem von den Mitgliedern gewählten Aufsichtsrat kontrolliert, dem seit den 1920er-Jahren der Gewerkschaftssekretär Karl Menke vorstand.

Der Bünder Konsum-Verein beschränkte sich nicht nur auf den Einkauf und die Verteilung von Waren, sondern betrieb seit 1908 eine eigene Dampfbäckerei, die in der zweiten Hälfte der 1920er-Jahre zu einer Großbäckerei erweitert wurde, nachdem im Jahre 1924 eine Fusion mit dem Konsumverein Lübbecke erfolgt war. Das Verbreitungsgebiet des Konsum-Vereins erstreckte sich jetzt auf die beiden Landkreise Herford und Lübbecke mit nunmehr insgesamt 39 Läden (= Verteilungsstellen), 26 davon befanden sich in Bünde und Umgebung, 13 im Kreis Lübbecke. Zu den im engeren Gebiet der Stadt Bünde und der Gemeinde Ennigloh eingerichteten Filialen der Konsumgenossenschaft zählten unter anderem die Ennigloher Filialen in der Wilhelmstraße 104 (vor 1914 gegründet), Oberennigloh 42 (1931 gegründet) sowie in Bünde die Filiale Bahnhofstraße 31 (1909 gegründet). Die Konsumgenossenschaft Bünde-Lübbecke, der Ende der 1920er-Jahre bei einem Jahresumsatz von ca. zwei Millionen Reichsmark etwa 6.500 Mitglieder angehörten, unterhielt zudem noch eine Kafferösterei und eine Schrotmühle. Im Jahre 1931 umfassten die Einlagen der der Konsumgenossenschaft angegliederten Sparkasse mehr als 730.000 RM. Anfang der 1930er-Jahre beschäftigte die Konsumgenossenschaft etwa 70 Mitarbeiterinnen und Mitarbeiter und unterhielt einen Fuhrpark von vier Lastwagen, einem Personenwagen sowie einem Pferdegespann.

Die Konsumgenossenschaft war personell eng mit der SPD verzahnt. Geschäftsführer Heinrich Kruse und Aufsichtsratsvorsitzender Karl Menke saßen als Vertreter der SPD im Herforder Kreistag, der Lagerverwalter der Konsumgenossenschaft, Heinrich Schmidt, war Mitglied des Unterbezirksvorstandes der SPD, gehörte während der Zeit der Weimarer Republik der Bünder Stadtverordnetenversammlung an und war Vorsitzender der Eisernen Front.

Nach der „Machtergreifung“ durch die Nationalsozialisten waren die wirtschaftlich intakten Konsumgenossenschaften ein begehrtes Ziel der Deutschen Arbeitsfront. Auch die Konsumgenossenschaft Bünde-Lübbecke wurde von der Deutschen Arbeitsfront mit dem Ziel übernommen, sie allmählich zu liquidieren, da man vor 1933 den Konsumgenossenschaften den Kampf angesagt hatte, um den Mittelstand zu schützen. Weil man die Arbeiterschaft für die Ziele der neuen Regierung gewinnen wollte, wurde die Auflösung der Konsumgenossenschaften allerdings nur sehr langsam betrieben. Die Bünder Konsumgenossenschaft blieb noch bis zum Jahre 1942 bestehen, wurde allerdings in „Verbraucher-Genossenschaft Bünde i.W.“ umbenannt und „gleichgeschaltet“: Eine große Anzahl der hier beschäftigten Sozialdemokraten wurde dabei entlassen. Als neuer Geschäftsführer der Verbraucher-Genossenschaft fungierte nunmehr der Bünder NSDAP-Ortsgruppenleiter Hillgruber.

Unmittelbar nach dem Ende des „Dritten Reiches“ wurde die Konsumgenossenschaft Bünde-Lübbecke wieder belebt. Sie konnte ihre Tätigkeit wieder aufnehmen, lange bevor die britische Militärregierung im Jahre 1954 das von den Nationalsozialisten beschlagnahmte Vermögen zurückerstattete. In den 1950er-Jahren erlebte die Konsumgenossenschaft Bünde-Lübbecke eine äußerst positive Entwicklung. Man betrieb wieder 65 Läden, die Umsatzzahlen stiegen von Jahr zu Jahr. Die 1960er-Jahre standen dagegen unter einem anderen Vorzeichen: Nicht nur die Konkurrenz durch Einzelhandelsketten und Verbrauchermärkte wuchs in starkem Maße, auch die ideelle Bindung der Arbeiterschaft an die Genossenschaften ging zurück. Im Juni des Jahres 1965 kam schließlich das Aus für die eigenständige Konsumgenossenschaft Bünde-Lübbecke, als man sich, um konkurrenzfähig zu bleiben, mit den Konsumgenossenschaften Bielefeld, Gütersloh und Herford zur Konsumgenossenschaft Ostwestfalen-Lippe vereinigte, aus der dann später die „co op Ostwestfalen“ hervorging.

Das Gebäude in der Bünder Gasstraße stand zunächst einige Zeit leer und wurde nach dem Verkauf Ende der 1970er-Jahre abgerissen. Das abgeräumte Gelände ist dann ab 1980 mit Wohnhäusern bebaut worden.

Norbert Sahrhage

Nach dem Krieg auf Wachstumskurs: Ein Teil der Mitarbeiter und des Fuhrparks der Konsumgenossenschaft in den 1950er Jahren

Das Deutsche Tabak- und Zigarrenmuseum, Striedieckscher Hof

Fünfhausenstraße 8-12

Ansprachen zur Eröffnungsfeier des Tabakmuseums im Mai 1937

Auf Initiative des Bünder Bürgermeisters Dr. Richard Moes und mit Unterstützung des Kreisheimatbundes wurden am 9. Mai 1937 in der Stadt Bünde das Kreisheimatmuseum und das Deutsche Tabak- und Zigarrenmuseum eingeweiht. Träger des Kreisheimatmuseums war – wie der Name bereits sagt – der Landkreis Herford, das Tabak- und Zigarrenmuseum wurde hingegen von der Stadt Bünde finanziert und unterhalten. Das kombinierte Museum wurde im Striedieckschen Hof, einem der ältesten Anwesen der Stadt, untergebracht. Das zweiflügelige Fachwerkhaus mit dem Krüppelwalmdach war im Jahre 1828 von Friedrich Install und Luise Striedieck errichtet worden. Ursprünglich befanden sich im südlichen Kammergefach die Wohnräume der Familie, im nördlichen, durch einen Querflügel ergänzten Trakt waren die Stallungen und der Heuboden untergebracht. Als die Familie Striedieck, eigentlich eine Ackerbürgerfamilie, nach 1870 zur Zigarrenfabrikation überging, wurde der Querflügel umgebaut: Es entstanden Produktionsräume für Zigarrenmacher und Sortierer, ein Raum für Büropersonal sowie ein Lagerraum.

Ein Ausstellungsraum mit Arbeitstisch und Wickelformpressen

Die Stadt Bünde erwarb die Striedieckscshe Hofanlage Anfang der 1930er-Jahre. In der Zeit des „Dritten Reiches“ bezog die Hitlerjugend Räume des Hauptgebäudes. Die beiden Museen kamen dann im Jahr 1937 in den übrigen Räumen unter.

Die Eröffnung des Kreisheimatmuseums und des Tabak- und Zigarrenmuseums fand im Rahmen der Bünder Heimattage statt, die am 8. und 9. Mai 1937 gefeiert wurden. Das Kreisheimatmuseum beherbergte vor allem die von dem Bünder Oberschullehrer Friedrich Langewiesche in vielen Jahren gesammelten Fossilien und Bauernmöbel. Das von Dr. Moes initiierte Tabak- und Zigarrenmuseum war unter anderem von den ortsansässigen Zigarrenunternehmen Steinmeister & Wellensiek, Kessing & Thiele, Arnold André, Gebrüder Bastert, Bruns & Schreyer, August Schuster und Ernst Spengemann mit Exponaten ausgestattet worden. Dem aus der Stadt Breslau stammenden Bürgermeister war aufgefallen, dass interessierte auswärtige Besucher in der Stadt Bünde – trotz der hier zahlreich vorhandenen Zigarrenfabriken – keine anschaulichen Informationen über die Entwicklung und die wirtschaftsgeschichtliche Bedeutung der heimischen Zigarrenindustrie erhalten konnten.

Die ursprüngliche Konzeption des Tabak- und Zigarrenmuseums umfasste drei Abteilungen: eine kulturgeschichtliche Abteilung, eine wirtschaftsgeschichtliche Abteilung und eine heimatgeschichtliche Abteilung. Die Sammlung des Tabak- und Zigarrenmuseums wurde in den Folgejahren durch die Museumsleiter Karl Paetow und Eberhard Pannkoke weiter ergänzt, die Ausstellungsfläche konnte zudem erweitert werden. Im Bünder Tabakspeicher lagern – für den interessierten Besucher nicht zugänglich – Maschinen der Tabakindustrie, die von den heimischen Unternehmen im Zuge der Modernisierung ihrer Produktion abgegeben worden sind.

Bereits kurz nach seiner Gründung konnte das Museum Besucher aus ganz Deutschland begrüßen. Zu den bekanntesten Gästen zählten nach dem Krieg der frühere Bundespräsident Theodor Heuss und der ehemalige Wirtschaftsminister und Bundeskanzler Ludwig Erhard. Von prominenten Rauchern stammen auch einige Tabakpfeifen, die im Museum ausgestellt werden, etwa von dem früheren Seeoffizier Graf Luckner, vom Schriftsteller Hermann Löns und dem Theologen Karl Barth. In den Anfangsjahren stellte die größte Zigarre der Welt, die im Jahre 1937 von vier heimischen Zigarrenarbeitern hergestellt worden war, eine große Attraktion des Museums dar.

Prominenter Besuch im Tabakmuseum:
Der passionierte Zigarrenraucher Ludwig Erhard (1967)

Als Spezialmuseum ist das Bünder Zigarrenmuseum unter Tabakfreunden mittlerweile weltweit bekannt. Neben der umfangreichen Sammlung von Tabakpfeifen und Tabakdosen zeigt das heute sehr beschaulich wirkende Museum sowohl die traditionelle Zigarrenherstellung in der „Zigarrenbude“ als auch – in Form einer Tonbildschau – die moderne maschinelle Zigarrenfabrikation. Ein bürgerliches Raucherzimmer („Tabagie“) beherbergt Einrichtungsgegenstände vor allem aus dem 18. und 19. Jahrhundert. Als Kontrast hierzu erhält der Besucher im Zigarrenmacherzimmer einen Eindruck vom beengten Wohn- und Arbeitsraum des Zigarrenmachers. Mehrere Fahnen erinnern hier auch an die Gründung von Zigarrenarbeitervereinen zur Durchsetzung gewerkschaftlicher Ziele.

Norbert Sahrhage

Bünder Berufs- und Handelsschulen

Teismanns Private Handelsschule in idyllischer Lage am Elsedamm

Dass „Bildung" für wirtschaftliche Entwicklung und Wachstum und zur Überwindung wirtschaftlicher Krisen ein wichtiger Faktor ist, hatten die Bünder Stadtväter schon früh gesehen. Bereits im Jahr 1853 war in der Stadt eine erste „Berufsschule" gegründet worden: Angesichts der Krise des minden-ravensbergischen Leinengewerbes hatte man eine Strohflechtschule ins Leben gerufen. Man hoffte damit in Bünde ein Gewerbe anzusiedeln, das besser beleumundet war als die Zigarrenmacherei. Allerdings konnten die Bünder Stadtväter auch früh erfahren, dass die Errichtung von Berufsschulen nicht so einfach ist und mehr benötigt als städtische Initiative. Schon im Jahr 1860 musste die Strohflechtschule mangels Interesse ihre Pforten wieder schließen: Die Zeichen der Zeit standen eben auf Tabak. Jedoch fand mit diesem Scheitern die Geschichte der Bünder Berufsschulen keineswegs ihr Ende. Ganz im Gegenteil – das war erst ihr Anfang.

Seit Mitte der 1880er Jahre, als sich die Tabakindustrie konsolidierte, machte sich ein verstärkter Bedarf an kaufmännischer Bildung bemerkbar. Anfangs wurde dieser Bedarf privat, vor allem durch den 1885 gegründeten Kaufmännischen Verein, befriedigt. Doch als die Regierung in Berlin 1891 mit der Novellierung der Gewerbeordnung die Möglichkeit schuf, entsprechende Schulen einzurichten, wurde auch in Bünde gehandelt und eine gewerbliche Schule gegründet. Sie nahm den Betrieb unter dem Zuspruch von allen Seiten auf. Doch obwohl die Stadt und die Zigarrenfabrikanten hier an einem Strang zogen, waren die ersten Jahre nicht einfach. Trotz allem Interesses blieben nämlich die Schüler aus: Schließlich war der Schulbesuch nicht nur freiwillig, sondern auch zeitintensiv. Außerdem mußten die Schüler Gebühren bezahlen, selbst wenn die Stadt mit einem jährlichen Zuschuss aushalf.

Erst am Anfang des 20. Jahrhunderts nahm das Bünder Berufsschulwesen einen erfreulicheren Gang. Im Jahr 1905 wurde die fakultative Schule in eine obligatorische umgewandelt. Nun waren alle männlichen Handlungsgehilfen und -lehrlinge verpflichtet, die Gewerbeschule an drei Nachmittagen, jeweils von halb Zwei bis halb Vier zu besuchen. Ein „Schulzwang“ für Mädchen wurde weiterhin abgelehnt. So konnten die lernwilligen Bünderinnen nur auf die privaten „Damen-Kurse“ von Albert Ostwald zurückgreifen, der in Herford eine private Handelsschule betrieb.

Stätte des ersten Berufsschulunterrichtes: Die Bürgerschule an der Wehmstraße

Der Unterricht fand in der 1898 erbauten Evangelischen Bürgerschule in der Wehmstraße statt. Hier ver- mittelten die Lehrer Rumbke, Frederking und Dustmann im Jahr 1908 fast einhundert Schülern in drei Klassen Grundkenntnisse in den kaufmännischen Fächern wie Buchführung, Korrespondenz, Wechsellehre und Zinsrechnung, aber auch in neueren Sprachen und Stenographie.

Trotz der Schulpflicht für die männlichen Lehrlinge und trotz der öffentlichen Unterstützung waren jedoch auch weiterhin erhebliche Probleme und Widerstände zu meistern. Diese kamen keineswegs von den Schülern: Die Handelskammer Minden bescheinigte den Bünder Lehrlingen mehr als einmal ein so „mustergültiges Betragen“, dass die Lehrer keinen Gebrauch von dem „Züchtigungsrecht“ machen mussten, das ihnen zustand. Abgesehen davon, dass sich der Magistrat manchmal knausrig zeigte – so wollte er im Jahr 1913 keine Schreibmaschinen für die Schule anschaffen –, lag das eigentliche Problem in erster Linie bei der Industrie. Zwar hatte man bei der Errichtung der Schule und bei der Erstellung der Stundenpläne Sorge getragen, den Belangen der Betriebe gerecht zu werden. Doch gab es zahlreiche Fabrikanten, die ihre Lehrlinge an einem regelmäßigen Besuch der Schule hinderten. Wie die Handelskammer immer wieder rügte, waren zahlreiche Unternehmer wenig darauf erpicht, kaufmännischen Nachwuchs heranzuziehen, sondern eher bestrebt, die Lehrlinge als Laufburschen ausnutzen. So kam es immer wieder zu Versuchen, die Schulpflicht – oftmals mit erheblichen Ausflüchten – zu umgehen. Ihrem Auftrag, allen Schülern einen kontinuierlichen Unterricht zu bieten, konnte die gewerbliche Schule unter diesen Umständen nicht gerecht werden.

Erst im weiteren Verlauf setzte sich die Einsicht durch, dass das Ausnutzen kurzfristiger Vorteile im Tagesgeschäft hinter der Bemühung um eine systematische Ausbildung der kaufmännischen Lehrlinge zurückstehen musste. Im Jahr 1927 eröffnete am Elsedamm sogar eine private Handelsschule für Jungen und Mädchen (!), was die Mindener Industrie- und Handelskammer sofort freudig begrüßte: „Bünde ist als Mittelpunkt der westfälischen Zigarrenherstellung industriell stark besiedelt. Die Konkurrenzfähigkeit gegenüber anderen Bezirken hängt nicht zum geringsten Teil von der Qualität des kaufmännischen Nachwuchses ab.“ Teismanns Private Handelsschule, die im Januar 1930 vom preußischen Handelsministerium als eine den öffentlichen Handelsschulen gleichwertige Lehranstalt anerkannt wurde, verzeichnete einen lebhaften Aufschwung. Schon im dritten Jahr ihres Bestehens hatte sie 87 Schüler. Im Jahr 1934 konnte ein Neubau bezogen werden. Fünf Jahre später, im April 1939, wurde sie mit der kaufmännischen Abteilung der Kreisberufsschule zusammengelegt und als „Kaufmännische Kreisberufsschule und Kreishandelslehranstalt“ weitergeführt.

Monika Dickhaus

20 weitere Stätten der Bünder Tabakgeschichte in Kurzporträts

Das Tabak-Adreßbuch für das Deutsche Reich führte im Jahr 1926 unter den Ortsnamen Bünde und Ennigloh insgesamt 145 Zigarrenfabriken auf, zusätzlich fünf Rauchtabakhersteller und 17 Unternehmen der „Hilfsindustrie". Im Jahr 1949/50 registrierte das Adreßbuch der Stadt Bünde und des Amtes Ennigloh auf dem Gebiet der beiden Gemeinden 101 Zigarren- und Zigarilloshersteller, 13 Rauchtabakfabriken und 20 Zulieferer. Rechnet man die Firmen und Filialen hinzu, die in den übrigen Gemeinden des Amtsverbandes Ennigloh ansässig waren, zählte die Bünder Tabakindustrie 1950 im heutigen Stadtgebiet 211 Betriebsstätten.

Angesichts dieser großen Zahl hätte der Versuch, eine ausführliche Dokumentation aller Betriebe zu bieten, die Ressourcen und den Umfang dieses Projektes überfordert. Wir haben uns bei der Frage, welche Unternehmen der Bünder Tabakindustrie umfassender vorgestellt werden können, von Beginn an für eine begrenzte Auswahl entscheiden müssen, die im folgenden Anhang um zwanzig weitere Kurzporträts ergänzt wird. Hierfür konnte auch Bildmaterial benutzt werden, das wir mit freundlicher Unterstützung aus Privatbesitz erhalten haben und das bislang noch nicht veröffentlicht worden ist.

Die anschließenden Kurzporträts zeigen einmal mehr die einstige Vielfalt der Tabakindustrie in dieser Stadt, aber auch die weitere Nutzung der Bausubstanz seit dem Niedergang des Industriezweiges und der Schließung der meisten Betriebsstätten im Rahmen der 1956 gewährten „Liquidationsbeihilfe". Einige Fabrikgebäude sind inzwischen längst abgerissen und überbaut worden, andere haben ihr früheres Gesicht im Zuge des gewerblichen Strukturwandels und der baulichen Modernisierung verloren. Die Hälfte der vorgestellten Gebäude ist bis heute erhalten geblieben und repräsentiert auf diese Weise einen Ausschnitt der Industriekultur, die das tabakverarbeitende Gewerbe im Stadtgebiet hinterlassen hat.

Martin Fiedler

Zigarrenfabrik Hermann Schuster, Kirchstraße 85

Das Gebäude der 1897 gegründeten Zigarrenfabrik an der Bahnhofstr. 85 (früher Kirchstraße) stand neben dem Bahnübergang zwischen dem ehemaligen Hotel und Restaurant „Westfälischer Hof" (heute: „Dolbi") und den Bahngeleisen. Bis zum Jahr 1965 arbeitete hier die Verwaltung, die Sortier-, Verpackungs- und Versandabteilung der Firma Hermann Schuster. Nach der Schließung wurde die Fabrik als Wohnhaus genutzt. Anfang 1984 kam der Abrissbagger. Seit 1998 ist das Grundstück mit dem neu errichteten Einkaufszentrum des „Marktkauf" überbaut.

Zigarrenfabrik J. Meyer & Co., Borriesstraße 7

Ein Firmenbriefkopf führt 1885 als Gründungsjahr der Zigarrenfabrik auf, die im Jahr 1908 den Fabrikbau bezog, der nach Plänen des Architekten Peter Erping an der Borriesstraße / Ecke von Schütz-Straße in Ennigloh errichtet wurde. Die Firma J. Meyer & Co. beantragte 1956 Liquidationsbeihilfe und legte ihren Betrieb still. Danach zog der Zigarrenhersteller Emil Hellweg aus der Klinkstraße in das dreistöckige Fabrikgebäude ein. Für ihre Hausmarke warb die Firma Hellweg in den 1960er-Jahren mit dem Slogan „Der Mann raucht Lockende Flamme“. Im Jahr 1986 erfolgte der Abbruch. – Die Beschäftigten der Zigarrenfabrik J. Meyer & Co., Filiale Ahle, präsentierten sich dem Fotografen im Jahr 1904 in ihrem „Sonntagsstaat“.

Zigarrenfabrik E. Heipmann, von Schütz-Str. 24

In der in Ennigloh gelegenen Betriebsstätte wurden seit 1936 Zigarren hergestellt, nachdem der Firmengründer seinen Anteil an der Zigarrenfabrik Rudolf Holzpafel aufgegeben hatte. Die Spezialität der Firma Heipmann war die Marke „Schneehase", eine hell mattierte Zigarre, die viele Jahre auf einen festen Kundenstamm zählen konnte. Die Produktion wurde im Jahr 1981 eingestellt. Seitdem steht das Fabrikgebäude an der von Schütz-Straße leer, das in den 1960er-Jahren um eine weitere Etage aufgestockt wurde. Damals hatte Heipmann auch das auf der gegenüberliegenden Straßenseite gelegene Betriebsgelände der Zigarren-Kistenfabrik Wilhelm Brockfeld & Söhne übernommen.

Zigarrenfabrik Schulte & Tydmers, Wilhelmstraße 57

Ursprünglich gehörte das im Jahr 1971 abgerissene Fabrikgebäude an der Wilhelmstraße zur Zigarrenfabrik Carl Wellensiek & Co. Die Firma Schulte & Tydmers war in Bremen gegründet worden, hatte sich vor dem Ersten Weltkrieg in Ennigloh niedergelassen und fertigte dort bis 1956 Zigarren und Rauchtabak. Nach der Aufgabe der Zigarrenproduktion wurden in der Fabrik noch einige Jahre Spielzeugpuppen hergestellt. Auf dem Grundstück steht heute ein Wohnhaus.

Zigarrenfabrik Rudolf Holzpafel, Wilhelmstraße

Die Firmenzentrale der 1907 gegründeten Zigarrenfabrik lag unmittelbar an der Bahnlinie nach Osnabrück. Das Unternehmen hatte sich auf feinste Sandblattqualität spezialisiert. Auch nach dem Zweiten Weltkrieg hatte die Firma Rudolf Holzapfel mit ihren Marken „Deutsche Jagd“ und „Hermann Löns“ einen soliden Ruf als Hersteller von Qualitätszigarren. Einige Zeit nutzte Holzapfel das an der Wirtsheide gelegene Firmengelände der ehemaligen Zigarrenkistenfabrik Brockfeld & Schäfer als Zweigbetrieb. Im Jahr 1970 übernahm der süddeutsche Hersteller Villiger das Bünder Unternehmen. Villiger errichtete danach im Ortsteil Dünne eine moderne Fabrikationsstätte. Dort wird „Deutsche Jagd“ noch heute hergestellt. Der Stammsitz an der Wilhelmstraße wurde 1988 abgerissen, nachdem er der Firma Villiger noch einige Zeit als Tabaklager gedient hatte. Seitdem dient die leergeräumte Fläche als Parkplatz für Fahrzeuge eines nahe gelegenen Autohauses.

Ein Betriebsausflug (Bild oben) führte die vielköpfige Belegschaft der Zigarrenfabrik Rudolf Holzapfel in der Vorkriegszeit nach Bielefeld. Auch die Beschäftigten der Filialen und die Heimarbeiter waren eingeladen.

Zigarrenfabrik Fritz Schröder & Söhne, Herforder Str. 120

Die Zigarrenfabrik Fritz Schröder & Söhne gehörte zu den wenigen Betrieben, die dem Niedergang der kleineren Hersteller in der Zigarrenindustrie lange Zeit getrotzt haben. Die im Jahr 1979 abgerissene Fabrikationsstätte an der Herforder Straße war in den 1920er-Jahren errichtet worden. Dass sie mehr einem Wohnhaus glich als einer „Fabrik", war typisch für die Vielzahl der Kleinbetriebe im Stadtgebiet. Hier arbeiteten nie mehr als 10-12 Beschäftigte. Die Herstellung der Zigarren und Zigarillos erfolgte hauptsächlich in der Heimarbeit. Vom Angebot der Stilllegungsbeihilfe machte die Firma in den 1950er-Jahren keinen Gebrauch. Die fehlenden Maschinen konnten dadurch ersetzt werden, dass ein Teil der Wickelherstellung bei anderen Firmen in Auftrag gegeben wurde. Bis 1978 sicherte eine treue Stammkundschaft das Überleben dieses Kleinbetriebs, der erst aufgegeben wurde, als der Sohn des Firmengründers das 70. Lebensjahr erreicht hatte.

Zigarrenfabrik J. F. Koch & Söhne, Brunnenallee 46

Das Hauptgebäude der im Jahr 1912 gegründeten Zigarrenfabrik an der Brunnenallee wurde nach dem Ersten Weltkrieg errichtet. Zigarren wurden hier bis 1994 hergestellt und verpackt, zuletzt aber nur noch in bescheidenen Mengen. Bereits 1988 stufte das Westfälische Amt für Denkmalpflege den Industriebau als technisches Denkmal ein. Im März 1995 erfolgte die Aufnahme in die Denkmalliste. Im gleichen Jahr begann der Umbau. In dem 2.445 qm großen Gebäudekomplex sind über 30 Eigentumswohnungen und Büroräume entstanden, wobei die Fabrikfassade weitgehend erhalten geblieben ist. Die vorgenommene Modernisierung und Umwidmung kann als ein gelungenes Beispiel bezeichnet werden, historische Bausubstanz mit neuem Leben zu erfüllen, ohne ihren Charakter zu zerstören.

Zigarrenfabrik Bruns & Schreyer, Klinkstraße 29

Zu den ältesten Herstellungsbetrieben in der Stadt zählte die 1867 gegründete Zigarrenfabrik Bruns & Schreyer an der Klinkstraße. Vor dem Zweiten Weltkrieg gehörte das Unternehmen dem Fabrikanten Rudolf Lenhartz, dessen Sohn sich in den 1950er-Jahren für eine berufliche Laufbahn als Bergingenieur entschieden hatte. Ohne Nachfolger ging die Firma 1956 in Liquidation. Das Fabrikgebäude hat vor einigen Jahren ein Antiquitätengeschäft übernommen.

Zigarrenfabrik Blöbaum & Brune, Wilhelmstraße 94

Mit der Herstellung von Zigarren begann die Firma Blöbaum & Brune an der Wilhelmstraße vor der Jahrhundertwende. In weißen Lettern stand der Firmenname auf der Front des Betriebsgebäudes. Der letzte Besitzer der kleinen Fabrik, Karl Brune, starb im Jahr 1954. Danach wurde die Produktion eingestellt und das Gebäude verkauft, das seitdem als Wohnhaus genutzt wird. Die Außenwerbung ist freilich im Zuge der baulichen Veränderungen und der Umgestaltung der Hausfassade entfernt worden.

Zigarrenfabrik Roelofs & Weber, Brunnenallee 8

Die ehemalige Zigarrenfabrik Roelofs & Weber nahm ihren Betrieb im Jahr 1918 auf. Heinrich Weber, Prokurist bei Althoff & Reinboldt, gründete die Firma gemeinsam mit dem holländischen Teilhaber Albrecht Roelofs. Man zog in die Nachbarschaft der Zigarrenfabrik Doppmann & Buck, wo das Firmengebäude von Carl Peetz & Co. übernommen wurde. Roelofs & Weber stellten hochwertige Zigarren in den oberen Preislagen her. Bis zur Einstellung der Produktion im Jahr 1956 diente das erhalten gebliebene Haus an der Brunnenallee, das heute von einer Anwaltskanzlei genutzt wird, als Firmenkontor, für die Sortierung und den Versand.

Zigarrenfabrik Carl Warmann & Co., Bachstraße 10-12

Die Zigarrenfabrik Carl Warmann & Co. wurde 1898 von Carl Warmann († 1936) und Carl Levison (1862-1944) gegründet. Zunächst hatte man in bescheidenem Rahmen im Privathaus Warmanns in der Winkelstraße begonnen. Sehr bald konnte sich der Betrieb durch die Anmietung der Rodenbergschen Fabrik in der Nachbarschaft erweitern. Infolge des weiteren Aufschwungs entschlossen sich die beiden Firmeninhaber, den Neubau eines größeren und modernen Fabrikgebäudes in Auftrag zu geben, das im Jahre vom Bünder Architekten Wedegärtner geplant und im Jahr 1906 an der Bachstraße errichtet wurde. Der jüdische Teilhaber Carl Levison war unter dem Druck der Nazis gezwungen, aus dem Unternehmen auszuscheiden. Dass beide Teilhaberfamilien über das Geschäftliche hinaus sehr eng verbunden gewesen waren, zeigte sich auch nach Kriegsende, als der freundschaftliche Kontakt zwischen den wenigen Mitglieder der Familie Levison, die den Holocaust überlebt hatten, und der Familie Warmann wieder aufgenommen wurde. Die Zigarrenfabrik Warmann & Co. bestand bis Ende der 1960er-Jahre. Danach gelangte das Fabrikgebäude in den Besitz der Firma Wilhelm Krömker (Mineralölhandel). Die alte Fassade ist 1976 vollständig verklinkert worden.

Zigarrenkistenfabrik Schweppe & Co., Holzhauser Str. 12

Mit der Fertigung von Zigarrenkisten begann der Fabrikant Friedrich Schweppe kurz nach der Jahrhundertwende. Nach der Schließung des Betriebs an der Holzhauser Straße übernahm die Firma Wippermann 1973 das Grundstück, um Ausstellungs- und Verkaufsräume für ihren Handel mit Autoreifen und KfZ-Zubehör zu schaffen. Von der ehemaligen Kistenfabrik ist nichts übrig geblieben: Nach dem Auszug von Wippermann erfolgte ein weiterer Umbau. Heute steht auf dem früheren Firmengelände ein Wohnhaus und ein Teil des Ärztehauses.

Zigarrenkistenfabrik Brockfeld & Schäfer, Heidestraße 15

Zu den größeren Zigarrenkistenfabriken in der Stadt zählte auch die im Jahr 1901 an der Heidestraße (heute: Wirtsheide) gegründete Firma Brockfeld & Schäfer. Nach der Stilllegung der Kistenfabrik in den 1960er Jahren übernahm die Zigarrenfabrik Rudolf Holzpafel zeitweilig das Betriebsgelände, das schließlich 1970 in den Besitz der Firma Villiger gelangte. Villiger verkaufte das Grundstück an die Bau- und Siedlungsgenossenschaft, die nach dem Abriss der Fabrikgebäude dort Ende der 1980er Jahre Wohnhäuser errichtete.

Zigarrenkistenfabrik Althage & Herbrechtsmeyer, Wasserbreite 2

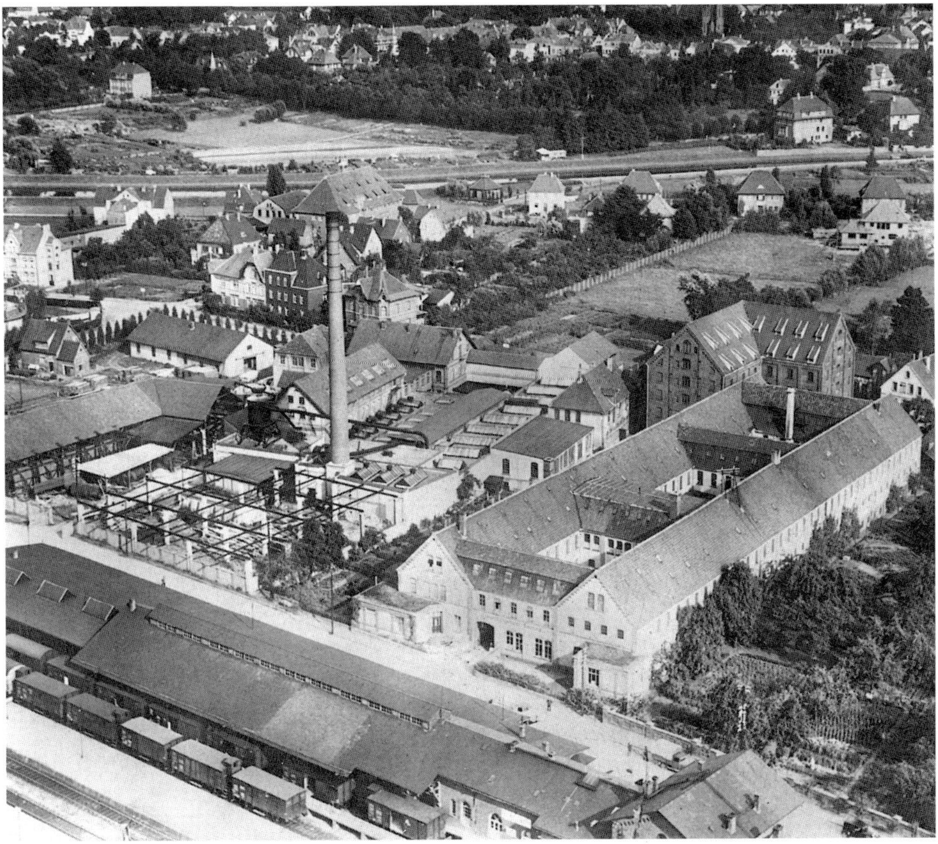

Zu den ersten und größten Herstellern von Zigarrenkisten und Furnierholz in Bünde gehörte die Fabrik von Althage & Herbrechtsmeyer an der Wasserbreite. Von der stattlichen Betriebsstätte, die an die Bahnlinie und die Fabrikanlage von Engelhardt & Biermann angrenzte, ist der hohe Schornstein der Dampfsägerei erhalten geblieben. Das 1871 gegründete Unternehmen stellte den Betrieb im Jahr 1963 ein. Seit 1966 wird das Grundstück der ehemaligen Kistenfabrik von der Getränkefirma Georg Diekmann genutzt, die dort ihre Niederlassung errichtet hat.

Zigarrenkistenfabrik Meyer & Sundermeyer, Holtkampstraße 10

Die Betriebsgründung ging auf das Jahr 1927 zurück, als der Holzfachmann Sundermeyer und der Kaufmann Heinrich Meyer auf dem Gelände des früheren Schlachthofes Gräfe die Produktion von Zigarrenkisten aufnahmen. Unter der Leitung von Heinz Meyer erreichte die Kistenfabrik, die auch Kartonagen herstellte und in Oberlübbe einen Zweigbetrieb unterhielt, nach dem Krieg mit rund 60 Beschäftigten ihren Höchststand. Im Jahr 1977 erfolgte der Verkauf an die Firma Blase (Lübbecke). Im Februar 1980 wurde die Fabrikanlage abgerissen, um Wohnhäusern Platz zu machen. Auch das Nachbargebäude zur Linken steht nicht mehr: Hier war die Firmenzentrale der Zigarrenfabrik Ernst Spengemann, die mit dem Gründungsjahr 1864 zu den ältesten Unternehmen im Stadtgebiet gehörte.

Tabakfabrik E.H. Meyer, Hochstraße 5

Von außen nahezu unverändert steht das Gebäude der ehemaligen Tabakfabrik von Ernst Heinrich Meyer an der Hochstraße, daneben der Schornstein, der für die dampfgetriebene „Lokomobile“ benötigt wurde, die ein Rippenwalzwerk antrieb. Die Spezialität der 1895 gegründeten Rauchtabakfabrik war „Pastorentabak“, der aus den nicht verarbeiteten Rippen der Tabakblätter hergestellt wurde, die in den Zigarrenfabriken anfielen. Bis Anfang der 1970er-Jahre konnte sich der kleine Herstellungsbetrieb mit diesem Spezialprodukt behaupten, das vor allem von Imkern nachgefragt wurde.

Dieses „historische“ Foto zeigt eine Betriebsbesichtigung in der Tabakfabrik E.H.Meyer nach ihrer Schließung. Die Maschinen der ehemaligen Tabakfabrik, die hier von Otto Dustmann (im Bild rechts), dem Leiter des Kreisheimat- und Tabakmuseums, Dr. Eberhard Pannkoke, und dem Landeskonservator des Westfälischen Denkmalamtes begutachtet wurden, sind noch heute im Tabakspeicher eingelagert, wo sie darauf warten, vielleicht irgendwann einmal in einem Museum aufgestellt zu werden.

Rauchtabakfabrik Wilhelm Schürmann, Brüderstraße 8

Die kleine Rauchtabakfabrik ist aus einer Tabakschneiderei hervorgegangen, die Wilhelm Schürmann 1916 in der „Nienburger Mühle" in Werfen in Betrieb genommen hatte. Im Jahr 1922 entstand das Wohn- und Betriebsgebäude an der Brüderstraße, wo Pfeifentabak und Feinschnitt der Marke „Goldkind" hergestellt wurde. Nach der Aufgabe der eigenen Herstellung arbeitete die Firma noch bis Anfang der 1970er-Jahre als Lohnbetrieb. Die Aufnahme stammt aus der Vorkriegszeit. Hinter dem heutigen Wohnhaus lag damals das Betriebsgelände der ehemaligen Zigarren-Kistenfabrik Rodenberg & Rosenbaum.

Rauchtabakfabrik Farthmann & Kühne, Roonstraße 13

Wie alle Rauchtabakhersteller in der Stadt, erlebte die im Jahr 1931 gegründete Rauchtabakfabrik Farthmann & Kühne eine einmalige Boomphase in den ersten Nachkriegsjahren, als Feinschnitt und Pfeifentabak besten Absatz erzielten. In Anlehnung an die Initiale der Gründerfamilien hieß die Hausmarke „Faka". Das in der Nachkriegszeit errichtete Fabrikgebäude an der Roonstraße steht noch heute, eingerahmt von anderen Betriebsgebäuden der Firma Imperial, die später die Nutzung übernommen hat. Die Rauchtabakfabrikation war bereits Mitte der 1950er-Jahre eingestellt worden.

Rauchtabakfabrik Fritz Hempelmann, Südring 69

Die nach dem Ersten Weltkrieg gegründete Rauchtabakfabrik von Fritz Hempelmann stellte am Südring Pfeifentabak und Feinschnitt her. Zum Sortiment gehörte unter anderem die Orientmischung „Türken-Shag". Der allgemeine Geschmacks- und Konsumwandel und die unbarmherzige Konkurrenz unter den deutschen Rauchtabakherstellern zwang auch dieses Unternehmen im Jahr 1956, das Angebot zur Liquidationsbeihilfe anzunehmen. Das heute noch erhaltene Fabrikgebäude hat später ein Verlag übernommen.

Tabakgeschäft Carl Pollner & Sohn, Bahnhofstraße 11

Die Gründung der Firma Carl Pollner & Sohn geht auf das Jahr 1878 zurück, als Carl Pollner eine Pfeifendrechslerei aufmachte, die auch Pennale und Zigarrenformen an die umliegenden Zigarrenfabriken lieferte. 1885 begann der Handwerksbetrieb mit dem Handel und Verkauf von Schirmen, Tabakpfeifen und Holzartikeln, zur Jahrhundertwende erfolgte die Erweiterung zu einem Fachgeschäft für Tabak und Zigarren. Dem Sortiment ist die Familie Pollner bis heute treu geblieben, die 1920 mit ihrem Geschäftslokal von der Eschstraße in die Bahnhofstraße umzog. Die Aufnahme stammt aus dem Jahr 1960. Zwei Jahre später wurde das alte Fachwerkhaus abgetragen. Auch wenn sich das Tabak- und Fachgeschäft seit 1962 in einem Neubau befindet: Ein Stück Tradition der Bünder Tabakgeschichte ist hier heute noch lebendig.

Quellen und Literaturverzeichnis

Arnold André, Moltkestraße

Firmenarchiv der Arnold André GmbH & Co. KG, Bünde; Deutscher Tabakverein (Sonderdruck): Vortrag des Herrn Architekten W. Köster aus Herford, „Bauliche Einrichtungen der Cigarrenfabriken“; Wilhelm Köster, Die moderne Zigarrenfabrik, in: Industriebau, 5. Jg., 1914, H. 8, S. 178 ff.; Wolfgang Linke, Bünde (Westfalen im Bild, Städte und Gemeinden in Westfalen; Heft 4), Münster 1990, S. 32 ff.; Eberhard Pannkoke, Die drei Großen unter den Bünder Zigarrenfabriken, in: Sabine Bartetzko (Hg.), 275 Jahre Stadtrechte 1719-1994: Bünde, Enger und Preußisch Oldendorf, Bielefeld 1994, S. 89 f.; „Vom Warenzeichen zur echten Marke: „Handelsgold“ aus dem Hause André“, Bünder Tageblatt, 12.1.1963; „Arnold André und niederländischer Marktführer vereint“, Neue Westfälische, 15.10.1988; „Zigarre ist wieder total angesagt“, Neue Westfälische, 19.8.1997; Internet-Seite: arnold-andre.de.

August Schuster, Blumenstraße

Westfälisches Wirtschaftsarchiv Dortmund, F 121; Handelsregisteramt Bünde; „Glimmstengel“ in fast allen Formaten, Neue Westfälische, 4.3.1993; Die Tabak Zeitung, 28.9.1984; Frank Hidien, „Tabak im Blut. 90 Jahre August Schuster, Bünde“, in: Pipe & Cigar, Heft 4, Dez. 1999, S. 8-14; Gespräch mit Herrn Philipp Schuster am 7.1. 2000; Internet-Seite: schustercigars.de.

Kessing & Thiele, Philippstraße

Adreß-Buch für die Stadt und das Amt Bünde (1900); Hausbauakte, Untere Denkmalbehörde der Stadt Bünde; 40 Jahre Kessing & Thiele Cigarillos-Fabrik Bünde i.W., 1894-1934 (Bebilderte Firmenchronik im Deutschen Tabak- und Zigarrenmuseum); Karl Dieckmann (Bearb.), Bünde, Lübbecke, Minden, Bad Oeynhausen, Rinteln, Solbad Melle, Berlin-Halensee 1930, S. 77 (Heinecke & Cie.), S. 82 f. (Cigarillo-Spezial-Fabrik Kessing & Thiele); 1100 Jahre Bünde, 20.-29. Juni 1953, Sonderbeilage Freie Presse, Bielefeld; „Cigarillos salonfähig gemacht“, Neue Westfälische, 28.1.1993; Rolf Momburg, Die Zigarrenmacher, Hüllhorst 1996, S. 133.

Gebrüder Bastert, Viktoriastraße

Baudenkmalbeschreibung Villa Bastert, Hindenburgstr. 52, Untere Denkmalbehörde der Stadt Bünde; Westfälisches Wirtschaftsarchiv, F 28/9: Unternehmenschronik „Elbaco Zigarren-Fabrik L. Bastert & Co.“, Ms., Bünde 1969; Gespräch mit Klaus Bastert am 12.1.2000.

ELBACO L. Bastert & Co., Holtkampstraße

Hausbauakte Holtkampstraße 44/46, Untere Denkmalbehörde der Stadt Bünde; Westfälisches Wirtschaftsarchiv, F 28/9: Unternehmenschronik „Elbaco Zigarren-Fabrik L. Bastert & Co.“, Ms., Bünde 1969; Marianne Busch-Bastert, „Die Lage der Zigarrenindustrie unter Berücksichtigung der Rohstoffversorgung und des Arbeitsmarktes“, Kurzvortrag von Marianne Busch-Bastert auf der Rinas-Tagung, Deutsche Tabak-Zeitung, 4.6.1965; Marianne Busch-Bastert, Unternehmenserfolg durch Teamwork. Ziel einer weitsichtigen Geschäftspolitik, in: Westkurier, Nr. 21, 1969, S. 4; Die Elbaco-Zigarrenfabrik L. Bastert & Co., in: Herford heute. Kultur-Wirtschaft-Verkehr, Bd. 3, 1965, S. 76; „Eva ist hier Herr im Haus“, in: Funk-Fernsehwelt, 11.6. – 17.6. 1966, S. 7-10 u. 20; Marianne Busch-Bastert, Westfälische Unternehmerinnen (2), in: Westkurier, Nr. 25, 1968, S. 2; Gespräch mit Klaus Bastert am 12.1.2000.

Tabakspeicher (Leopold Engelhardt & Biermann), Wasserbreite

Unterlagen des Deutschen Tabak- und Zigarrenmuseums, Bünde; Baudenkmalakte, Untere Denkmalbehörde der Stadt Bünde; Leopold Engelhardt & Biermann, Bremen (Historisch-biographische Blätter – Der Staat Bremen), Berlin 1907; Wolfgang Linke, Bünde (Westfalen im Bild, Städte und Gemeinden in Westfalen; Heft 4), Münster 1990, S. 30; Eberhard Pannkoke, Die drei Großen unter den Bünder Zigarrenfabriken, in: 275 Jahre Stadtrechte .., Bielefeld 1994, S. 86 f.; „Steine erzählen Stadtgeschichte aus der Ära von Engelhardt & Biermann“, Neue Westfälische, 12.9.1998.

Steinmeister & Wellensiek, Kaiser-Wilhelm-Straße

Unterlagen des Deutschen Tabak- und Zigarrenmuseums, Bünde; Jahresbericht der Handelskammer Minden 1876, S. XXIV ff.; Adreß-Buch für die Stadt und das Amt Bünde (1900); „Urkunden, Bauzeichnungen und Kiste mit 'braunem Gold' gefunden", Neue Westfälische, 27. Sept. 1978; Eberhard Pannkoke, Die drei Großen unter den Bünder Zigarrenfabriken, in: 275 Jahre Stadtrechte ..., Bielefeld 1994, S. 87 ff.

Doppmann & Buck, Brunnenallee

Hausbauakte, Untere Denkmalbehörde der Stadt Bünde; Neue Westfälische, 2.2.1979; Gespräch mit Gundula Buck am 12.4.2000.

Zigarrenfabrik Heinrich Hurlbrink, Herforder Straße

Hausbauakte, Untere Denkmalbehörde der Stadt Bünde; Gespräch mit Wolfgang Hurlbrink, November 1999.

Rauchtabakfabrik Otto Beckmann & Co., Borriesstraße

Gespräch mit Rüdiger Lutz Will am 30.8.1999.

Gerhardt & Dustmann, Holser Straße

Tabak-Adressbuch für das Deutsche Reich, Berlin 1926; Neue Westfälische (Bünder Tageblatt), 14.9.1995, 13.8.1998, 29.1.1999, 6.1.2000; Gespräch mit Otto Dustmann am 20.12.1999 und 9.3.2000.

Maschinenfabrik Brockfeld & Meyer, Gerhart-Hauptmann-Straße

800 Jahre Spradow 1151 – 1951. Aus der Geschichte der Gemeinde; S. 75; Brockfeld & Meyer, Firmen- und Foto-Dokumentation zum 25jährigen Bestehen (1961); Otto Pollner, Die Hilfsindustrie und die Zulieferer der hiesigen Zigarrenfabriken sowie die ehemalige Rauchtabakindustrie, in: 275 Jahre Stadtrechte..., Bielefeld 1994, S. 94; Informationen der Geschäftsführung (Herr Göckler), Februar 2000.

W. Cordes, Zigarrenkisten- & Kartonagenfabrik, Wasserbreite

Karl Dieckmann (Bearb.), Bünde, Lübbecke, Minden, Bad Oyenhausen, Rinteln, Solbad Melle, Berlin-Halensee 1930, S. 84; 1100 Jahre Bünde, Sonderbeilage der Freien Presse, 20./ 29.6.1953; Otto Pollner, Die Hilfsindustrie und die Zulieferer der hiesigen Zigarrenfabriken sowie die ehemalige Rauchtabakindustrie, in: 275 Jahre Stadtrechte..., S. 91-96.

Wickelformfabrik Otto Holzapfel, Holser Straße

Gespräch mit Otto Holzapfel am 21.7.1999.

Haus Tönnies Wellensiek, Eschstraße

Baudenkmalbeschreibung Haus Tönnies Wellensiek, Eschstraße 35, Untere Denkmalbehörde der Stadt Bünde.

Die Steinmeister-Villen, Eschstraße

Baudenkmalakten „Villa Steinmeister", Eschstraße 45; „Villa August Steinmeister jun.", Eschstraße 43, Untere Denkmalbehörde der Stadt Bünde; H. Wilms / H. Landois, Die Steinmeisterschen Fischzuchtanlagen zu Bünde in Westfalen, Zeitschrift für Fischerei und deren Hilfswissenschaften – Mittheilungen des Deutschen Fischerei-Vereins, 1894, Heft 2/3.

Villa Grüter, Eschstraße

Baudenkmalbeschreibung Villa Grüter, Eschstraße 54, Untere Denkmalbehörde der Stadt Bünde.

Villa Rehling, Hindenburgstraße

Westfälisches Wirtschaftsarchiv Dortmund, K3, 1248; Baudenkmalakte Villa Rehling, Hindenburgstraße 3, Untere Denkmalbehörde der Stadt Bünde; Ingo Hecker, Stadtprägende Architektur, in: Klaus Ackermann / Ingo Hecker (Hg.), Bünde – Gesichter einer Stadt, Herford 1992, S. 82-85; Gespräch mit Frau Ursula Delius, Enkelin von Carl-Heinrich Rehling, am 10.1.2000.

Villa André, Hindenburgstraße

Baudenkmalbeschreibung Villa André, Hindenburgstrasse 11, Untere Denkmalbehörde der Stadt Bünde; Adreßbuch des Kreises Herford, Herford 1936.

Villa Levison, Hindenburgstraße

Bünder Generalanzeiger, 16.7.1938, 23.7.1938; 50 Jahre Carl Warmann & Co., Bünde i.W., 1898-1948, o.O., o.J.; Norbert Sahrhage, „Juden sind in dieser Stadt unerwünscht“. Die Geschichte der Synagogengemeinde Bünde im „Dritten Reich“, Bielefeld 1988; Norbert Sahrhage / Kerstin Stockhecke (Hg.), „Sich in Zukunft mit der tragischen Geschichte auseinanderzusetzen“. Eine Dokumentation, Bünde 1989; Norbert Sahrhage, Bünde zwischen „Machtergreifung“ und Entnazifizierung, Bielefeld 1990.

Verband der Zigarrenfabrikanten, Am Brunnen / Hangbaumstraße

Westfälisches Wirtschaftsarchiv Dortmund, F 121 (Firma August Schuster), K3 (Industrie- und Handelskammer Bielefeld), K4 (Industrie- und Handelskammer Minden); Jahresberichte der Handelskammer Minden, 1873, 1898; Reichsstatistiken zu Berufs- und Arbeitgeberverbänden 1914 ff.; Tabak-Adressbücher 1914, 1926 und 1949; Adreßbuch der Stadt Bünde 1954, 1963; Gerhard Kessler, Die Deutschen Arbeitgeberverbände, Leipzig 1907; Karl August Hindenberg, Die Deutsche Zentrale für Kriegslieferungen von Tabakfabrikaten, Sitz Minden/Westf, Minden o.J.; Werner Hesse, Die deutsche Zigarrenindustrie unter dem Einfluß der Kartell-, Steuer- Tarif und Devisenpolitik, Würzburg (Univ., Diss.) 1936; Fritz Blaich, Der Trustkampf (1901-1915). Ein Beitrag zum Verhalten der Ministerialbürokratie gegenüber Verbandsinteressen im Wilhelminischen Deutschland, Berlin 1975; Winfried Reininghaus, Karl August Hindenberg, in: Rheinisch-Westfälische Wirtschaftsbiographien, Bd. 15, Münster 1994, S. 114-128; Monika Dickhaus, Die ›Tabakkammer der Nation‹: Die Handelskammer zu Minden 1848 bis 1932, in: Werner Abelshauser (Hg.), Die etwas andere Industrialisierung: Studien zur Wirtschaftsgeschichte des Minden-Lübbecker Landes im 19. und 20. Jahrhundert, Essen 1999, S. 137-156; Internet-Seite des Bundesverbandes der Zigarrenindustrie: zigarren-verband.de.

Erste Tankstelle, Fünfhausenstraße

Automobil-Welt. Illustrierte Zeitschrift für die Gesamtinteressen des Automobilwesens, Nr. 24, 13.6.1903, Nr.1, 6.1.1906; Adreßbuch des Kreises Herford, Herford 1954; Stefan Weber, „Wenn die Herren Automobilisten in rücksichtslos schnellstem Tempo dahersausten“. Beginn der Massenmotorisierung im Kreis Herford, in: Historisches Jahrbuch für den Kreis Herford, 4, 1996, S. 67-99; Stefan Weber, „Auf dem Weg in die mobile Gesellschaft. Die Automobilisierung des Kreises Herford von 1900 bis 1920“, Bielefeld 1995 (Magisterarbeit); Gespräch mit Udo und Marie-Luise Hecker geb. Hurlbrink, Bünde.

Das Postamt, Eschstraße

Heinz Jeromin, Geschichte der Post in Bünde, in: Postgeschichtsblätter Münster, 7, 1973, S. 117–136; derselbe, Die Post in Bünde, in: Klaus Ackermann / Ingo Hecker (Hg.), Bünde – Gesichter einer Stadt, Herford 1992, S. 133- 136; Daten zur Geschäftsentwicklung der Postämter Bünde, Herford, Bielefeld und Lemgo: Staatsarchiv Münster, OPD Minden, 572-582, 592-600, 729-736, 752-754, 1148, 1162.

Der Bünder Bahnhof

Ewald Schönnebeck, Bünde Stadt und Land. Vom Amt zur Grossgemeinde, Bünde 1968, S. 83 ff.; Bünder Zeitung, 21.12.1968; Ulrich Tapper / Thomas Schroer, Bünde und Umgebung in alten Ansichten, Erzählungen und Dönekes, Gummersbach 1979, S. 53 f.; Volker Dix, Als die ersten Dampfrösser …, in: Klaus Ackermann / Ingo Hecker (Hg.), Bünde – Gesichter einer Stadt, Herford 1989, S. 137-39; Gespräch mit Volker Dix am 15.3.2000.

Das Zollamt, Wasserbreite

Baudenkmalakte, Untere Denkmalbehörde der Stadt Bünde; Friedrich Möllering, Das Zollamt Bünde – ein geschichtlicher Rückblick, Ms., o.J. (1963); Ewald Schönnebeck, Bünde – unsere Stadt, 1982, S. 29; „Zentrum der Tabaksteuern“, Bünder Zeitung, 14.1.1994; „Bonn liebt das Geld der Raucher“, Neue Westfälische, 14.1.1994; Milliarden-Unternehmen an der Wasserbreite, Neue Westfälische, 17.2.1995; 496 Millionen für den Bundeshaushalt, Neue Westfälische, 12.2.1998.

Das Bünder Rathaus, Hangbaumstraße
Gustav Engel, Geschichte der Stadt Bünde, in: Karl Paetow (Hg.), Bünde im Widukindsland, Berlin u. Holzminden 1953, S. 23-160; Norbert Sahrhage, 275 Jahre Stadt Bünde: Grundzüge der wirtschaftlichen, politischen und kulturellen Modernisierung, in: 275 Jahre Stadtrechte ..., Bielefeld 1994, S. 62-84; Sabine Bartezko, Bünde – Die Wappen der alten Gemeinden, in: Rolf Botzet (Hg.), Die Zukunft gestalten. 25 Jahre kommunale Neugliederung des Kreises Herford, Bielefeld 1995, S. 33-42.

Das Amtshaus Ennigloh, Amtshausplatz
Bünder Zeitung, 24.1.1901, 14.7. 1902 u. 17.7.1903; Wolfgang Linke, Bünde (Westfalen im Bild, Städte und Gemeinden in Westfalen; Heft 4), Münster 1990, S. 18; Sabine Bartezko, Bünde – Die Wappen der alten Gemeinden, in: Rolf Botzet (Hg.), Die Zukunft gestalten. 25 Jahre kommunale Neugliederung des Kreises Herford, Bielefeld 1995, S. 33-42.

Das Bünder Realgymnasium (heute: Gymnasium am Markt), Marktstraße
Norbert Sahrhage, Die Auseinandersetzungen um die Einrichtung einer Sekunda an der „Evangelischen Höheren Stadtschule" in Bünde, 1896-1905, in: Ravensberger Blätter, 1-2, 1985, S. 29-35; ders., Die Entstehung und Entwicklung des Höheren Schulwesens in der Stadt Bünde im 19. und im beginnenden 20. Jahrhundert, in: Festschrift 100 Jahre Freiherr-vom-Stein-Gymnasium Bünde, Bünde 1988, S. 14-32; Gymnasium am Markt Bünde 1882 -1982. Festschrift zum 100jährigen Jubiläum, Bünde 1982.

Die Hotels der „Tabaker"
Otto Pollner, „Zigarrenkiste Deutschlands", in: Klaus Ackermann / Ingo Hecker (Hg.), Bünde – Gesichter einer Stadt, Herford 1992, S. 140-147; Neue Westfälische, 17.5.1995; Gespräche mit Frau Horst und Georg Diekmann, Bünde.

Der Stadtgarten, Steinmeisterstraße
Stadtarchiv Bünde, Chronik des Amtes Bünde, S. 162 f.; Richard Moes, Aus dem „Leben" des Bünder Stadtgartens, Im Elsetal, 7. Jg., Nr. 7/8 v. 31.10.1936; Ewald Schönnebeck, Bünde – Stadt und Land. Vom Amt zur Grossgemeinde, Bünde 1968, S. 66; Norbert Sahrhage, Bürgerlich-nationale Festkultur in der protestantischen Kleinstadt Bünde 1871-1945, in: Jahresbericht des Historischen Vereins für die Grafschaft Ravensberg, 80, 1992/93, S. 205-29.

Die Sparkasse der Stadt Bünde
Archiv der Sparkasse Herford; Kommunalarchiv Herford, C 911, C 138, C 1203; Staatsarchiv Detmold: M 2; Karl Dieckmann (Bearb.), Bünde, Lübbecke, Minden, Bad Oeynhausen, Rinteln, Solbad Melle, Berlin-Halensee 1930, S. 71 f.; 50 Jahre Sparkasse der Stadt Bünde 1892-1942, in: Sparkasse der Stadt Bünde, Geschäftsbericht 1941; 75 Jahre Sparkasse der Stadt Bünde 1892-1967. Historischer Rückblick, in: Sparkasse der Stadt Bünde, Geschäftsbericht für das Jahr 1966; Werner Abelshauser, „Zur Vorbeugung der Armuth ..." Der Kreis Herford im Spiegel seiner Sparkasse 1846-1996, Stuttgart 1996; Handbuch zur Geschichte der westfälisch-lippischen Sparkassen. Bd. 1, Dortmund 1998, S. 245 ff.

Die Reichsbanknebenstelle bzw. Zweigstelle der LZB Nordrhein-Westfalen, Eschstraße
Historisches Archiv der Deutschen Bundesbank: Verfügungen des Reichsbankdirektoriums; Dienstalterlisten, Gebäudepläne; Archiv der Landeszentralbank Nordrhein-Westfalen; Bundesarchiv Berlin, R 2501.

Bünder Bank GmbH – Danatbank – Dresdner Bank, Eschstraße
Archiv der Landeszentralbank von Nordrhein-Westfalen, Bericht der Reichsbanknebenstelle Bünde v. 25.6.1915; Staatsarchiv Detmold, D 23 Bünde 159; Handelsregister, Bd. 170 und 171; Jahresberichte der Handelskammer Minden, verschiedene Jg.; H.W. Rumbke, Geschichte der Stadt Bünde. Ein Heimatbuch, Bünde 1928; G. Voß, Das private Bankwesen in Herford von den Anfängen bis zur Weltwirtschaftskrise 1929/30, in: Historisches Jahrbuch für den Kreis Herford, 3, 1995, S. 137-172.

Konsum-Verein Bünde-Lübbecke und Umgegend, Gasstraße

Volkswacht, 39. Jg., 19.4.1928; 42. Jg., 18.4.1931; H.W. Rumbke, Geschichte der Stadt Bünde. Ein Heimatbuch, Bünde 1928, S. 81; Karl Dieckmann (Bearb.), Bünde, Lübbecke, Minden, Bad Oeynhausen, Rinteln, Solbad Melle, Berlin-Halensee 1930, S. 89; Norbert Sahrhage, Bünde zwischen „Machtergreifung" und Entnazifizierung, Bielefeld 1990, S. 111; AVA (Hg.), 100 Jahre AVA 1892 – 1992, Bielefeld 1992.

Das Deutsche Tabak- und Zigarrenmuseum, Striedickscher Hof, Fünfhausenstraße

Bünder Generalanzeiger, 10.5.1937, 15.5.1937; Richard Moes, Das Bünder Tabak- und Zigarrenmuseum, in: Jahresbericht des Historischen Vereins für die Grafschaft Ravensberg, 51 (1937), S. 263-284; ders., Wie ich zum Zigarrenmuseum kam, in: Esch und Tie, Nr. 5, 8.5.1937 (Sonderbeilage zur Bünder Heimattagung); Karl Paetow, Ein Rundgang durch das Kreisheimat- und Tabakmuseum in Bünde, Herford 1965, S. 8-9.

Bünder Berufs- und Handelsschulen

Kommunalarchiv Herford; Jahresberichte der Handelskammer Minden; Karl Dieckmann (Bearb.), Bünde, Lübbecke, Minden, Bad Oeynhausen, Rinteln, Solbad Melle, Berlin-Halensee 1930, S. 90.

20 weitere Stätten der Bünder Tabakgeschichte in Kurzporträts

Zigarrenfabrik Hermann Schuster: Untere Denkmalbehörde der Stadt Bünde, Hausbauakte; Neue Westfälische, 8.2.1984; Zigarrenfabrik J.Meyer & Co.: Hausbauakte; Adreßbuch der Stadt Bünde und des Amtes Ennigloh, 1963; Zigarrenfabrik E. Heipmann: Auskunft von Ernst Heipmann; Zigarrenfabrik Schulte & Thydmers: Auskunft von Dr. Eberhard Pannkoke; Zigarrenfabrik Rudolf Holzpafel: Neue Westfälische, 25.2.1993; Zigarrenfabrik Fritz Schröder & Söhne: Auskunft von Dieter Schröder, Bünde; Zigarrenfabrik Koch & Söhne: Hausbauakte; Neue Westfälische, 24.3.1995; Bünder Zeitung, 20.5.1995; Zigarrenfabrik Bruns & Schreyer: Auskunft von Dr. Eberhard Pannkoke; Zigarrenfabrik Blöbaum & Brune: Auskunft von Christina Halstenberg, Düsseldorf; Zigarrenfabrik Roelofs & Weber: Auskunft von Walter Weber, Bünde; Zigarrenfabrik Carl Warmann & Co.: 1898-1948 – 50 Jahre Carl Warmann & Co., Bünde i.W., ; Kistenfabrik Schweppe & Co.: Hausbauakte; Kistenfabrik Brockfeld & Schäfer: Hausbauakte; Kistenfabrik Althage & Herbrechtsmeyer: Auskunft von Georg Diekmann, Bünde; Kistenfabrik Meyer & Sundermeyer: Auskunft von Marianne Meyer, Bünde; Tabakfabrik E.H. Meyer: Auskunft von Heinz Meyer, Bünde; Rauchtabakfabrik Wilhelm Schürmann: Auskunft Rolf Schürmann, Bünde; Rauchtabakfabrik Farthmann & Kühne: Auskunft von Fam. Höpker, Bünde; Tabakgeschäft Pollner & Sohn: Auskunft von Otto Pollner.

Abbildungsnachweis

Adreßbuch für die Stadt und das Amt Bünde (1900): 24, 141
Adreßbuch der Stadt Bünde (1954): 70
Archiv der Landeszentralbank Nordrhein-Westfalen, Düsseldorf: 142
Arnold André Cigars, Bünde: 48, 49, 51, 62, 101
Klaus Bastert, Bünde: 58, 61
Brockfeld & Meyer GmbH & Co. KG, Bünde: 80, 81, 82
Bünder General-Anzeiger: 35 (l.)
Hans-Ernst Cordes, Bünde: 84, 85
Ursula Delius, Bünde: 100
Denkschrift der Handelskammer zu Minden und des Westfälischen Tabakvereins zum Gesetzentwurf wegen Änderung des Tabaksteuergesetzes an den deutschen Reichstag, Minden 1906: 28
Deutsche Tabak-Zeitung: 56 (u.), 75, 107, 171, 172
Deutsches Tabak- und Zigarrenmuseum, Bünde: 26 oben, 54, 55, 63, 64 (u.), 65, 92 (o.), 99, 132, 148, 154, 157, 159, 164
Karl Dieckmann (Bearb.), Bünde, Lübbecke, Minden, Bad Oeynhausen, Rinteln, Solbad Melle, Berlin-Halensee 1930: 56 (o.), 83, 140, 144
Georg Diekmann, Bünde: 167
Volker Dix, Bünde: 116
Otto Dustmann, Bünde: 76, 77, 78 (u.), 79, 169 (u.)
U. Gerkensmeyer, Bünde: 155 (o.)
Udo Hecker, Bünde: 108, 110
Otto Holzapfel, Bünde: 86, 87, 88
Heinz Jeromin, Bünde: 111
Horst Jeromin, Bielefeld: 113
E. Kollmeier, Die Zigarrenindustrie in meiner Heimatstadt Bünde, Prüfungsarbeit für die Hochschule für Lehrerbildung, Ms., Dortmund 1942: 29
Kommunalarchiv Herford, Sammlung Wagner: 74
Friedhelm Mailänder, Rödinghausen: 34, 158 (o.)
Marianne Meyer, Bünde: 168
Friedrich Möllering, Das Zollamt Bünde – ein geschichtlicher Rückblick, Ms., o.J. (1963): 119
Neue Westfälische, Bünde: 26 (u.), 40, 41, 48, 67, 94, 96, 98, 103, 123, 136, 149
Oliver Nickel, Bielefeld: 57, 59, 60, 69, 71, 72, 78 (o.), 93, 95, 112, 156, 160, 161, 163, 171, 172
Pipe & Cigar: 52
Otto Pollner, Bünde: 173
Norbert Sahrhage, Spenge: 104, 130, 134, 146, 147, 151
Reinhard Schürmann, Bünde: 13, 22, 43, 68, 97, 115, 117, 118, 121, 126, 129, 131 (u.), 133, 137, 139, 150
Rolf Schürmann, Bünde, 170
Sven Sokoll, Bielefeld: 89
Ulrich Tapper, Thomas Schroer, Bünde und Umgebung in alten Ansichten, Erzählungen und Dönekes, Gummersbach 1979: 35 (r.)
Untere Denkmalbehörde der Stadt Bünde: 15, 42, 65, 66, 90, 91, 92 (u.), 109, 124, 131 (o.)
Stadtarchiv Bünde: 64 (o.), 105, 114, 135, 155 (u.), 158 (u.), 162, 165, 166, 169 (o.)
Rüdiger Lutz Will, Bünde: 73.

Autorinnen und Autoren

Bönker, Kirsten
Studentin (Geschichte, Jura, Osteuropäische Studien) an der Universität Bielefeld

Büttner, Kirstin
Studentin (Geschichte, Wirtschaftswissenschaft, Spanien- und Lateinamerikastudien) an der Universität Bielefeld

Danso, Liliane
Studentin (Geschichte, Wirtschaftswissenschaft, Soziologie) an der Universität Bielefeld

Dickhaus, Dr. Monika
Historikerin, Frankfurt am Main

Fiedler, Martin
Wissenschaftlicher Mitarbeiter, Lehrstuhl für Wirtschafts- und Sozialgeschichte, Universität Bielefeld

Hottenrott, Laura
Studentin (Geschichte, Jura, Spanien- und Lateinamerikastudien) an der Universität Bielefeld

Jeromin, Horst
Student (Geschichte und Geographie), Universität Bielefeld

Karyn, Alicja
Studentin (Geschichte, Deutsch als Fremdsprache) an der Universität Bielefeld

Kröger, Alexander
Historiker und Öffentlichkeitsreferent, Mitglied im Rat der Stadt Bünde

Nickel, Oliver
Student (Geschichte und Geographie) an der Universität Bielefeld

Radzwill, Renate
Gasthörerin an der Universität Bielefeld

Röckner, Katja
Studentin (Geschichte, Wirtschaftswissenschaft, Spanien- und Lateinamerikastudien) an der Universität Bielefeld

Sahrhage, Norbert
Geschichtslehrer, Widukind-Gymnasium Enger

Seichter, Carsten
Student (Geschichte, Literaturwissenschaft) an der Universität Bielefeld

Sokoll, Sven
Student (Geschichte, Slavistik, Jura) an der Universität Bielefeld

Tiemann, Christel
Dipl. Ing., Untere Denkmalbehörde der Stadt Bünde